불교와 그리스도교를 잇다

Seiichi Yagi and Leonard Swidler
A Bridge to Buddhist-Christian Dialogue
© Paulist Press, Mahwah, New Jersey 1932

Translated by Yi Chan-Su
© Benedict Press, Waegwan, Korea 1996

불교와 그리스도교를 잇다
1996년 8월 초판 | 2025년 5월 2쇄
옮긴이 · 이찬수 | 펴낸이 · 박현동
펴낸곳 · 성 베네딕도회 왜관수도원 ⓒ 분도출판사
찍은곳 · 분도인쇄소
등록 · 1962년 5월 7일 라15호
04606 서울 중구 장충단로 188(분도출판사 편집부)
39889 경북 칠곡군 왜관읍 관문로 61(분도인쇄소)
분도출판사 · 전화 02-2266-3605 · 팩스 02-2271-3605
분도인쇄소 · 전화 054-970-2400 · 팩스 054-971-0179
www.bundobook.co.kr
ISBN 978-89-419-9620-0 94210
ISBN 978-89-419-9751-8 (세트)

아시아 신학 총서 8

불교와 그리스도교를 잇다

야기 세이이치 · 레너드 스위들러 지음
이찬수 옮김

분도출판사

지은이의 한국어판 서문

한 종교 사상가는 다음 세기에 있을 가장 중요한 종교적 발전을 두고서 불교와 그리스도교의 만남을 지목한 바 있다. 불교와 그리스도교의 만남이 다음 세기의 "가장" 중요한 종교적 사건이 되리라는 그의 주장이 옳은지에 대해서는 논의의 여지가 있겠지만, 그 만남이 가까운 미래에 있을 "매우" 중요한 하나의 종교적 사건이 되리라는 점에는 이론이 있을 수 없다. 더욱이 그 만남은 극적으로 새롭고 창조적인 방식으로, 즉 대화적인 방식으로 이미 시작되었다.

레너드 스위들러가 쓴 이 소책자의 전반부에서는 불교와 그리스도교간의 이 새로운 대화적 만남에 대해 서술하면서 그것을 어떤 식으로 유용하게 발전시킬 수 있을지 이미 제기된 구조들과 방향들을 펼쳐 보이고 있다.

야기 세이이치가 쓴 이 책의 후반부에서는 "연기"(緣起)와 같은 불교의 근본 개념들에 대해 설명해 주고 있다. 이러한 설명들은 그리스도인들에게 그리고 불자가 아닌 다른 이들에게 막대한 가치를 지니고 있다. 이 불교적 통찰에는 인간의 상황에 대해 말해주는 창조적인 것들이 많이 들어 있기 때문이다. 그러나 이 통찰들이 본래적인 불교 사상의 범주와 은유 안에만 있을 때 그리스도인들과 다른 비불교도들은 이에 대해 종종 오해하기도 한다. 야기는 그러한 오해를 효과적으로 교정해 주고 있다.

그것말고도 더 있다. 야기는 사상적인 범주와 표현들을 써서 이 불교적 개념들을 펼쳐 보이고 있다. 그가 보여주는 이러한 개념들은 불자가 아닌 사람들이 그것들을 이해하고자 할 때 도움이 될 뿐 아니라 그 개념들 자체를 정화하고 풍요롭게 해주기도 한다고 나는 확신한다. 나는 야기의 해석들을 읽은 뒤 "그래, 그 불교의 가르침이 나타내고자 하는 것은 바로 그거야"라고 말하는 불자들에 대해 들은 바 있다. 더욱이 나는 야기의 작업으로 사실상 이 불교적 가르침들에 대한 불자들의 이해가 확대되고 심화되어 왔으며, 때로는 정화되기까지 해왔다는 그 이상의 인상마저 받는다. 그것이 여기서 생산된 귀중하고 진기한 대화의 결실들 가운데 하나이다. 내 대화 상대자의 전통에서 나온 통찰과 가치를 식별하고 수용함으로써 분명히 나 자신에 대한 이해도 풍성해진다. 그러나 때로는 내 대화 상대자의 눈을 통해 스스로를 인식하는 더 풍요로운 방법 속에서 나 자신의 전통을 이해할 때 그렇게 되기도 한다.

이러한 대화의 결실을 한국의 독자들에게도 유용하게 해주신 번역자 이찬수 선생과 분도출판사의 노고를 치하해 마지않는다. 나는 한국의 그리스도인과 불자들이 이 책으로부터 도움을 얻게 될 것이라고 확신한다. 그리고 더 나아가 세계적인 불교-그리스도교의 대화에 한국인들만이 할 수 있는 가치있는 공헌을 하고 그것을 나눌 수 있게 되리라는 것도 확신한다.

레너드 스위들러

옮긴이의 말

야기 세이이치(八木誠一)는 1988년에 불교와 그리스도교의 상호 이해를 도모하는 책 『프론트 구조의 철학』(フロント構造の哲學, 法藏館)을 출판했다. 그리고 비슷한 시기에 거의 이것의 축약본이라고 할 수 있는 『불교와 그리스도교를 잇는 가교로서의 프론트 구조』(*Die Front-Struktur als Brücke vom buddhistischen zum christlichen Denken*, Chr. Kaiser, 1988)를 독일어로 펴냈다. 그런데 마침 안식년 휴가차 독일에 머물던 미국의 종교신학자 레너드 스위들러(Leonard Swidler)가 그 책의 내용에 감탄하고는 즉시 영역했다. 거기에다가 불교에 친숙하지 못한 미국의 일반 독자들을 위해 불교와 그리스도교의 근본 가르침 및 상호 대화의 역사를 개관하는 글을 함께 실으면서 한 권의 공저가 미국에서 탄생되었다. 야기의 다른 글들을 읽고 스위들러와 비슷한 경험을 가졌던 옮긴이는 사 년쯤 전에 이 공저를 읽고 우리말로 얼추 번역해 놓았다. 그러다가 이번에 분도출판사의 후의에 힘입어 다시 다듬어 보았다. 야기 글의 경우에는 뿌리가 되는 일본판과 독일어 원문을 참조하며 번역했다. 그러나 막상 벌여놓고 보니 후회가 되기도 하였다. 번역이라는 작업이 힘든 노동과도 같았다면 주제넘은 표현일까? 언제나 나의 모자람을 느낀다. 스위들러나 옮긴이 모두 야기의 글에 초점을 두고 있던 터이니, 이러한 문제에 어느 정도 선이해가 있다면 야기의 글을 바로 읽는 편

이 좋겠다. 아울러 야기와 스위들러의 사상 전반에 대한 이해를 돕기 위해 옮긴이가 『사목』(187호, 190호)에 소개했던 두 글을 부록으로 싣는다.

   스위들러는 한국어판 서문을 친히 보내주었고, 야기에게는 작년(1995년) 여름 일본 도쿄에서 있었던 제2회 IAAPR 모임에서 만나 구두로 허락을 받았다. 한국말로 번역을 했다는 말에 야기는 영광스러운 일이라며 기뻐했다. 두 분께 큰 감사를 드린다.

1996년 2월, 교정을 마치고
이 찬 수

차 례

지은이의 한국어판 서문 ················· 5
옮긴이의 말 ····························· 7

야기 세이이치가 쓴 **머리말** ············· 13
레너드 스위들러가 쓴 **머리말** ··········· 15

예루살렘과 도쿄를 잇는 다리
불교-그리스도교 대화와 야기 세이이치의 사상
레너드 스위들러

① 대화란 무엇인가? ···················· 21
  1. 대화에 관하여 ···················· 21
  2. 종교간 대화의 지침 ················ 24
② 불교-그리스도교 대화 ················ 29
  1. 대화의 조직 ······················ 31
  2. 대화의 영역 ······················ 33
  3. 대화의 주제 ······················ 34
    a. 고타마 붓다의 기본 가르침 ······· 35
    b. 유신론, 무신론, 비신론 ·········· 38

c. 관계적이고 과정적인 사고 ················· 39
　　　d. 궁극적 실재 ···························· 43
　　　e. 하느님의 모상과 무아 ···················· 51
　　　f. 예수와 고타마: "행위 지향적"·구원 중심적 ··· 54
　　　g. 그리스도 – 붇다 ························· 56
　　　h. 예언자 – 사문 ··························· 62
　　　i. 신앙-행위: 타력-자력 ···················· 65
　　　j. 신조-규범-의례 ·························· 67
　　　k. 개인윤리와 사회윤리 ···················· 69

③ **일본의 불교와 그리스도교** ················· 80
　1. 일본의 불교 ······························ 80
　　　a. 나라 시대와 헤이안 시대 ················· 83
　　　b. 카마쿠라 시대 ·························· 84
　　　c. 일련종 ································ 84
　　　d. 정토종 ································ 87
　　　e. 선종 ·································· 90
　2. 일본의 그리스도교 ························· 94

④ **야기 세이이치의 신학** ····················· 103
　1. 대화, 관계성, 통합 ························ 103
　2. 궁극적 실재 ······························ 106
　3. 바울로와 신란, 예수와 도겐 ················· 109
　4. 일본 그리스도교에서의 야기의 위치 ········· 110
　5. 두 번의 "전환" ····························· 113

⑤ **가교로서의 이 책에 대하여** ················ 116

불교와 그리스도교를 잇는 다리: 프론트 구조
야기 세이이치

1️⃣ **프론트 구조와 불교적 사고** ·················· 125
  1. 프론트 구조 ····························· 125
  2. 프론트의 확장 ·························· 132
  3. 프론트 구조의 주요 예들 ················ 136
  4. 한 극으로서의 개별적 존재자 ············ 148
  5. 존재자와 개체간의 구분 ················· 152
  6. 공(空)과 연기(緣起) ····················· 157
2️⃣ **자아와 분별지** ························· 173
3️⃣ **초월과 인간** ··························· 183
  1. 생(生)의 서원(誓願) ····················· 183
  2. 초월과 자아의 프론트: 초월과 인간의 관계 ······ 191
4️⃣ **통합** ································· 201
  1. 그리스도의 몸과 통합 ··················· 201
  2. 그리스도의 몸의 실현 ··················· 209
5️⃣ **그리스도교의 절대성 요구와 관련하여** ············221

〈부록〉(이찬수)
레너드 스위들러의 대화 신학 ················ 233
야기 세이이치의 불교적 신학 ················ 247

야기 세이이치가 쓴

머 리 말

세계는 점점 좁아지고, 사람들간의 접촉도 빈번해지며, 전통의 상대성에 대한 의식도 분명해져 가고 있다. 이 마당에 유럽·미국·일본에서 그리스도교와 불교의 만남이 일어나고 있으며, 그리스도인이 불교 안에서 선교의 장애물을 보기는커녕 대화의 동반자를 발견한다는 사실은 놀랄 만한 일이 아니다.

　일본의 그리스도인들에게 이것은 바로 그들의 운명과 관련되어 있다. 이 땅의 그리스도인들은 불교를 하나의 가르침(a doctrine)으로 만나지 않고, 함께 사는 불자들, 동시대 동료들로 만난다. 그리스도인이 불자들과의 만남에 심원한 관계성이 있음을 인식한다면, 그는 어떤 점에 그 관계성이 놓여 있고 그것이 어디서 오며 그리스도교에 의미하는 것은 무엇인지 물을 수밖에 없게 된다.

　본 논고는 "프론트 구조"(Front-structure)라는 개념에 의거해서 이러한 질문들에 답하려는 시도이다. 당연하겠지만, 이 소책자로 현안이 충분히 만족될 수는 없다. 오히려 이 작업은 체계적 틀의 꼴을 한 하나의 연구일 뿐이다. 이러한 체계는 불교와의 대화와 대화를 통해 적절한 개념화(프론트 구조, 통합 등)를 이루려는 노력에서 발전되었다.

나는 무엇보다 본고가 — 『불교와 그리스도교를 잇는 가교로서의 프론트 구조』(*Die Front-Struktur als Bröcke vom buddhistischen zum christlichen Denken*, München: Chr. Kaiser Verlag, 1988)라는 제목하에 "오늘 함께하는 삶"(ökumenisch Existenz heute)으로 — 빛을 보게 해주었던 독일판 시리즈의 공동 편집자 모두와 이 글을 쓰도록 격려했던 테오 순데르마이어(Theo Sundermeier) 교수께 마음 속 깊이 감사드린다.

또한 종교간 대화의 필연성과 대화를 통한 종교의 변화를 의식하는 이들을 위해 씌어진 이 소책자가 영역되어 미국인 독자들에게까지 전해질 수 있게 되어 무척 기쁘다. 종교는 새로운 문화적·종교적 상황의 필요에 따라 언제나 새롭게 해석되어야 하기 때문이다. 지금 점점 좁아지는 이 별에 함께 살아야 하는 사람들의 상호 이해를 위해서는 종교에 더 급진적인 변화 그 이상이 요구된다.

이 책이 미국에서 출판되고 있다는 소식에 기쁨을 감출 길 없다. 미국에는 사실상 그 자체로서 우리 공동의 문화적·종교적 미래에 속하는 것이라고 여겨지는 비서양 전통과 사고방식에 웬만큼 개방되어 있고 그와 만날 준비가 되어 있는 이들이 있기 때문이다.

정말 뜻밖에 이 번역을 감당해 주셨고, 그럼으로써 국제적인 대화를 고무하고 증진시키시는 이 책의 영역자 레너드 스위들러 교수께 마음 속 깊이 감사드린다.

1989년 1월, 도쿄에서

레너드 스위들러가 쓴

머 리 말

1988년 하반기에 야기 세이이치의 소책자 『불교와 그리스도교를 잇는 가교로서의 프론트 구조』가 독일에서 출판되었다. 내가 안식년 휴가로 쉬바비아 알프스와 슈바르츠발트 사이에 있는 평화로운 독일 튀빙겐에 머물고 있던 가을, 나는 일반적인 호기심으로 야기의 조그만 책을 읽기 시작했다. 그러다가 곧 나는 "아하!" 하는 경험을 하게 되었다. 어떤 면에서는 야기가 쓰고 있었던 모든 것을 나는 이미 "알고" 있었지만, 나는 결코 집에서 느꼈던 개념들과 언어들을 그렇게 명백하고 이해 가능하게 펼쳐놓지는 못했었다.

그래서 나는 곧바로 앉아서 그 책을 영어로 옮기겠노라고 그에게 편지를 썼다 — 그 책이 본래 일본어가 아닌 독일어로 씌어졌다는 것은 내게 다행이었다. 그는 책이 번역된다면 기쁘겠다는 답신을 보내왔고, 나는 번역에 착수했다.

미국판을 위한 서문을 쓰려고 생각하다가 나는 비록 "오리가 물을 따라가듯이" 그 책을 자연스레 접하게 되었을지라도 서양의 모든 독자들까지 종교간 대화, 특히 불교와의 대화에 있어서 나와 유사한 배경을 가지고 있는 것은 아니라는 사실을 떠올렸다. 그래서 야기 세이이치의 "가교"를 위한 토대를 마련해 주는 것이 유용하리라고 생각했다. 내가 입문용 논고에서 시도하려는 것이 바로 이것이다.

   종교간 대화에 관한 일반적이고 간략한 견해들을 소개하고 이어서 지금 진행중인 이제까지의 불교-그리스도교 대화의 핵심이라고 할 수 있는 열한 개의 주요 논제거리들을 좀 상세히 논의하겠다. 다음으로 야기 세이이치가 태어난 일본으로 건너가 그곳에서의 불교의 전개와 어느 정도는 일본 내 그리스도교까지 포함해 약간 언급하겠다. 마지막으로는 일본 종교생활에서 야기가 처한 위치와 그의 사상 전개에 대해 비교적 상세히 논의하되, 특별히 이 책의 요점에 대해서는 꾸준히 그렇게 할 것이다. 오늘날의 불교-그리스도교 대화에 이미 친숙한 사람들은 바로 나의 글의 IV장과 V장으로 넘어가 야기와 그의 사상에 대한 논의를 보아도 좋겠다.

   야기 세이이치가 논문을 통해 공헌했던 작품들말고는 이 책이 야기가 낸 첫번째 영어책이다. 분명히 이것은 그의 마지막 작품일 수 없다. 일본어로 된 그의 책들은, 그는 개신교인이자 신약성서 학자인데도 수십만 부가 대부분 비그리스도교인들에게 팔려나갔다. 사실상 그의 초기 책들은 그리스도교와 신약성서에 관한 것들뿐이었지만, 최근에 들어서는 불교와 그리스도교, 인생 사이의 깊이있는 대화 쪽으로 옮겨왔다. 야기 세이이치가 가장 창조적으로 활동해 온 지점 — 이것은 종종 지적이고 영적인 이화수정(異花受精)으로 나타난다 — 이 바로 여기이다.

   신약성서와 당대의 신약학자들에 대한 야기의 지식은 심원하고 미묘하다. 놀랍게도 똑같은 것이 불교적 가르침과 사상에 대한 지식에도 적용된다. 지은이의 심중에서 벌어지는 불교와 그리스도교 사상 간의 깊은 대화의 열매를 우리는 여기 이 책에서 본다. 가장 가치있는 것은 대화의 결과를 그렇게 분명하고 똑 떨어지는 언어로 표현해 준다는 데 있다.

이 대화의 주제는 단순하거나 피상적이지 않고 복잡하고 심원하다. 따라서 진지한 독서가 요망된다. 그러면 그러한 독서는 풍성한 보답을 가져다줄 것이다. 혼란스런 언어와 희미했던 개념들이 여기서 분명해지고 이해 가능해질 터이므로.

1989년 1월, 필라델피아에서

예루살렘과 도쿄를 잇는 다리

불교-그리스도교 대화와
야기 세이이치의 사상

레너드 스위들러

예루살렘과 도쿄는 신체적으로는 물론 정신적으로도 먼 거리이다. 여기서 "정신적으로"라는 말은 유대인 예수와 그의 제자들의 종교로부터 인도의 고타마의 종교, 특별히 일본의 선불교까지를 의미한다. 과거에는 신체적인 만남만 있었을 뿐 정신적인 차원에서 그리스도교인들과 불교인들은 서로를 그저 무시하거나 야단치거나 심지어는 상대방에게 돌을 던지기까지 하는 경향이 있었다(마지막 두 가지는 거의 전적으로 "그리스도교인들"의 행동이었다). 상대방을 "찾아가는" 따위의 정신적인 가능성은 회피되어 왔다. 그런 생각 정도는 있었지만. 그러다가 어떠한 방향으로든지 여행을 떠날 만한 든든한 다리가 세워졌는데, 이른바 대화의 다리이다.

사실상 일종의 인도교(人道橋)가 이미 세워졌고, 상당수 대담한 사람들이 그 다리를 넘어 건너가서는, 감동적이고 자극적인 다른 소식들을 가지고 돌아왔다. 그 결과 좁았던 인도교가 더 많은 교통량도 견딜 수 있는 더 넓은 다리로 점차 확장되기 시작했고, 점점 더 많은 여행자들이 이웃에 관한 소식, 더 근본적으로는 진리를 찾아 끝없이 몰려드는 사람들의 탐구가 전해준 소식들에 매료되어 가고 있다. 이 다리, 즉 대화란 무엇인가?

대화란 무엇인가?

1. 대화에 관하여

오늘날 얘기되는 대화(dialogue)란 둘 혹은 그 이상의 사람들이나 집단들 사이의 지적이고 영적인(spiritual) 만남을 의미한다. 그것은 과거에 흔히 있어왔던 만남과는 다르다. 과거의 만남에서는 대결, 변론, 논쟁, 정복, 개종시키기 따위만 있었다. 간단히 말하면, 저마다 짐짓 우월한 체하는 위치에서 만났고, 배우기보다는 가르치고자 했다는 것이다. 이는 우리가 진리를 소유했고 다른 이들은 우리와 다른 그만큼 오류에 빠져 있다고 보았기 때문이다. 넓은 범위에서 볼 때, 그러한 과거의 역사는 종교들과 이념들간의 만남이었다.[1] 그러나 오늘날 대화가 의미하는 것은 그것이 "아니다". 오히려 대화는 무

---

1. 내가 말하고자 하는 종교란 "인생의 궁극적 의미와 그에 따라 인생을 어떻게 살아야 할 것인가에 대한 설명"이다. 일반적으로 종교는 네 개의 "C"를 가지고 있는데, 그것은 신조(Creed), 규범(Code), 의례(Cult), 공동체 구조(Community-structure)로서, 궁극적으로 초월자, 즉 우리의 일상적 삶의 경험을 "넘어서는" 궁극적 실재에 대한 그 어떤 이해에 근거하고 있다. 하나의 이데올로기, 가령 무신론적 인본주의나 마르크스주의는 추종자들에게 하나의 종교와 똑같은 기능을 하지만, 궁극적으로 초월자에 대한 그 어떤 이해에 근거하고 있지는 않으며, 최소한 그 일반적 의미에서도 그렇지 않다.

엇보다 가르치기보다는 "배우려는" 목적을 가지고서 다양한 견해를 지닌 둘 혹은 그 이상의 사람들이나 집단들간의 만남이다. 나는 어떤 문제를 토론할 때 짐짓 우월한 체하는 자리에서가 아니라, 상대방으로부터 "배우고", 그에 따라 나의 삶을 변화시키고 재정리하는 자세로 상대방과 대화하고자 한다. "대화"와 이와는 다른 온갖 유형의 지적이고 영적인 만남들의 본질적인 차이가 바로 여기에 있는 것이다.

물론 내가 배우고자 한다면 상대방은 가르쳐야 하고, 당면한 문제에 대한 이해를 가능한 한 명쾌하게 설명해야 한다. 그것이 효과적으로 실행될 때, 최소한 나는 상대방이 생각하고 있는 주제를 정확하게 배울 수 있게 될 것이고, 그것이 내가 처음에 가졌던 무지나 왜곡을 대체할 것이다. 상대방에게서 들은 것들 중 일부가 내게 신선하게 다가옴으로써 내가 배우게 되리라는 것도 또한 가능하다. 상대방에게서 문제에 대한 설명을 듣고서 내가 이전에 가졌던 나 자신의 위치가 수정되거나 심지어 거부될 수 있다는 것도 수긍할 만하다. 그럼으로써 실재(reality), 즉 진리를 더 확실하게 포착할 수 있음을 확신하기 때문이다. 각종 경험으로 미루어 보건대 후자와 같은 결과는 별로 없겠지만, 그렇더라도 내가 대화를 시작할 수 있을 가능성에는 개방해 놓아야 한다. 그것이 배우고, 실재, 즉 진리를 더 분명하게 포착하고, 그럼으로써 나의 삶을 변화시키는 대화의 엄중한 목적인 것이다.

대화에는 위험도 있다. 우리는 영혼의 에너지가 요구하는 것들을 바꿔야 할지 모른다. 관성의 법칙은 신체적 영역에서

— "휴식중인 몸은 휴식을 유지하려 하고, 운동중인 몸은 운동을 유지하려 한다" — 뿐 아니라 영적인 영역에서도 작용하기 때문이다: 휴식중이거나 어떤 방향과 속도로 운동중인 신체적인 몸은 어떤 형태로든 신체적 에너지를 소비해야만 운동을 하거나 다른 경로로 비껴갈 수 있듯이, 지나치게 굳은 지적인 개념은 영적인 에너지를 소비해야만 움직이고 수정될 수 있는 것이다. 우리는 그저 단언하려 들어서는 안되며, 늘 새롭게 생각해야 한다. 사고(思考)는 에너지를, 그것도 상당량의 에너지를 필요로 한다! 우리는 우리 자신의 안락한 휴식처에서 일어나 새로운 방향으로 움직여야 한다. "휴식중인 몸은 휴식을 유지"하려는 영혼의 관성법칙과 싸워야 하는 것이다.

다른 용어로 표현해 보자. 인간에게 으뜸가는 죄는 과거에 종종 주장되었듯이, 자만심이 아니라 나태와 게으름이라는 것은 내게 분명해 보인다. 우리는 지적으로, 영적으로 휴식을 유지하려 들기 쉽다. 내가 판단하건대, 아마도 사건과 결정의 연결고리의 맨 처음에, 실재에 대한 좀더 훌륭한 통찰을 얻는 데 필요한 에너지를 쓰지 않으려는 결정이 "죄"에 대한 오랜 개념의 근본 본질이다. 소크라테스가 도덕적 악의 본질은 무지라 주장했고, 힌두교에서 인간적 악의 근본은 앎(비디야, knowledge)의 결여, 다시 말해 "아비디야"(avidya)라고 주장했을 때, 이들은 그와 같은 방향에서 움직이고 있었다. 나도 도덕적 악의 뿌리는 도덕적 결정의 토대가 되는 더 훌륭한 앎에 이르는 데 필요한 에너지를 쓰지 않으려는 결정적인 순간의 선택 — 게으름, 관성 — 이라 말하고 싶다.

내가 조금이라도 목표에 근접했다면, 그것은 수천 수만여 년간의 인류가 왜 대화의 위험을 받아들이기 시작했는지를 보여주는 한 이유가 될 것이다. 새로운 것을 통과하는 우리의 길에 대해 생각하고 미지의 것에 대한 두려움을 극복하는 데는 큰 에너지가 필요하다. 그렇기는 하지만 대화의 보답이 얼마나 큰지, 대화를 통해 얼마나 확실하고 신속하고 심원하게 실재/진리를 충분히 포착할 수 있게 되는지가 어느 정도 드러난 뒤로는 더 많은 개인들과 심지어는 집단 전체와 공동체들까지 그에 매료되고 있다.

2. 종교간 대화의 지침

나는 풍성하고 진정한 대화를 하려고 할 때 지켜야 할 규칙들에 대해서 어디선가 쓴 바 있다.[2] 사실상 아주 첨예한 문제들이 바로 그 대화의 정의 안에 함축되어 있지만, 그것들이 너무 중요한 탓에 여기서 분명히 하지 않은 채 그대로 둘 수는 없다. 아주 간략하게나마 살펴보자.

① 분명히 개인이나 공동체들이 처음으로 만날 때 가장 풀기 곤란한 차이점들을 가지고 씨름해서는 안된다. 그보다는

---

2. Leonard Swidler, "The Dialogue Decalogue: Ground Rules for Interreligious Dialogue", *Journal of Ecumenical Studies*, Winter, 1983, pp.1-4. 이 지침들은 독일어, 포르투갈어, 헝가리어, 폴란드어, 스웨덴어, 아랍어, 중국어, 일본어, 한국어로 된 것들을 포함하여 삼십여 종 이상의 정기 간행물과 단행본에 소개되어 있다.

대중을 밝히 비춰줄 가망이 있는 주제들을 먼저 다뤄야 한다. 그럼으로써 상대방간에 상호 신뢰가 정립되고 돈독해질 수 있게 된다. 상호 신뢰 없이는 대화도 없겠기 때문이다.

② 이렇게 요구되는 상호 신뢰가 발전하는 데 본질적인 것은 상대방이 저마다 전적으로 신실하고 정직하게 대화에 임하는 것이다. 대화할 때 상대방은 나와 나의 전통을 알기 위해 사실 그대로를 배우려고 한다. 하지만 내가 전적으로 신실하고 정직하지 않다면 이것은 불가능하다. 똑같은 것이 상대방에게도 적용된다. 그가 전적으로 신실하고 정직하지 못하다면 나는 그와 그의 전통들을 배울 수 없다. 또한 우리는 우리의 상대방에 대한 전적인 신실함과 정직함을 동시에 염두에 둠은 물론 실제로 행해야 한다는 사실도 주목해야 한다. 그렇지 않으면 신뢰가 생기지 않고, 신뢰 없이는 대화도 불가능해진다.

③ 대화에서 우리가 우리의 이상(ideals)과 상대방의 이상을, 우리의 현실(practices)과 상대방의 현실을 비교하고자 할 때 또한 조심해야 한다. 우리의 이상을 상대방의 현실과 비교하면 언제나 우리가 "승리"하겠지만, 그러면 물론 아무것도 배우지 못하며, 대화의 목적에도 전적으로 어긋나게 된다.

④ 대화 당사자는 자신의 입장을 밝혀야 한다. 가령 무슬림이 된다는 것이 무엇을 의미하는지는 무슬림만이 내부로부터 알 수 있다. 이러한 자기 이해는 대화가 전개되어 감에 따라 변화하고 성장하고 넓어지고 심화된다. 따라서 자기 이해는 살면서 성장하는 종교 현실을 체험하는 자에 의해서만 정확히 서술될 수 있다.

⑤ 당사자는 전통들간에 인증된 차이점들이 가지고 있는 고정된 전제 없이 대화에 임해야 한다. 할 수 있는 한 자기 본래의 모습을 해치지 않고 동감하고 동의하면서 상대방을 따른 후에야만 진정한 차이점이 결정된다.

⑥ 동등한 수준의 것만이 충분히 인증된 대화에 참여할 수 있다. 동등하지 않은 정도가 쌍방간 의사소통, 즉 대화가 체험되는 정도를 결정지을 것이다.

⑦ 대화의 주요 수단은 우리 자신과 우리의 전통에 대한 자기 비판적인 태도이다. 우리가 우리 자신과 우리 전통의 입장을 주제에 맞게 자기 비판적으로 바라보려 하지 않는 한, 상대방으로부터 우리는 아무것도 배우지 못할 것임이 분명하다. 그런 일이 벌어진다면 우리는 상대방으로부터 배우는 것을 큰 목적으로 하는 대화에 관심을 잃어버리게 된다. 틀림없이 우리는 불자로서, 그리스도인으로서, 마르크시스트 등으로서 신실하고 정직한 본래의 모습으로 대화에 임한다. 그렇다고 해서 자기 비판이 신실함, 정직함, 성실함의 결여를 의미하는 것은 아니다. 사실상 자기 비판이 결여되어 있다는 것은 올바른 신실함도, 참된 정직함도, 진정한 성실성도 없다는 것을 의미한다.

⑧ 결국 대화하는 가장 중요한 수단은 "당사자들이 서로에게서 배우고 그에 따라 변화될 수 있는 쌍방간 의사소통"으로서의 대화에 대한 바른 이해를 가지는 것이다. 이러한 기본적인 목표에 굳게 유의하여 창의적으로 좇아 행동하면, 창조적이고 결실있는 대화, 각 참여자의 삶과 그들이 속한 공동체들

의 계속적인 변화가 뒤따를 것이다.

우리는 지금 종교간/이념간 대화라는 아주 특수한 종류의 대화에 대해 이야기하고 있다. 이것은 스스로를 서로 다른 종교 내지는 이념 전통들의 일원으로 이해하는, 둘 혹은 그 이상의 사람들간의 대화이다. 어떤 종교나 이념의 추종자가 아닌 사람들은 필시 종교나 이념 문제에 관한 진정하고 결실있는 대화를 벌일 수 없다. 그런 대화는 종교적/이념적 대화라고 불릴 수는 있지만, 종교"간"/이념"간"(interreligious/interideological) 대화라고 불릴 수는 없는 것이다.

 그렇다면 어떤 이를 가톨릭 신자, 유대교인, 불자 등으로 간주할 것인가? 만일 우리가 공식적인(official) 대화에 관해 이야기하는 중이라면, 물론 적절한 공식 기관에서 공동체의 대표성을 승인받아야 하겠지만, 거의 대부분의 경우에 있어서 대화란 공식적이지 않다. 그렇다면 각 사람은 자신이 어떤 특정 전통에 속해 있는 것인지를 스스로 결정해야 한다. 더욱이 대화가 참으로 종교간/이념간 대화이려면, 그것은 한편으로는 상대방의 신앙 노선을 가로지르면서도 다른 한편으로는 동료로 만나는 양방간 대화이어야 한다. 그럼으로써만 큰 공동체도 대화의 열매를 공유하고 지식을 얻으며 따라서 변화할 수 있게 된다.

 같은 종교를 신봉하는 사람끼리 먼저 대화가 이루어지지 않으면, 대화자는 결과적으로 이도 저도 아닌 것(tertium quid) — 불교, 이슬람, 힌두교의 그 무엇에도 아무런 느낌이 없는 불자, 무슬림, 힌두인 — 이 될 위험에 처하게 되고, 따라서 두 개의 분리된 집단들을 연결하는 다리를 놓기는커녕 그런 대화자는 세번째 분리된 집단을 만들어 낼 터이다. 이것은 대화의 목적 중 하나가 아니다.

  일본의 그리스도교 신학자인 야기 세이이치는 사실상 매우 신중하게 불교와 그리스도교를 잇는 대화의 다리를 건설해 왔다. 물론 이런 과업에 뛰어든 이가 그 혼자만은 아니지만.

2

불교-그리스도교 대화

그리스도교의 시초부터 불교와 그리스도교 사이에는 다양한 길을 통한 매혹적이고 역사적인 만남의 장이 있었다. 당대의 일부 그리스도교 학자들은 불교가 분명히 신약성서에 영향을 끼쳤다고 주장했다.[1] 더 기막힌 사실은, 보기에 따라서는, 후기 고타마 붇다가 그리스도교 전통 안에서 성 요사파트(St. Josaphat)라는 그리스도교 성인으로까지 나타나고 있다는 것이다. 물론 그리스도교인들은 그에 동의하지 않고, 아직도 대부분은 그 사실을 인정하고 있지 않지만.

윌프레드 캔트웰 스미스(Wilfred Cantwell Smith)는 고타마 싯달타라는 인도의 왕자, 즉 붇다(Buddha)의 위대한 포기(Great Renunciation) 이야기가 그리스도교 성인인 요사파트가 되는 환상적인 여행을 조심스레 추적한다. 금세기가 시작되기 직전에 레오 톨스토이(Leo Tolstoy)는 성 요사파트가 발람(Barlaam)으로 인해 위대한 포기자가 되었다는 이야기로 인해 인생의 종교적 전환을 경험했다. 그 이야기는, 이전에는

---

1. J. Edgar Bruns, *The Christian Buddhism of St. John* (New York: Paulist Press, 1971)을 볼 것.

11세기 그리스도교인인 조지 왕(Georgian) 판에 근거하던 그리스도교 문헌의 그리스 판으로부터 서양의 유럽 언어로 전해진 것이었다. 그런데 조지 왕 판은 아랍어로 된 무슬림 판에 근거했고, 무슬림 판 자체는 더 이전 것인 마니교 판으로부터 전해진 것이었다. 추적은 거기서 끝나지 않았다. 원천은 2세기에서 4세기 사이의 산스크리트어로 된 대승불교에서 온 것이기 때문이다.

그 중에서도 스미스는 고타마(혹은 "요사파트")가 아직 붇다가 아니라 미래의 붇다, 즉 보디사트바(보살, Bodhisattva)였다는 이야기에 주목했다. 마니교 판에서 보살은 "보디사프"(Bodisaf)로, 아랍어 판에서는 "유다사프"(Yudasaf)로, 조지 왕 판에서는 "로다사프"(lodasaph)로, 그리스어 판에서는 "로아사프"(loasaph)로, 라틴 판에서는 "요사파트"(Josaphat)로 나타난다. 따라서 고타마 붇다가 마니교, 무슬림 그리고 그리스도교의 성인이 되기에 이르렀다. 내가 꼬마였을 때 "뛰어오르는 제호사파트"(Jumping Jehosaphat)라고 말했던 것처럼.[2]

일반적으로 불교는 상당히 포용적인 — 여기서의 포용을 낭만직으로 알아들으시는 안된다. 불교에서도 이런저런 오만함을 볼 수 있다 — 경향이 있는가 하면, 몇 십년 전까지만 해도 그리스도교는 보통 불교를 포함하는 타종교에 대한 태도에 퍽 논쟁적이고 전제적인 경향이 있었다. 하지만 그러한 태도는 지난 이삼십 년간에 극적으로 바뀌고 있다. 이것은 특별히

---

2. Wilfred Cantwell Smith, *Toward a World Theology* (Philadelphia: Westminster Press, 1981), pp.7-11을 볼 것.

그리스도교가 불교를 대하는 태도에서 그렇다. 제2차 세계대전이 끝난 이래, 더 특별히는 제2차 바티칸 공의회(1962~1965) 이래, 그리스도교는 점점 더 불자들에 대해 대화와 협력의 손길을 뻗치고 있다.

1. 대화의 조직

그것들을 모두 연대적으로 기록하는 것은 불가능한 일이라고 할 만큼 이러한 대화들은 여러 차원, 여러 장소에서 벌어지고 있다. 그렇더라도 그것들은 조직적인 형태로 점점 증가하고 있고, (근시안적인 한 북미인의 시각에서 보건대) 다음과 같은 그 두드러진 사건들 중 일부에 주목할 필요가 있다.

하와이 대학교 종교학과에서는 "동·서 종교연구 사업"(East-West Religions Project)을 조직해서, 1980년에는 제1차 국제 불교-그리스도교 회의(International Buddhist-Christian Conference)를 개최한 바 있고, 이듬해에는 데이비드 처펠(David Chappell)의 주도로 『불교-그리스도교 연구』(*Buddhist-Christian Studies*)라는 정기 간행물이 발행되었다. 또 1982년에는 "동·서 종교연구 사업 일본 분과"가 도이 마사토시(Masatoshi Doi)에 의해 출범했고, 1983년에는 북미 불교-그리스도교 신학의 만남의 모임(North American Buddhist-Christian Theological Encounter Group, 초대받아 참여한 사람들이 북미는 물론 유럽과 아시아인들도 포함되었으니, 이 명칭은 여러 면에서 오칭이다)이 존 캅(John Cobb)과 아베 마사오(Masao Abe)에 의해 창립되었다. 1986년 모임을 예로 들면, 비록 초대된 신학자들 중에 활동적인 참여자들은 25명에 지나지 않았고 추가 청자(聽者)도 200여 명이 참석한 정도였지만.[3] 이어 1984년에는 제2차 국제 불교-그리스도교 회의가 개최되었다. 그리고 1987년에는 제3차 국제 불교-그리스도교 회의가 개최되었는데, 이때를 예로 들면, 등록한 참여자들만 해도 700명이 넘었고, 직접 참여한 자들이 200명 — 이들이 제출한 학술 논문이 3,000쪽이 넘었다 — 이나 되었으며, 이때 강연에 참석한 경청자들이 1,500명이었다.[4] 또한 1987년에는 새로운 "불교-그리스도교 연구회"(Society for Buddhist-Christian Studies)가 설립되었다(그리고 "이에 공감하여" "동·서 종교연구 사업 일본 분과"가 "일본 불교-그리스도 연구회"로 개명했다). 이 새로운 모임은 분명히 머리 글자로는 미국적 기반을 가지고 있지만, 그 시각·범위·회원에 있어서는 국제적이며, 회원제도와 입회제도에서 볼 때 더욱 그렇게 되어갈 전망이다.[5]

---

3. John Berthrong, "Third North American Buddhist-Christian Theological Encounter", *Journal of Ecumenical Studies*, 23,4 (Fall, 1986), pp.775ff.

4. Daniel J. O'Hanlon, "Third International Buddhist-Christian Conference", *Journal of Ecumenical Studies*, 24,3 (Summer, 1987), pp. 513ff.

5. "불교-그리스도교 연구회"에서는 여러 논설들을 전해주기 위해 『불교-그리스도교 연구』(*Buddhist-Christian Studies*)라는 저널을 만드는 것 외에도 Graduate Theological Union, 2400 Ridge Road, Berkeley, CA 94709에서 "소식지"(*Newsletter*)를 내기 시작했다. 본장에 실린 대부분의 정보는 첫번째 소식지(Spring, 1988)에서 얻은 것들이다.

2. 대화의 영역

불교와 그리스도교 사이에 벌어지는 접촉과 대화의 주요 범위에는 세 가지가 있다. ① 지적·신학적 영역, ② 사회정의 문제에서의 상호 자극과 협력, ③ 불자와 그리스도교인의 수도자적·영적 삶.

불교-그리스도교 대화의 다양한 측면을 다루는 논문들과 책들이 여러 언어로 점점 넘쳐나고 있다. 비록 전체적이지는 못하지만, 계간지 *Journal of Ecumenical Studies*의 "Book Review"와 "Ecumenical Abstracts" 부분을 보면 가장 포괄적인 적용 범위를 알 수 있을 것이다. 인쇄물 외에도 불교와 그리스도교 학자들간에 온갖 대화 모임이 계속 증가하고 있다. 이러한 모임들은 이미 일부 언급한 것들과 같은 공식 조직의 맥락이나 "쑤냐타와 케노시스 모임"(Sunyata and Kenosis Group) 혹은 "종교와 치유 모임"(Religion and Healing Group) 같은 데서 발생하고, 때로는 일본 나고야의 "南山宗敎文化硏究所" 같은 영구적인 종교간 대화 센터의 맥락에서, 또 때로는 특별한 토대에서 발생한다.

사회정의 문제들에 관련한 세계 도처의 그리스도교 소속 기관이나 불교 소속 기관은 더 큰 결과를 얻기 위해 점점 더 협조한다. 이러한 영역은 또한 "해방신학과 불교 모임", "불교와 그리스도교 모임에서의 여성", "한국의 민중신학과 불교 모임"과 같은 행동주의자라든지 그에 근거해 심사숙고하는 신생 특수 집단에서 풍부하게 발견된다.

불교와 그리스도교의 남자 수도자들 및 일부 여자 수도자들 간에 한편에서 다른 편의 수도원에 들어가 살면서, 가능한 한 충분히 상대 수도원의 삶에 참여하는 일이 개인적 또는 집단적으로 상당수 있어 왔다. 이제 이러한 노력은 국제적 차원에서 "명상 수도자 모임"(Monastic and Contemplative Group)으로 조직되고 있다. 게다가 콜로라도 보울더의 나로파 연구소(Naropa Institute) 같은 기관들은 연례 "그리스도교와 불교 명상 회의"(Christian and Buddhist Meditation Conference)를 열어 여러 해 동안 수백 명의 참여자들을 끌어들였다.[6]

3. 대화의 주제

불교와 그리스도교의 일부 주요 측면에서 언뜻 보더라도, 불교와 그리스도교간 대화를 위한 잠재적인 주제거리가 지닌 영역이 넓다는 것은 분명해진다. 그것들 중 다수는 사실상 어느 정도 이미 불사와 그리스도교인의 의식 속에서 대화식으로 추구되어 온 것들이다. 여기서 나는 대화를 위한 가장 창조적인 가능성들의 일부를 제공한다고 여겨지는 것들 중 몇 가지를 간략하게나마 다루어보겠다.

---

6. 예를 들어, James Conner, "Fifth Buddhist-Christ Meditation Conference at Naropa", *Journal of Ecumenical Studies*, 22,4 (Fall, 1985), pp.879ff를 볼 것. 이 회의에는 200명 이상 참여했었다.

a. 고타마 붇다의 기본 가르침

그리스도인들이 불교의 근본적인 가르침들 안에서 불교와 대화를 할 때, 첨예하게 다가오는 주제거리들은 상당수이다. 창시자 — 붇다, 각자(覺者) — 에게 붙여졌던 명칭에서 이름을 따온 불교는 기원전 5세기경의 고타마 싯달타에게서 유래한다. 그의 가르침과 생애의 전형이 불교라고 불리게 된 것의 근저에 놓여 있다. 젊었을 때 그는 쾌락보다는 인생의 깊은 의미를 추구했고, 자신의 물음에 대해 여러 해 동안 엄격한 금욕주의로 답해나가기 시작했다. 이것으로 바랐던 목표에 이르지 못하자 그는 명상의 길을 시도했고, 그러다가 인생의 의미에 대한 실존적 통찰, 즉 깨달음을 얻었다. 그의 깨달음의 길은 쾌락의 길도 엄격한 금욕주의의 길도 아니었다. 그래서 그는 종종 그것을 중도(中道)로 언급했다. 아마도 이것은 서양 철학자 아리스토텔레스의 윤리적 발언, 즉 "덕(德)은 중(中)에 있다"(In medio stat virtus)와 다름없는 것일 것이다.

고타마의 가르침의 핵심은 이른바 "네 가지 고귀한 진리들" 〔四聖諦〕에 있다. 그리스도교인들과 보통 서양인들에게 있어서 그의 가르침은 세계 도피적이거나 염세주의적이라기보다는 차라리 "현실적"(realistic)이라는 사실을 주의깊게 보는 것이 중요하다.

① 삶의 핵심은 (산스크리트어로) "두카"(dukkha), 즉 "괴로움"〔苦〕에 있다. 아무리 기쁨과 황홀의 한복판에 있어도 "이것 역시 지나가 버린다". 인간 삶의 여정의 맨 끝에는 죽음이 있으며, 조만간 그에 대한 자각이 밀어닥치리라는 이것

이 "두카"이다. 일반적인 지상생활이 그렇듯이 모든 기쁨과 슬픔은 덧없으므로, 진정한 삶에 이르려면 이러한 사실에 부딪쳐야 하고 그것을 수용해야 하는 것이다.

② "두카"의 근본 원인은 (산스크리트어로) "탕하"(taṇha), 즉 "집착"〔執〕이다. 이는 때때로 "욕망"으로 번역되기도 한다. 하지만 후자의 번역은 정확하지 않을 뿐더러 그릇된 것이기도 하다. "두카"가 일어나는 것은 그런 욕망이 있어서가 아니다. 그때 삶과 "두카"는 동의어이기 때문이다. 정의에 의하면, 삶은 움직임(movement)을 포함하는데, 만일 움직이도록 하는 에너지나 힘이 없다면 움직임도 없을 것이기 때문이다. 바로 우리네 언어에 담겨 있듯이, "'움직이게' 하는 힘" ("motiv"ating force)이 결여된다면 "움직임"("move"ment)도 없을 것이고, 움직임의 전적인 결여는 죽음, 즉 삶의 결여를 의미하기 때문이다. 그런데 "욕망"이란 바로 "움직이게 하는 힘"의 이명(異名)이다. 오히려 "탕하"의 의미를 좀더 정확히 표현해 주는 것은 바라는 바 내지는 떨쳐버리고 싶지 않은 것에 대한 "집착"이다. 그것이 "두카"(괴로움)의 원인인 것이다(여기서의 "～ 바" 역시 부정적인, 즉 무언가를 피하려는 욕망일 수 있음에 주목할 것).

③ 세번째 고귀한 진리는 간단한 연역적 추론으로 얻어진다. 즉, 원인을 제거하면 결과가 제거된다는 것이다. 따라서 "탕하"가 제거되면 "두카"가 제거될 것이다.

④ 사실상 "탕하"는 고타마의 다음과 같은 "여덟 가지 길" 〔八正道〕, 즉 올바른 사고와 행위에 대한 일련의 방법론적이

고 인식적/윤리적인 규범들에 의해 제거될 수 있다. 그것들은 이렇다: 바른 견해〔正見〕, 바른 사유〔正思惟〕, 바른 말〔正語〕, 바른 행위〔正業〕, 바른 생업〔正命〕, 바른 노력〔正精進〕, 바른 전념〔正念〕, 바른 선정〔正定〕.

 이것들은 "교의"라기보다는 이미 말했듯이, 어떻게 생각하고 행동할 것인가에 대한 방법론적인 규범들임에 유념해야 한다. 불교의 근원지인 힌두교에서는 교의, 신화, 문헌 등이 지나치게 많았다. 고타마는 그것들을 비난하지도, 특별히 그것들을 포용하지도 않았다. 오히려 그는 자신을 일종의 영혼의 실제적인 치료자로 여겼다 — 그 점에서 예수와 아주 흡사하다. 이러한 치료자는 사변적인 물음이라고 생각되는 것들에 대해서는 별 관심이 없다. 여기에 숲속을 걷다가 독화살에 맞은 어떤 사람을 놓고 이야기한 고타마의 유명한 비유가 있다. 무엇보다 화살이 어디서 왔는지, 누가 쐈는지, 그래서 어떻게 될지 등 아주 신나는 사변적인 질문들을 배우려고 고집하기보다는, 고타마에 따르면, 그 사람한테서 가능한 한 빨리 화살(즉, "탕하")을 빼야 한다. 사변적인 질문들 — "하느님" 및 다른 형이상학적 문제들 — 에 대한 대답을 기다리는 동안 치명상(즉, "두카")이 되어버릴 것임이 당연하기 때문이다.

 고타마는 인간 삶의 목적을 가리키기 위해 "열반"(Nirvāṇa)이라는 용어를 사용했다. "열반"은 문자적으로는 "꺼져버린"(blown out)이라는 뜻을 가지고 있다. 기본적으로 사람에게서 "탕하"와 가아(假我; 자아, 산스크리트어로는 "Atman", 팔리어로는 "Atta")가 "꺼져버림"으로써 무아(無我, An-atta)

의 가르침으로 이끌려진다는 것을 의미한다. 불교에는 "무아"를 존재론적으로, 즉 인간에게는 "영혼이 없다"는 식으로 이해하는 전통도 있지만, 또한 권력·명예 등을 느끼고 바라는 자아와 같은, 겉으로 나타나는 자아, 심지어는 일련의 의식 저변 "층들"도 진정한 자아가 아니라는 좀더 심리학적인 이해도 있다. 사실상 진정한 자아란 결코 끝나지 않는 과제이고, 계속 멀어지는 지평선을 향한, 결코 다함이 없는 충만함을 향한 끝없는 움직임이며, 그리스도인들 등이 무한한 하느님(infinite God)이라고 부르는 것을 향한 지속적인 성장이다.

b. 유신론, 무신론, 비신론

이미 언급했듯이, 고타마에게 신 혹은 하느님에 관한 물음은 근본적으로 관심을 일으킬 수 없는 사변적인 물음이었을 것이다. 이는 고타마 시대의 힌두교 안에 이미 신적인 것들에 대한 사색이 수도 없이 많았지만, 그는 그것들을 깨달음에 이르는 길을 가리키기보다는 혼란스런 것으로 체험했기 때문이다. 결과적으로 그의 가르침은 무신론(a-theist)이라기보다는 비신론(non-theist), 그러면서도 분명히 반신론(anti-theist)은 아닌 그런 것으로 가장 정확히 서술될 수 있다.

그러나 고타마가 "화살을 뽑은" 이후에도, 왜 그와 그의 직제자들은 신이나 하느님에 대해 말하지 않는 경향을 띠었는가에 대해서도 기본적인 이유가 있었다. 그것은 사고(思考)의 범주에 속한 것이었던 것이다. 인간사가 시작되면서부터 하느님 이야기(God-talk)는 자연스레 의인화의 경향, 좀더 분명히 말하면 여성화의(gynamorphic) 경향을 띠었다가, 그후에는 남성화의(andromorphic) 경향을 나타냈다. 이것은 대부분의 문화에서도 그랬다.

하지만 인류가 이런 류의 구체적인 "형상적" 사고와 언어를 넘어 추상적인 양식으로 옮겨가기 시작하면서 발전된 철학적 범주들에는, 예를 들어, 첫째로 헬레니즘과 다음으로 유대교에서의 플라톤 철학적이고 아리스토텔레스 철학적인 하느님 사색(god-speculation) 및 그리스도교와 이슬람 같은 실체적 범주들이 있었다. 그 상황이 고타마의 인도 상황과 비슷했지만, 고타마의 사고 범주는 달랐다. 그것은 실체적이지 않고 관계적이었다. 실체적인 사고 범주를 사용하지 않음으로써 오로지 실체적 범주에서만 생각되고 말해졌던 신들이나 하느님에 대해 말하지 않게 되었던 것이다.

c. 관계적이고 과정적인 사고

여기서 우리는 모든 것이 인과적으로 상호 관련되어 있다는 불교의 핵심 개념인 "연기"(緣起, 산스크리트어로는 "프라티탸 삼우트파다")에 이르게 된다. 어떤 사물도 스스로 떨어져 존재하는 것이 아니라 모든 사물이 상호 연결된 관계적이고 인과적인 그물로 존재한다.[7] "다른 것 속에는 자기의 '있음'

---

7. "붇다는 사물들을 그 독특성 속에서 보았지만, 이것이 그의 사고에 어떠한 분열도 초래하지 않았다. 부분은 부분이되, 그것은 전체의 부분이었다. … 이것이 의미하는 것은 상호관계가 사물의 본질에 속한다는 것이다"(Cromwell Crawford, "The Buddha's Thought on Thinking: Implications for Ecumenical Dialogue", *Journal*

을 두지 않은 한 존재"(a being whose "to be" is not to be in another)라는 실체의 고전적 정의를 다시 떠올려보면, 고타마의 "관계적" 사고방식은 분명히 실체적 사고방식과는 다르다.

하지만 그 안에는 서양 전통의 일부 철학적 조류와도 닮은 데가 있다. 특별히 고타마와 가까운 시대 인물로서, 만물을 궁극적으로 "생성"(becoming)으로 본 헤라클리투스(Heraclitus)와 같은 전기 소크라테스 철학파에 속한 일부 그리스 사상가들과, 19세기 종반기에 살았던 피히테・쉘링・헤겔과 같은 "역동적" 철학자들과, 대부분 20세기에 속하는 과정사상가들인 모리체 블롱델・앙리 베르그송・프란츠 로젠츠바이크・떼이야르 드 샤르댕, 그리고 특별히 화이트헤드 및 이들에게서 영향을 받은 그리스도교 사상가들의 조류가 그렇다.

그렇지만 관계적이고 과정적인 철학 범주들에 대한 사고라고 해서 그 사상가가 꼭 비신론자일 수밖에 없음을 의미하는 것은 아니다. 화이트헤드 및 위에 열거한 관계적 과정사상가

---

of Ecumenical Studies, 21,2, Spring, 1984, p.242). 불교학자인 칼루파하나(David Kalupahana)는 *Buddhist-Philosophy* (Honolulu: University Press of Hawaii, 1976), p.29에서 고타마의 연기론, 즉 "이것이 있음으로써 저것이 있게 된다면, 이것의 일어남으로부터 저것이 일어난다" (*The Middle Length Sayings*, in I. B. Horner, trans. [London: Pali Text Society, 1967], I, 262, 263; vol, 1, p.319)는 원리에 관한 진술에 논평을 한다: "초기 경전의 여러 곳에서 발견되는 이러한 진술에서는 분다가 다양한 경우의 인과적 사건들을 잘 숙고한 뒤에 도달한, 그리고 상주론(常住論)과 단멸론(斷滅論)이라는 두 극단간의 중도(中道)로 알려져 온 인과성 내지는 인과적 통일성의 개념을 설명하고 있다. 사실상 그것이 붓다가 요구하고 발견한 뒤 불교의 핵심 교리가 된 세계의 진리이다. 그것은 바뀌지 않고 변함없는 자아(아트만)를 상정했던 실체론자들의 상주론과 연속성을 전적으로 부정했던 비실체론자들의 단멸론 모두에 대한 답변이었다."

들 다수는 비록 여러 가지 면에서 서양의 상당수 선배 사상가들과는 매우 다른 부류였기는 하지만, 분명히 유신론자였다. 그럼에도 불구하고 관계적이고 과정적인 범주들에 대한 생각은 비신론적 양태로 작동하는 것을 더욱 가능하게 해준다. 가령 그런 사상 세계 속에서는 지고 존재(a Supreme Being)의 개념이 결코 생겨날 수 없다. 이런 가능성을 이미 언급한 고타마 당시의 "신 이야기"(god-talk)가 지닌 혼란스러움과 연결해 보면, 초기 불자들이 왜 유신론을 피했는지 기본적인 이유를 알 수 있게 될 것이다.

여기서 우리는 사고 범주의 두 가지 주요 모델 내지는 패러다임을 본다. 즉, 영속성·존재·분리를 강조하는 실체적 패러다임과 일시성·생성·관계를 강조하는 관계적 패러다임이다. 첫째 것은 전통적 그리스도교 사상 안에서 지배적 경향이 있었다. 비록 거기에는 성서적 사유와 일부 전기 소크라테스 철학사상에서 비롯되고, 최근에 들어서는 "역동적" 철학자들과 신학자들이 더 강력하게 전개하는 관계적 조류도 부차적으로는 현존했지만. 둘째 것은 불교적 사상 전체에 걸쳐서 지배적 경향이 있었다. 비록 불교에 영향받은 대중적 문화의 차원에서는 첫째 것이 두드러지게 눈에 띄었고, 겉보기에는 그 사상가들의 수많은 사고 방식들이 종종 관계적 사고 양태로 잘 통합되지 못하기도 했지만, 그럼에도 불구하고 그랬다 할 수 있다.

그 중 하나만 선택해야 하는가? 내 생각에는 "예"이기도 하고 "아니오"이기도 하다. 일상적 삶에서 우리는 피치 못하게 실체적 패러다임 안에서 생각하고 행동한다. 그러나 철학적 반성의 차원에서 현대 서양의 "역동적" 사상가들은 실재 인식 방식을 새롭게 통찰하면서 점점 더 많은 서양 사상가들에게 영향을 끼치고 있다. 이것은 좀더 추상적인 철학적 기율에서 뿐 아니라 물리학에서도 마찬가지이다. 뉴턴 물리학은 분명히 우리의 모든 평범한 물리적 사고와 행동이 일어나는 패러다임이다. 그러나 그렇다고 해서 오늘날 어떤 물리학자가 다리를 놓고 건물을 세우는 등의 차원을 넘어서는 아인슈타인의 상대적 사고를 무효화시킬 수 있겠는가? 하지만 오늘의 물리학자들은 사태를 파악하는 데 있어서 여전히 한편에서는 입자로 보고, 다른 한편에서는 파동으로 보는 식의 교호양식(alternating patterns)으로밖에 생각하고 있지 못한 형편이다. 그들이 통합된 모델을 위해 애를 쓰고 있는 것처럼, 오늘날의 철학적 사상가들도 마찬가지로 점점 더 양자택일적 양식으로 억지 생각하는 데서 벗어나 실체적이면서 관계적인, 통합된 모델을 추구해야 한다. 전형적인 그리스도인과 불자의 사고 양식이 서로에게 도움을 줄 수 있는 곳이 바로 여기인 것이다.

폴 잉그람도 그렇게 주장한다.

> 둘 다 실재의 참된 반영일 것이며 … 두 패러다임 모두 시간을 통한 자기 정체성의 체험의 양극 구조에 대한 타당한 해석을 달리 표현한다. … 불교의 무아 패러다임은 안정성과 영속성의 체험을 환상으로 설명해 버리면서 그 대신 생성의 체험을 지나치게 강조하고, 그리스도교의 자아 패러다임은 생성의 체험을 무시하는 반면 영속성과 안정성을 지나치게 강조한다.

… 전통적인 불교의 무아 패러다임이나 전통적인 그리스도교의 자아 패러다임에서 보는 것보다 관계성에 대한 좀더 통합적인 해석이 따로 발전할 수 있음직하다.[8]

d. 궁극적 실재

물론 이것이 고타마나 초기 불자들에게는 도대체 궁극적 실재나 초월자의 개념이 없었다는 것을 의미하는 것은 아니다. 그들에게도 그러한 개념은 있었지만, 그것을 관계적이고 과정적인 범주에서 인식했다. 궁극적 실재는 근본적으로 모든 실재의 관계적이고 과정적인 구조와 같은 그 무엇(something)으로 생각되었다(바로 우리의 언어 형태가 거의 무의식적으로 우리를 실체적 사고 쪽으로 이끌기 때문에 나는 "~ 같은 그 무엇"이라고 말할 수밖에 없었다. 내가 "모든 실재의 ~ '구조'"에 대해 말했을 때도 마찬가지이다. 우리는 우리의 언어 사용에, 특별히 부지불식간에 우리가 실제로 의도하지 않았던 그 무언가를 긍정하지 않도록, 그러한 추상적 문제에 깊은 주의를 기울여야 한다). 나는 또한 초월자라는 용어를 고타마와 초기 불교와 연관해서 사용했다. 이것을 문자적으로 말하자면, 이른바 매일의 삶과 실재의 경험을 "넘어서는" 것을 의미한다. 물론 실체적 범주에서가 아니라 관계적이고 과정적인 범주에서 이해하는 것이다.

---

8. 1984년 1월 3-11일에 호놀룰루(Honolulu)에서 "Paradigm Shift in Buddhism and Christianity: Cultural Systems and the Self"라는 주제로 있었던 회의의 타이핑 원고인 Paul O. Ingram, "Buddhist and Christian Paradigms of Selfhood", p.37.

궁극적 실재와 초월에 대한 이러한 이해는 분명히 비인격적 이해인 반면, "유신론"이라는 용어는 정확히 인격적 신에 대한 믿음을 의미한다. 물론 헬레니즘 계열, 유대인, 그리스도인과 무슬림의 모든 위대한 사상가들이 언제나 궁극적 실재와 초월을 인격적 용어로만 생각하고 말해 온 것은 아니다. 한 예만 든다면, 토마스 아퀴나스의 제일원인(Uncaused Causer), 부동의 운동자(Unmoved Mover)와 같은 개념들은 비인격적 철학의 범주들에 든다. 따라서 적어도 어떤 시기에 비인격적 범주에서 궁극적 실재와 초월에 대해 말한다 해도 인격적 범주들을 이용할 가능성을 배제하는 것은 물론 아니다.

그럼에도 불구하고 고타마와 초기 불교에서 생각하고 가르쳤던 것은 바로 사유의 비신론적·비인격적·관계적·과정적 양태였으며, 그 결과 궁극적 실재와 초월에 대해 말함에 있어서도 그들은 "공"(空, Emptiness/Sūnyatā)을 궁극적 실재의 핵심적 개념으로 전개했다.

공(空)이 의미하는 것을 정확히 정사(精査)할 필요가 있다. 공은 앞에서 언급했듯이, 간단히 말해서 자존하면서 따로 떨어져 존재하는 것은 없으며, 모든 것은 궁극적으로 관계성의 그물을 이루고, 언제나 끊임없이 유전하며, "생성"한다는 뜻인 불교의 "프라티탸 삼우트파다", 즉 연기의 가르침의 다른 이름이라고 말할 수 있다. 공의 가르침을 발전시킨 이는 대승 불교의 제2조인 — 좀더 자세한 것은 아래를 볼 것 — 2세기경의 나가르주나(Nāgārjuna, 龍樹)였다. 그는 어떤 자존적인 실체를 분명히 거부했으며, 시공의 어떤 순간에 "존재하는"

것은 무엇이나 조건·관계로 이루어져 있고, 또한 이것들은 의존적으로 함께 일어난다고 보았다. "'의존적으로 일어남'을 우리는 '공'이라 부른다." "공은 의존하여 함께 일어나는 것이다."[9] 따라서 공은 단순히 아무것도 없음을 의미하는 것이라기보다는 모든 실재의 궁극적 원천이라는 매우 적극적인 의미를 띤다. 공의 바로 그러한 "본성"이 과정 속에서 무작위로 관계하고 있는 것이다.

최근 들어 "하느님"의 유신론적 개념과 불교의 "공" 개념 사이에 다리를 놓으려 시도한 교토(京都) 학파의 선불교인인 아베 마사오(阿部正雄)는 대승에서의 붓다, 즉 궁극적 실재에 대한 삼신론(三身論, Trikāya) 교리를 이용했다.[10] 이 가르침에서의 삼신을 상향적(上向的) 순서로 말하자면, 첫째 드러난 몸[應身 또는 化身, Nirmāna-kāya], 둘째 천상의 몸[報身, Saṁbhoga-kāya], 셋째 법신(法身, Dharma-kāya)이다. 아베에 따르면 "응신"은 모세, 예수, 고타마, 마호메트 등 궁극적 실재의 다양한 인간적 현현과 같다. "보신"은 다양한 덕, 특질, 이름 따위를 지닌 야훼, 삼위일체, 알라, (힌두교의) 이쉬바라, (정토종의) 아미타 등 각종 전통에서 증언하는 인격적 신들과 같다. 최고의 위치에는 아베가 "무상(無相)의 공(空), 혹은 무한의 개방성"(formless Emptiness or boundless

---

9. Nagārjuna, *ibid*에서 인용.

10. Masao Abe, "A Dynamic Unity in Religious Pluralism: A Proposal from the Buddhist Point of View", John Hick and Hasan Askari, eds., *The Experience of Religious Diversity* (Hants, England: Gower, 1985), pp.163-90.

Openness)으로 묘사한 궁극적 실재 자체, 즉 "법신"이 있다.

이러한 제안은 궁극적 실재에 대한 셈족의 개념과 힌두인의 개념 사이에 행해진 비교를 여러 방식으로 떠올려 준다. 힌두인의 측면에서는 "속성 없는 브라흐만"(Nirguṇa Brahman)과 "속성을 지닌 브라흐만"〔Saguṇa Brahman, 나중에 이쉬바라(Ishvara)와 동일시됨〕이 구분된다. 셈족에서는 하느님 "자체"(가령 야훼, 엘로힘과 같은, 하느님의 히브리 이름들)와 "외적으로 드러난" 하느님(가령 성령 혹은 지혜) 사이의 차이에 대한 여러 표현들이 있다. 따라서 궁극적 실재에 대해 셈족과 힌두인·불자가 지닌 개념들은 그 자체로는 경계가 없고 무한하고 형언할 수 없지만, 그 다양한 측면이 인간에 의해 만나지고 인식된다고 주장한다는 점에서는 최소한 유사한 듯하다. 그리스도교인인 존 힉은 아베의 제안에 호의적인 논평을 하면서, 이러한 구별을 우리가 인식할 수 없는 물 자체로서의 "본체"(noumenon)와 우리가 인식할 수 있는 "현상"(phenomena)간의 칸트적인 구별과 연결시킨다.[11]

셈족 종교 전통과 힌두 전통의 유신론적 조류에 속한 사상가들에게는 하느님에 관한 아무리 거창한 선언이라 할지라도 그것은 마치 어마어마한 허리케인 앞에서 소근소근 속삭이는 것에 지나지 않는다고 여기는 "부정신학"(theologia negativa)을 받아들이는 것은 어려운 일이 아니다. 유신론적 전통에서 하느님에 대해 말할 때는 순수 잠재태인 공(空)보다는 순수

---

11. John Hick, "Religious Diversity as Challenge and Promise", *ibid.*, p.19.

행위인 플레로마, 즉 충만이라는 용어를 쓰는 경향이 있다는 것은 맞다. 여기서는 표면에 존재하는 것으로 보이는 모순이 없을지도 모른다. 순수 존재(Actus Purus)와 같은 하느님에 대한 유신론적인 개념은 "현상"(stasis)의 반대인 "힘"(dynamis)으로 인식되기 때문이며, 또한 궁극자에 대한 무신론적인 개념인 무(無, das Nicht)나 공(空)도 정적이기보다는 동적 용어로 생각되기 때문이다.

> 이 공은 비어 있음(emptiness)이라는 정적 상태라기보다는 모든 것을 그 자체를 포함하여 끊임없이 비게 만드는 역동적인 행위이다. 그것은 자신의 무상(無相)을 부정함으로써 깊은 여러 상(相)을 취하는 무상의 상이다. "무상의 공(空)" 혹은 "무한의 개방성"이 여기서 인격적 "하느님"(Gods)의 용어와 역사적이고 종교적인 인물인 "주님"(Lords)이라는 표현을 써서 자체를 역동적으로 드러내는 궁극적 근저로 간주되는 이유가 이것이다.[12]

하지만 더 심각한 어려움이 일어나는 곳은, 유신론적 전통에서는 궁극적 실재가 궁극적으로 인격적이라는 주장을 포기하기 꺼려하며, 인격적인 것을 부정하거나 심지어는 "넘어선다"는 점에서 궁극적 실재가 "무상의 공"이라는 것을 받아들이기 거북해한다는 사실에 있다. 힌두인인 센굽타가 "우파니샤드의

---

12. Abe, "Dynamic Unity", p.184.

관점에서는 궁극자의 인격성을 부정하지 않는다. 인격성의 초월이, 즉 궁극자로서의 인격성이 제한된 인간적 인격성에서 자유로울 필요는 없다"[13]라고 쓴 것은 아마도 일반적인 유신 전통에 대해서 말하는 것일 것이다.

아마도 이 두드러진 모순이 해결되려면 인간의 마음과 언어가 어떻게 작용하는지 분석해 보아야 할 것이다. 유신론자들이 궁극자는 인격적이라고 말할 때 의미하는 것은 그에 관해 무언가 긍정적인 것을 주장한다는 것이다. 그런데 주장을 편다는 바로 그 사실 때문에, 아무리 재빨리 달려들면서 모든 제한들은 자연스럽게 거부될 수밖에 없다는 뜻의 "이것도 아니고 저것도 아니다"(neti, neti)라 단언할 때조차도 유신론자는 명백한 제한들을 필연적으로 긍정할 수밖에 없게 되는 것이다. 가령 인격성의 긍정적 성격을 주장할 때 유신론자는 에너지·힘 등과 같은 궁극자의 가능한 성격을 거부하지 않는다면, 최소한 일시적으로라도 무시할 수밖에 없을 것이다. 그러고는 서둘러 이렇게 주장할 것이다: 물론 에너지, 힘 등의 긍정적 성격들 역시 하느님에게 귀속된다고. 그러나 이러한 과제는 끝없이 진행되든지, 아니면 아베가 말한 "무한의 개방성"에서나 어울리는 것이다. 이 유신론자는 이것을 기꺼이 인정하기는 하겠지만, 이 "무한의 개방성"은 인격성, 에너지 등의 긍정적 주장을 절대로 제거하거나 무시하지 않으면서 거기

---

13. Santosh Chandra Sengupta, "The Misunderstanding of Hinduism", in John Hick, ed., *Truth and Dialogue in World Religions: Conflicting Truth Claims* (Philadelphia: Westminster, 1974), p.97.

다가 사실상 "끝없는 깊이"·"역동성"·"개방성"을 부여한다는 점을 덧붙이려 들 것이다. 아마도 아베 마사오와 대다수의 불자도 이런 것들에 동의할 것이며, 도교는 물론 도교에서의 "역동적 공허함"〔虛靈〕의 개념도 마찬가지로 그럴 것이다.[14]

궁극적 실재를 서술하는 방법은 여러 가지 것들 가운데 서술자의 철학적 사유 범주뿐 아니라 더 일반적으로는 그의 문화에 의존한다는 사실도 언급되어야 한다. 한 문화 안에서 가장 가치있다고 생각되는 것은 궁극적 실재에 귀속될 것이며, 궁극적 실재가 그렇게 서술된다는 사실은 계속해서 그 문화 안에 있는 그러한 가치를 변증법적으로 강화시킬 것이다.

예를 들어 여성이 생명의 유일한 근원이라고 생각하던 시절에는 자연스럽게 힘·신성(神性)이 여성적 용어들로 서술되었지만 — 사실상 이것이 신성이 처음으로 인간의 문화 안에 나타나는 방식이다 — 남성도 새로운 생명을 낳는 데 한 역할을 담당한다고 알려지면서 남성적 신성이 생겨났다. 문화가 가부장화하자 신성을 여성으로 언급하는 것은 점점 받아들여지기 어렵게 되었다. 셈족 전통을 예로 들면, 하느님은 거의 전적으로 남성, 즉 아버지 하느님이 되었다. 하느님을 여성적 용어로 언급하는 것은 모독하고 불경스런 짓으로 보이게 되었다. 그 문화에서 여자는 한결 가치가 떨어졌기 때문이다.[15]

---

14. Tang Yi, "Taoism as a Living Philosophy", *Journal of Chinese Philosophy*, 12,4 (December, 1985), P.408.

15. Leonard Swidler, "God, Father and Mother", in *The Bible Today*, September, 1984, pp.300-5를 볼 것.

그 결과 그것은 "존재", "실체", "안정성" 등의 개념에 관심을 기울이는 서양 문화 안에서 오랫동안 지속되었다. 그 문화에서는 이러한 개념들이 높은 가치였으므로 자연스럽게 궁극적 실재에 적용되었다. 그러나 오늘날 서양에서는 불변성, 실체, 현상(status quo) 등과 같은 사상들이 변화, 관계성, 진화와 비교되면서 배타적으로 가치를 매기던 태도가 점점 약해지고 있다. 그에 따라 서양의 초기 시대에는 궁극적 실재를 끝없는 변화, 전적인 관계성 등으로 얘기하기가 어려웠지만 ― 그렇게 말한다는 것은 궁극적 실재를 덜 궁극적이게 하는 것으로 보였으므로 ― 최근의 문화적 전이와 함께 그렇게 말하는 것이 점점 더 적절한 것으로 여겨지게 되었다. 그 결과, 예를 들어, 한 감리교 신학자가 「하느님 스스로 변화될 수 있는가?」라는 제목의 논문을 출판할 수 있었고, 이것이 "나는 나를 변화시킬 자"(I will be who I will be), 즉 언제나 변화하는 자를 뜻하는 야훼(Yahweh)라는 이름을 지닌 히브리 하느님의 본래적인 특질을 더 잘 유지하는 것이라는 긍정적인 결론을 내릴 수 있었다.[16]

그렇다면 지금까지의 유대-그리스도교 전통, 다시 말해 궁극적 실재, 즉 하느님의 공성(空性)이 아닌, 역사에 대한 하느님의 열정·투신·포섭을 강조하고, 특별히 억압받는 자들 편을 드는 ― "억압받는 이들의 하느님"으로서의 하느님에 대한 말 ― 전통에 분명히 반대되는 그런 흐름에 대해서는 무어라 말할

---

16. Jung-Yong Lee, "Can God be Change Itself?", *Journal of Ecumenical Studies*, 10,4 (Fall, 1973), pp.752-70.

수 있겠는가? 이 전통은 히브리 예언자들 계보에서 싹터서 유대-그리스도교 역사에 계속되어 왔고, 사회 구조적 인간 삶에 끼친 영향에 대한 서양인들의 자각이 성장함에 따라 19세기까지 확대되어 왔다. 이러한 전통에서는 개인들이 더 나아지도록 변화되고자 한다면 그 구조들이 더 나아지도록 변화시켜야 한다는 것에 관심을 기울였다. 이것은 지난 백여 년 동안에, 가령 사회 정의에 대한 유대인의 열정, 유대인 연맹(Jüdischer Bund), 그리스도교 사회주의, 사회 복음 그리고 당대의 여러 "해방적" 신학들을 이끌어 왔다. 이에 대해 어떤 그리스도교인은 이렇게 대답한다.

> 해방적 신학들은 거기서 가리키는 "억압받는 이들의 하느님"이 자기 실체를 가지고 있지 않고, 따라서 모든 존재들을 모범으로 하면서 급진적 관계성을 맺고 있는, 불교적 의미에서의 "공한 하느님"이기도 하다는 것을 불교로부터 배웠다. 하느님이 "공하다"는 것은 하느님은 또한 관계적이라는 말이다. 그것은 ① 세계에서의 하느님 행위의 효력은 부분적으로는 세계의 응답에 의존하고, ② 세계의 고통은 하느님 자신의 것임을 긍정하는 것이다.[17]

e. 하느님의 모상과 무아

진정한 인간 삶에 대한 고타마의 이해는 앞서 간략히 논의했던 "무아"(Anatta) 가르침에 표현되어 있다. 예수의 이해는

---

17. Jay McDaniel, "The God of the Oppressed and the God Who is Empty", *Journal of Ecumenical Studies*, 23,3 (Fall, 1985), p.687.

히브리 성경 첫번째 책에서 유래한, 인간이 하느님의 모상(Imago Dei)이라고 하는 가르침에 표현되어 있다. 성경 맨 처음에는 창조를 통해 모든 실재의 근원이 되신 한 하느님에 대해 말한다. 창조의 정점은 하느님의 모상으로 만든, 즉 알 수 있고, 자유롭게 결정할 수 있고, 사랑할 수 있는 인간이었다. 현대의 종교 비평들은 "인간"(Homo)이 "하느님의 모상"이라는 말 대신에 "신"(Deus)이야말로 "인간의 모상"(Imago hominis)이라고 말할 것이고, 이에 대해 현대의 유신론적 종교 신봉자들은 다양한 유비적 방식에서 보면 당연히 둘 다 맞다고 응답할 것이다.

이 전통에서 존재하는 모든 것은 선할 따름이다. 그것은 그들이 존재를 가지되, 전선하신 하느님으로부터 나온 존재를 가지기 때문이다. 그렇다면 악은 어디에서 왔는가? 다른 모든 이들에게서처럼, 히브리인들에게도 세상 안에, 사실상 모든 인간 안에 악이 있었다는 것은 명백했다. 그들의 답은 인간 자신이 악의 근원이라는 것이었다. 왜냐하면 인간에게는 자유의지가 있어서 선을 택하기를 거절할 수 있었기 때문이다. 그래서 그들의 선택을 악이라 하는 것이다. 이러한 이해는 창세기 처음에 나오는 "타락" 이야기에 반영되어 있다. 인간성이 하느님에 의해, 그리고 하느님의 모상으로 창조된 본성, 즉 "자아"(self)의 바른 질서를 따르지 않았기 때문에, 그 자신의 자아와 그의 창조주의 관계가 "무질서"해졌으며, 그 결과 나머지 모든 창조물에 대해서도 차례로 그렇게 되었다. 이것이 첫번째 "도미노 이론"이었다.

진정한 인간의 삶을 사는 길이 비록 자신의 진정한 "자아", 즉 자신의 "하느님의 모상"을 따라 사는 것이라 해도, "타락" 이후에는 그 참 자아, 그 "하느님의 모상"을 감지하기가 어려워졌다. 그래서 히브리인들에 의하면, 적어도 하느님은 다음 차례로 "세상의 등불"인 "선민"(選民), 즉 히브리인들에게 유용하게 쓰일 특별한 도움을 마련해 놓으셨다고 한다. 이 특별한 도움이 바로 어떻게 참된 인간의 삶을 살 것인가, 즉 자신의 참 자아인 "하느님의 모상"을 따라 사는 삶에 관한 하느님의 가르침, 하느님의 토라(Torah)였다.

그런 점에서 히브리 종교는 기본적으로 낙관적이었다. 모든 실재의 근원은 선 자체이신 한 분 하느님이었으며, 창세기에서 말하듯이 하느님의 창조는 "좋은"(tov), 더 나아가 "매우 좋은"(mod tov) 것이었기 때문이다. 그러나 거기서는 또한 인간 안에 현존하는 악을 고려하여 말하기를, 인간의 본래적인 진정한 자아, 즉 "하느님의 모상"으로, 하느님의 토라에 의해 제시된 분명한 길로 돌아감으로써 악이 제거된다고 서술하기도 했다. 토라의 핵심은 정의와 사랑이었으며, 혹 아주 간단히 하면, 교황 바오로 VI세가 "정의는 사랑의 최소치"라고 말했듯이[18] 그것은 사랑이었다.

토라의 요약은 하느님 사랑과 이웃 사랑이라는 사랑의 이중 계명이었다. 전자는 후자, 즉 이웃 사랑의 실행을 통해 이루

---

18. Leonard Swidler and Herbert O'Brien, eds., *A Catholic Bill of Rights* (Kansas City, MO: Sheed & Ward, 1988), P.2.의 *"Charter of the Rights of Catholics in the Chruch"*에서 인용한 교황 바오로 6세의 말.

어질 수 있는 것이었다. 그렇다면 사랑해야 할 이웃은 누구인가? 히브리인들의 역사에 나타났던 히브리 예언자들은 하느님이 바라는 바는 "희생제물"이 아니라 올바른 삶, 구체적으로 말해 모든 이를 공평하게 대할 뿐 아니라 사회에서 압제받는 이들, 힘없는 이들을 진정으로 사랑하는 것을 의미한다고 매우 분명히 말했다. 그들은 특별히 가난한 이들, 과부들, 고아들, 즉 대부분 사회에서 무력한 이들에 대해 이야기했다. 모든 인간은 사회의 찌꺼기조차도 "하느님의 모상"이었으며, 그렇게 다루어져야 했다.

f. 예수[19]와 고타마: "행위 지향적" · 구원 중심적

유신론적 유대 문화에서의 예수는 무신론적 인도 문화에서의 고타마와 마찬가지로 행위 지향적이었고, 사색이 아닌 "영혼 치유"에, 인간의 완전한 안녕, 즉 구원(Salus)에 집중했다. 그는 이런 맥락에서 히브리적 · 유대적 뿌리로부터 나왔던 것이다.

기원전 167년경, 그리스도교 전통에 부당한 압력을 가하는 바리사이인들이 현장에 나타났다. 여러 가지 중에서도 그들은 "성문화된 토라"와 성경에 들어 있는 보편적 의무를 구체화하려는 노력을 통해 유대인다운 올바른 인간의 삶으로 이끌기

---

19. 스위들러는 Jesus의 히브리적 이름인 Yeshua라는 이름을 중시한다. 이 글에서 Jesus가 아닌 Yeshua라는 이름을 사용하고 있다. 그러나 여기서는 문맥상 큰 문제가 없다고 판단하여 그냥 예수라고 번역했다. 이에 대한 좀더 구체적인 논의는 부록에 실린 "레너드 스위들러의 대화신학"을 참조할 것 — 역자 주).

위한 "길"〔히브리어로 할라카(Halachah)〕을 제시했다. 그러다가 결국 아주 세세한 주석까지 "구전된 토라"로 여기게 되었다. 일반 유대인에게서처럼 바리사이인들에게 이 모든 숙고 속에 담긴 큰 질문은 그리스 사람들과 그 이후에도 또한 대부분 그리스도교인들이 그랬던 것과 같은 "내가 무엇을 생각해야 하는가?"라기보다는, "내가 무엇을 행해야 하는가?"였다.

물론 진정한 인간의, 유대인의 삶을 사는 방법에 관한 올바른 가르침을 가져야 한다고 주장했던 서력기원 초기의 유대인들은 바리사이인들만이 아니었다. 다른 이들도 있었으며, 이 "다른 이들" 가운데는 여러 가지로 바리사이인들과 가까웠으면서도 그들에 대해 비판적이었던 갈릴래아의 유대인인 나자렛 예수도 있었다. 물론 예수는 인종적으로뿐 아니라 종교적으로도 한 유대인이었다. 그는 유대의 문헌을 공부했고, 토라 혹은 율법을 신중히 지켰으며, 사실상 "율법을 없애러 온 것이 아니라 '완성하러'〔플레로사이(plerosai), 문자적으로는 '이행하러'; 마태 5,17〕왔다"고 선언했다. 바리사이인들처럼 예수도 하느님 사랑과 이웃 사랑이라는 위대한 이중 계명을 뚜렷이 개진했으며, 그의 모든 가르침과 모든 이야기들은 하느님의 명령, 하느님의 토라를 구체화시킨다는 목표를 가졌다. 그리고 다른 예언자들처럼 — 그의 제자들도 그를 예언자라고 불렀다 — 그는 이웃 사랑을 힘없는 자들에게까지 뻗쳐야 하는 것으로 요약했다. 진정한 인간의 삶으로 이끄는 자 누구이며, "하느님 나라에 들어갈" 자 누구냐는 질문을 받았을 때, 그는 "목마른 자에게 마실 것을 주고, 굶주린 자에게

먹을 것을 주고, 헐벗은 자에게 입을 것을 주는 자들 …"이라고 대답했다(마태 25,31-46). 예수도 또한 올바른 유대인이었기 때문에 "내가 무엇을 '생각해야' 하는가?"가 아니라, "내가 무엇을 '행해야' 하는가?"가 그에게 관건이었다 — 고타마의 구원론적인 접근과 다름없이.

그렇다면 약술하건대 이것은 예수가 가르친, 하느님의 다스림이 가까웠다는, 사실상 "네 안에 있다"(entos hymon — 상호 내적, 상호 관계적 실재)는, 그리고 "하느님의 다스림"을 자기 삶 안에 두면 "지금"(고타마가 "지금"에 초점을 두었던 것과 마찬가지로) 그리고 "다가올 세상에서" 기쁨을 맛보게 될 것이라는 "복음", "갓-스펠"(God-spel)이었다. 따라서 예수의 첫 추종자들은 물론 모두 예수가 "생각하고 가르치고 행한" 것을 통해 그 안에서 "구원"〔salvation, 외부로부터 온 무언가 혹은 누군가에 의해 "구제된" 것이 아닌, 일차적으로 충만하고 건강하고 전체적인, 따라서 거룩한 삶을 의미하는 라틴어 "살루스"(salus)에서 온 용어〕으로 이끄는 특수한 "길"(할라카)을 발견한 유대인들이었다.

g. 그리스도 — 붇다

예수 그리스도(Yeshua the Christ)의 의미가 전개되어 온 모습을 보면 우리는 분명히 불교와의 실속있는 대화를 위한 여러 점들을 발견할 수 있다. 예수는 분명히 비상하고 카리스마적인 치유자, 교사, 예언자였다. 하지만 최소한 그의 첫 제자들 중 일부는 그 안에서 매우 특별하면서도 매우 유대적인 무언가를 보았으며, 그를 무엇보다 로마의 군사적 지배에서 자유롭게 해주리라고 경전에서 약속한 기름부음을 받은 자인 메시아[그리스어로 크리스토스(Christos)]로 여겼다. 그러나 그는 그렇지 않았다. 오히려 로마인들은 그를 십자가에 못박았다. 일단은 예수의 제자들도 무너졌다. 그들 가운데 두 사람이 "하지만 우리는 그분이 이스라엘을 해방시켜 줄 분이기를 바랐습니다"(루가 24,21)라고 말했던 것으로 기록되어 있다. 그러나 예수의 권능은 골고타의 바위를 부수고 뛰쳐나올 만큼 막강했다. 그의 제자들을 위해 예수는 죽은 자들로부터 신체적으로 일어났으며, 더 나아가 그의 "복음"을 전하러 나가도록 그들에게 힘을 부여해 주었다.

그렇다면 예수의 제자들이 그에게 요구한 메시아적 요구들은 무엇이었나? 그는 이스라엘의 새로운 정치적 임금이 되지 않았다. 그들 혹은 최소한 그들 중 일부는 메시아적 요구들을 배제시키지 않으면서 메시아에 대한 이해를 전적으로 변형시키고 영화(靈化)시켰다. 하지만 예수의 "길"이 유대 세계로부터 그리스 세계로 옮겨감에 따라 그리스어 "크리스토스"는 용법과 중요도에 있어서 예수에게 주어진 또 다른 유대의 명칭인 "하느님의 아들"(son of God)과 융합되어 가는 방식으로 바뀌어갔다. 후자는 임금과 성인(聖人)을 부를 때 분명히 은유적 의미를 가지고 사용되던 용어였다. 그러나 그리스의 "힘의 장"(field of force) — 야기 세이이치가 그렇게 쓰듯이 — 속에서 "하느님의 아들"이라는 은유적인 명칭은 몇 세기 못가서 니케아 공의회(Council of Nicea, 325)의 삼위일체적 정식에서 정향되었던 것과 같은 존재론적인 "성자"(God the Son) 명칭으로 옮겨갔다.

비판적으로 사고하는 현대의 많은 그리스도교인들은 유대의 은유적인 사유 세계로부터 그리스의 실체론적-존재론적 사유 세계로의 패러다임 전이 속에서 발생한 것을 의식하면서, 과정 초기에 의도되던 의미는 무엇이었는지 자문한다. 한 가지 해결책이랄 만한 것이 있다면, 예수의 제자들은 그 안에서 신의 투명성(transparency)을 보았다는 것이다. 그는 존재의 근원(Root of being)에게는 물론 모든 존재에게 전적으로 개방되어서 완전히 존재로 충만했던 것으로 제자들에게 나타났다. 따라서 그는 인간과 신의 인간적 접촉점이었고, 예수 자신이 "하늘에 계신 내 아버지처럼 여러분도 완전하게 되시오"라고 강권했듯이, 모든 인간이 그래야 하고 원칙적으로 그럴 수 있는 신의 육화, 성육신이었다. 따라서 일부 현대 그리스도교인들은 예수에 대한 이 본래적인 유대적 인식을 일부 후기 그리스의 존재적/실체적 정식보다 더욱 "정통 교의"(ortho-dox), "바른 가르침"으로 본다.[20]

이런 식으로 예수는 그리스도교인들에게 어떻게 진정한 인간의 삶을 살지를 보여주는 전형이 되는 것이다. 그리스도교인들은 예수 안에서 궁극적 실재, 신과 만난다. 그런 점에서 그들에게 예수는 현저히 신에게로 가는 문(門)이 된다. 확신

---

20. 예를 들어, 나의 책 *Yeshua: A Model for Moderns* (Kansas City, MO: Sheed & Ward, 1988)와 *After the Absolute: The Dialogical Future of Religious Reflection* (St. Paul, MN: Fortress Press, 1990)을 볼 것.

하건대 예수는 유일한 입구가 아니다. 고타마가 불자들에게 입구가 되고, 마호메트가 무슬림에게 입구가 되듯이, 바로 그러한 것들을 알려주는 분인 것이다.

동시에 신약성서에서, 특별히 바울로 서간들과 요한 복음에서 보건대, 예수의 제자들의 초기 역사에서는 "신 중심적"(Theocentric)이라기보다는 "그리스도 중심적"(Christocentric)인 경향, 즉 중개자가 보여주려던 바(테오스)로부터 중개자 자체(크리스토스)에게로 제자들의 초점이 "축소되는" 경향이 있었다는 것은 분명하다. 그렇다고 해서 바울로와 요한이 하느님을 잊어버리고 오로지 그리스도에만 집중했다는 것을 뜻하지는 않는다. 오히려 그 작품들 속에서는 무엇보다 그리스도를 "통해" 하느님께 이르는 길에 집중하고 있다는 것을 의미한다. 도리어 예수의 가르침과 행위 — 틀림없이 초기 신앙 공동체들의 렌즈를 통함으로써 뒤얽힌 — 를 주로 묘사하는 공관복음서에서는 하느님에 큰 강조점이 놓여 있다.

더욱이 바울로는 주로 인간 예수(Yeshua)도 종교적 예수(Jesus)도 아닌, 그리스도, 예수 그리스도, 그리스도 예수에 대해 압도적으로 많이 이야기하고 있다는 데 주목하는 것이 중요하다. 바울로에게 그리스도는 대개 구체적 인간이 아닌, 그보다는 훨씬 영적인 "힘"이나 "생명"이었다. 그럼으로써 "나는 살아 있지만, 내가 아니라 그리스도께서 내 안에 살고 계십니다"(갈라 2,20 — 옮긴이) 같은 표현들을 쓸 수 있었던 것이다. 자신의 내적 생명으로 들어가는 이 "영적 생명"이라는 개념은 (야기 세이이치가 불교 사상과 비교하면서 충실히 탐구하였듯이) 세계에 대한 셈족의 이해방식, 이야기방식에 꼭 맞아떨어진다. 하지만 그것은 자칫하면 로마 제국의 그리스적 사고방식 안에서는 "실체"로서 이해되고 "존재론화"할 수 있을 만한 것이었다. 그런데 불행히도 이것은 너무 광범위하게 발생했다. 그리고 "그리스도의 마음"(mind of Christ)이 그렇게 존재론화하자, 구원의 개념도 건강하고 전체적이고 거룩한 본래적 의미에서보다는 마치 우주적 구조자의 일종과 같은 그리스도에 의해 "구제되는"식의, 외부로부터 오는 무언가로 이해되는 경향이 생겼다. 구원은 불교 언어에서 표현되고 있는 것과 같은 "자력"(自力)이 아닌 오로지 "타력"(他力)에 의해서만 왔던 것이다.

여기서 다시 실체적 사고 / 관계적 사고에서처럼 하나의 선택을 내려야만 하는가? 하는 질문이 생겨난다: 내 생각에 또다시 대답은 "예"이자 "아니오"이다. "타력"을 선택해야만 한다면 "예"라고 대답해야 할 것이다. 왜냐하면 누군가 그리스도교인이기를 원한다면 그것은 근본적으로 유대인인 나자렛 예수가 삶의 의미와 그 삶을 사는 방법을 쥔 열쇠라는 것을 의미하기 때문이다. 물론 이 예수가 어떻게 자신의 삶에 부여되기에 이르렀는지는 복잡한 과정을 가지고 있지만, 그가 다양한 방식으로 "영화"(靈化)되고 따라서 다른 이들의 내적 생명과 그에 따르는 외적 행위에 "내화"(內化)될 수 있다는 것은 명백하다. 예수 제자들의 역사 초기에 "내화"라는 주요 방식이 이름붙여지게 된 데에는 그리스도라는 용어가 연결되어 있었던 것이다.

그러므로 대답은 "아니오"이기도 하다. "타력"과 "자력" 중 하나를 선택해서는 안된다. 왜냐하면 그리스도교인은 예수가 "생각하고 가르치고 행한" 것 위에서, 그리고 하나의 모델로서의 예수라는 토대 위에서 그리스도교적 생명을 구축해야 하며, 따라서 그것이 생명력있게 돌아가려면, 살려는 노력(자력)을 기울이고 그와 동시에 가령 바울로가 그랬듯이 그렇게 내화된 "에너지"를 그리스도(타력)로서 이해하고 언급해야 하기 때문이다. 그것은 물론 알맞은 균형을 잡는 문제이다. 물론 그때 한 개체·한 문화·한 시대·한 장소에 적절한 균형을 맞추는 것은 남들과 똑같아지는 것을 말하는 것은 아니다. 우리 인간 실재는 복합적이며, 따라서 우리 "구원"(Salus)의 수단도 그에 상응하고 어울려야 하는 것이다.

이미 언급했듯이, 불교와 그리스도교 사이의 한 가지 유사성은 둘 다 그들 개조(開祖)가 가졌던 고타마와 예수라는 고유의 이름으로부터가 아닌, 깨친 분(The Enlightened One)으로서의 붇다와 기름부음을 받은 자(The Anointed One)로서의 그리스도라는 두 이름으로부터 자기네 종교의 이름을 삼았다는 사실에 있다. 동시에 "깨친 분"이라는 명칭은 고타마에게 발생한 것, 그리고 그 제자들의 목표에 관한 무언가를 우리에게 말해주는 반면에, "기름부음을 받은 자"는 그 제자들의 목표에 관한 것이 전혀 아닌, 예수가 어디로부터 왔는가에 관한 그 무엇을 말해준다.

어떻든지 종교에 이름을 붙이기 위해 사용된 명칭들 안에 묻혀 있는, 더욱 두드러지게 드러난 유사성은 존재론적 의미에서 신성시하는 움직임이 양쪽 모두에서 발생했다는 것이다. 이미 언급했듯이, 그리스도교의 아주 초기에서는 예수"의" 종교로부터 그리스도에 "관한" 종교로의, 즉 인간 예수로부터 신적 그리스도로의 전이가 전개되었다. 불교에서도 똑같은 전이가, 즉 인간 고타마"의" 종교로부터 유사하게 신성화된 붓다에 "관한" 종교로의 전이가 발생했다. 물론 후자는 대승불교에서만 주로 발생했다. 비록 어느 정도 소승불교 혹은 상좌불교 지역에서도 폭넓게 일어났던 것과 같은 대중적 차원에서였기는 하지만. 다른 한편으로 존재론적인 의미에서 신성화의 움직임은 현대에 이르기까지 거의 대부분의 그리스도교에서도 널리 퍼져 있다.

의심의 여지 없이 이 영역에서의 폭넓은 평화적 대화는 양편 모두에서, 즉 초기의 원칙들과 개조들이 옳게 전해지던 곳은 물론 대화가 막다른 길에 처해 헤매고 있는 곳에서 벌어지고 있는 "교리의 발전"에 광명을 비춰줄 것이다. 그것은 모든 종교와 제도에서 마찬가지로 필요한 성장, 적응, 창조를 나란히 앞세우면서 모든 종교들과 제도들 안에서 일어나고 있는 회복의 노력 속에 생생하게 들어 있는 "근원으로의 회귀"(return to sources)가 더욱 침착하고 조화롭게 발생하도록 해줄 것이다.

h. 예언자 — 사문

불교와 그리스도교의 "개조들"인 고타마 싯달타와 나자렛 예수는 여러 면에서 상당히 유사하다. 예를 들어 둘 다 남자였고, 평화와 비폭력적 수단의 주창자 — 마호메트의 경우와는 대조적으로 — 였으며, 교사이자 길거리 선생(peripatetics)이었고, 제자단의 지도자였다. 하지만 어떤 면에서는 여러 가지로 퍽 상이하다. 가령 고타마는 분명히 부유한 집안 출신이지만 예수는 상대적으로 가난한 집안 출신이고, 고타마는 늙도록 살았지만 예수는 겨우 성년에 이른 정도였으며, 고타마는 자연사했지만 예수는 수치스러운 처형을 당했다.

이미 논의했던 것들 외에도 이 모든 유사성과 차이점들에 관해서는 마땅히 연구와 반성이 필요하겠지만, 여기서는 불교와 그리스도교, 즉 예언자 예수와 사문 고타마의 다양한 전개에 매우 큰 영향을 끼친 특별한 대조점 한 가지에 대해서 말하도록 하겠다.

예수는 악행(惡行), 특히 사회에서 압제받는 사람들에 대한 불의를 그만두라고 하느님의 이름으로 사람들에게 촉구하는 히브리의 예언자, 즉 하느님의 "대변자"〔spokespersons, 다른 이에게 "말한다"는 뜻의 그리스어 프로-페테스(pro-phetes)에서 나옴〕 전통에 굳게 서 있었다. 결과적으로 예수의 강조점은 타인들, 특히 약한 자들에 대한 적절한 윤리적 행위에, 그리고 이것이 하느님을 사랑하는 길이자 진정한 인생을 사는 주된 길이라는 주장에 있었다. 그의 제자들은 그저 배우기만 하는 사람들이 아닌, 스승을 이을 교사들이자 준예언자들(sub-prophets)로 이해되었고, 많은 이들이 "보냄받은 사람들", 즉 "사도"(아포스텔로이)로 불렸다. 이들은 하느님 다스림의 "복음"(Godspel)을 담지하고 있었던 자들이었다.

다른 한편, 고타마는 스스로를 하느님의 대변자, 즉 예언자와 같은 것이 아닌, 자신의 발견과 통찰을 다른 이들과 나누고자 했던 교사로 이해했다. 그렇지만 그의 강조점은 각 사람 자신의 내적 자아에 있었으며, 상호 인격적 행위는 그 다음이었다. 그의 제자들은 "보냄받은 이들"로 나간 것이 아니었다. 그들은 계속되는 영원한 사문들의 공동체, 즉 "승가"(僧家, sangha)를 형성했다.

그러나 이 대조점을 절대시하지 못하도록 즉시 경계의 말을 덧붙여야 한다. 왜냐하면 예수도 내적 자아에 관심을 기울였고 — 그에 관해서는 다음을 볼 것 — 마찬가지로 고타마도 상호 인격적 윤리의 전 범위를 가르쳤기 때문이다. 게다가 예수의 제자들도 결국 계속되는 공동체인 "교회"(에클레시아)를 형성했다. 물론 비구들 — 어느 정도까지는 비구니들까지 — 의 내적 집단인 승가는 모두를 받아들이는 "교회"와는 아주 다르다. 물론 그리스도교에서도 성직자, 남녀 수도자만 모이는 집단을 발전시켰고, 불교에서도 평신도 공동체와 수도자들 간의 긴밀한 관계를 발전시켰다. 그럼에도 불구하고 각 공동체에서의 주관심사와 부관심사에 대해서도 말할 필요가 있는데, 이 영역에서 두 전통은 "평행하는" 방식이 아닌, "대각선의" 방식으로, 즉 한쪽에서의 주관심사가 다른 데서는 부관심사가 되고 그 역으로도 마찬가지인 그런 방식으로 서로 연결되어 있는 듯하다.

분명히 여기서의 대화는 강점과 그에 상응하는 약점을 지닌 각 측면을 상대방의 거울로 볼 수 있도록 도와 줄 것이며, 그에 따라 서로 타협점 — 시대와 문화에 따라 늘 변경되는 — 을 찾을 수 있을 것이다. 위에서 서술했듯이, 양편의 남자 수도자들 가운데, 그리고 다소나마 여자 수도자들 가운데 벌어지고 있는 그 대화의 일부는 이미 시작되었다. 좀더 큰 공동체에서는 대화에 기울이는 관심이 아직까지 일깨워지지 않았지만, 반드시 그렇게 되어야 할 필요가 있는 것이다.

i. 신앙-행위: 타력-자력

불자들과 그리스도인들은 모두 자력이든 타력이든 궁극적으로 가치있는 삶을 살아야 한다는 주제로 대토론을 벌이면서 서로에 대해서뿐 아니라 자신들에 대해서도 많은 것을 배우고 있다.

그리스도인들에게 이 논쟁은 신약성서의 각 장들 속에 이미 반영되고 있다. 로마인들에게 보낸 바울로의 편지에서는 신앙으로, 그리스도에 대한 신뢰로 "구원된다"는 일종의 표어가 발견되고 있는가 하면, 신약 가운데 특히 야고보서에서는 행함 없는 신앙은 죽은 것이라는, 다른 표어도 발견된다. 사실상 신약 문헌들 속에서 이 문제로 모순이 있었던 것은 아니다. 그러다가 서방에서는 이 문헌들에 부여된 그리스도교의 해석, 특별히 자유의지, 자력을 강조하던 에이레의 그리스도교인 펠라기우스(Pelagius, "바다" — 에이레어로는 "Morgan" — 를 뜻함)에 적극 반대하는 아우구스티누스(Augustinus)의 주장으로 인해 그리스도교의 해석을 단일화시키기에 이르렀다.

16세기 종교개혁에서 격렬하게 타올랐던 논쟁은 그 이후 가톨릭 교회 안에서도 은총과 자유의지, 토미즘(Thomism)과 몰리니즘(Molinism)의 투쟁이라는 형태로 지속되었고, 개혁 교회에서 예정론의 칼빈주의와 자유의지 쪽으로 기운 알미니 안주의간의 투쟁이 있었던 것처럼, 프로테스탄트의 여러 계파 에서도 지속되고 있다. 그것은 오늘날도 여러 가지 방식으로 계속되고 있는데, 보수적인 바르트주의자들과 자유로운 프로 테스탄트 신학간의 경쟁과 같은 것이 그 예이다.

불교 내에서도 소승(소수만이 열반에 이를 수 있다는 입장) 불교와 대승(다수가 열반에 이를 수 있다는 입장)불교 사이의 주요 분열에서 얼마간은 이미 본 것과 같은 알력이 벌어졌다. 무엇보다 중국에서 싹트고 일본에서 더욱 촉진되었던 두 개의 상반되는 형태의 불교인 정토불교와 선불교에서 그 대조점이 가장 잘 드러난다. 전자에서는, 믿는 신앙의 대상이 그리스도 가 아닌 아미타불이었다는 것을 제외한다면, 칼 바르트 자신 도 거의 받아들일 수 있겠노라고 긍정했던, 아미타불의 자비 에 대한 신앙을 아주 철저히 조장했다.[21] 둘째 형태인 선불교 에서는 깨달음을 얻을 때까지 "공안"(公案)과 같은 것들에 대

---

21. Charles T. Waldrop, "Karl Barth and Pure Land Buddhism", *Journal of Ecumenical Studies*, 24,4 (Fall, 1987), pp.574-97을 볼 것. 월드롭은 바르트가 다른 모든 종교들은 물론 정토불교에 대해서도 거의 지나치 게 깎아내리는 태도에 대해 매우 점잖게 응수한다: "우리는 그리스도 교 조직신학의 맥락에서 종교간의 대화에 유익한 도움을 줄 정토불교 에 대한 바르트의 취급으로부터 상당히 많은 것을 배울 수 있다. 하 지만 바르트가 제공해 준 기초는 우리로 하여금 바르트를 넘어설 수 있도록 자극시키는 것이기도 하다"(p.597).

한 숙고 내지는 좌선(坐禪)을 통한 개개인의 집중을 강조한다. 전자가 신앙, 타력을 강조한다면, 후자는 행위, 자력을 강조한다.

이 영역에서 불교-그리스도교의 대화를 조심스럽게 확장시킨다면, 자기 종교의 양분(兩分)과 동일한 것을 상대방의 전통에서도 보고, 그럼으로써 좀더 확실한 지각을 가지고 평온하게 자기 종교의 분열을 판단하는 데 필요한 "거리"(distance)를 갖춤으로써 자신의 주된 양분현상에 관해서 서로가 서로를 깨닫게 해줄 것이다. 이것은 또한 상대방이 가지고 있는 다양한 형태의 종교성에 대한, 특별히 자력과 타력, 그리고 이 양자가 어떻게 파괴적인 분열이 아닌 창조적인 극적 긴장을 낳을 수 있는지에 관련된 큰 공감적 이해로 이끌어 줄 것이다 ─ "국내에서는 물론 해외에서도."

j. 신조-규범-의례

불교와 그리스도교는 둘 다 스스로를 머리나 손 내지는 가슴에 지나지 않는 어떤 것이 아닌, 온전한 삶의 "길"(way)로 이해한다. 이 "길"을 신약성서에서는 그리스어 "호도스"(hodos)로, 팔리어에서는 "마가"(magga)라 부르며, 대부분의 다른 종교들도 이 "길"을 중심적으로 애기한다. 구체적으로 유대교에서는 이것을 "할라카"(halacha), 이슬람에서는 "샤리아"(shar'ia), 힌두교에서는 "마르가"(marga), 도교·유교·신도에서는 "도"(道)라 부른다. 물론 불교와 그리스도교 양 전통에는 세 가지 요소가 현존하고 있다. 즉, 신조

(creed), 행동규범(code of behavior), 의례(cult). 이것들에다가 공동체-구조들(community-structures)을 더하면 이른바 모든 종교와 이데올로기의 "4C"가 된다. 이데올로기는 어느 정도 초월적인 궁극적 실재에 대한 이해 위에 세워진 것이 아니라는 점에서는 종교와 다르다. 하지만 이 둘이 섞인다면, 대중적인 차원을 다루든 아니면 반성적인 종교를 다루든, 당면한 여러 문화들과 같은 다양한 사물들에 의존하는 각 전통에 엄청난 변화를 일으킬 것이다.

어떻게 해서 남들이 저마다의 범주 속에서 그렇게 진보할 수 있었는지 정확히 배운다면 각 상대자에 대한 극적(極的)인 깨침을 가지게 될 것이다. 가령 불교 안에서 전개되어 온 일련의 신학적·철학적 체계가 얼마나 통찰력 있는지, 그리고 그리스도교인들의 신학적·철학적 전개와 어쩌면 그렇게 평행하는지를 배우는 것은 그리스도교인들에게는 일단 놀랄 만한 일임에 틀림없다. 똑같은 것이 윤리와 의례의 영역에서도 적용된다. 과거의 그리스도교인들은 해외를 여행하면서도 자기들만이 적절한 윤리적 체계를 발전시켜 왔다는 지극히 편협한 사고를 종종 해왔다. 그러나 대화를 개방적으로 더욱 확대시키는 순간 그러한 고립주의가 지닌 것들을 치유해 주는 먼 길에 들어서게 되는 것이다.

물론 동양인들도 자기들 교리가 옳다는 식의 견해를 가져왔다. 중국이 자기 나라를 "중앙 왕국"(中國)이라고 묘사한 것은 대화 내지는 인류 평등주의의 의미에서 그랬던 것이 아니다. 오랫동안 중국인들에게는 가치있는 무엇인가가 중국 밖에서 올 수 있다는 것을 상상하기 힘든 시대가 있었다. 오늘날 여러 면에서 일본인들도 크게 다르지 않다.

그럼에도 불구하고, 그리스도교에서 직접 온 것은 아니지만, 서양 문화에서 발전해 온, 태양 아래 새로운 사고가 있다. 내가 말하고 있는 것은 물리학이나 기술에서의 놀랄 만한 발전만이 아니라 현대 서양 철학에서의 새로운 통찰과 전체적인 사고방식, 즉 사회과학의 발명, 새로운 사회·경제 구조의 창출, 현대 지구 세계의 공동선을 촉진시키는 모든 것에 대한 것이다.

저마다의 종교 공동체들 내에서 이것들을 면밀히 조사하고 정화하고 증진시키려면, 우리 자신의 종교들 각각에 시선을 집중해야 한다. 그러나 회복시키고 "적응"(aggiornamento)시키는 이런 끊임없는 과제는 혼자서는 물론 타종교인들과의 구체적인 대화 — 이 경우에는 그리스도교인과 불교인의 — 를 통해서도 이루어져야 할 필요가 있다. 다시 말하건대, 각 상대방은 혼자서는 배울 수 없는, 자신에 관한 것들을 배우게 될 것이다. 그리고 물론 이와 같은 협조적이고 자기 비판적인 만남에서는 상대가 지닌 유사점들과 차이점들이 평화적 공존(共存)뿐 아니라, "동존"(同存, pro-existence)에도 이바지하는 훨씬 공감적인 견지에서 보이게 될 것이다.

k. 개인윤리와 사회윤리

윤리 규범의 발전은 바로 모든 종교들의 심장부에 놓여 있다. 이런 규범들은 언제나 개인적이고 사회적인 차원을 가진다. 한 종교가 한 문화와 한 국가를 지배할 때, 그 윤리는 그 문화와 국가의 풍습과 법에 편입되는 경향이 있다. 예를 들어 이스라엘의 유대교와 오늘날 여러 나라에 퍼져 있는 이슬람의 경우를 보면 이것은 분명히 맞다. 이른바 그리스도교 국가(Christendom)로 알려져 있는 나라에 있는 그리스도교와 이와 마찬가지로 여러 시대, 지역에 있었던 불교 — 가령 B.C. 273년에서 232년까지 다스렸던 아쇼카(Ashoka) 황제 시대의 인도 — 의 경우에도 이것은 적용된다.

그런데 이것들은 거의 대부분 교회와 국가가 고도로 일치했던, 사회학적으로 "전통"사회(traditional societies)라고 불림직한 곳에서 발생했다. 그러나 현대 세계에 들어 교회와 국가의 일치는 (과거에 매달리는 고통스런 — 예견하건대 지나가고 있는 — 노력을 기울이고 있는 무슬림 세계에서의 복고적 노력들에도 불구하고) 더욱 힘을 잃어가고 있다. 이것은 더 많은 나라들과 문화들이 현대의 통신수단과 교통수단의 영향으로 종교적으로 다원화해 가고 있기 때문만이 아니다. 교육 기회와 자유주의의 보급으로 인해 종교 문제에 있어서도 점점 더 참으로 자유로운 선택이 정말로 인간적이면서 참으로 종교적인 것이라고 받아들여지고 있기 때문이기도 하다.

무엇보다 그리스도교 국가에서 교회와 국가가 분리되고 자유주의가 팽배해 감에 따라 종교적·사회적·윤리적 차원은 개인으로든 집단으로든 개별적인 자유 선택의 문제가 되어가고 있다. 관찰자가 보건대 개인 윤리는 최근 사람의 종교 의식 속에 희미하나마 폭넓게 떠오르고 있다. 그러나 사실상 그것은 과거에도 언제나 우세했었다. 과거의 대중은 실제로 사회정의의 문제들을 선택하지 않았으며, 거시적인(macro) 차원들에서 이 문제들이 결정되었다는 점에서 볼 때 그렇다. 하지만 교회와 국가가 분리되면서 종교인 집단들은 당면한 개선책들과는 상관없는 사회정의의 문제에 연루되어 있다는 사실이, 거꾸로 말해 사회정의의 문제에는 거의 참여하고 있지 않다는 사실이 분명해졌다. 이것이 19세기와 20세기에 걸쳐서 일어남에 따라 더 많은 투신적인 그리스도인과 유대인들이 특별히 그리스도교적이고 유대교적 동기에 근거한 사회정의의 이론과 실천에 더 깊이 관계하게 되었다. 여기서 히브리 예언 전통은 "사회 복음"(Social Gospel), "해방신학", 한국의 "민중신학" 등에 큰 도움이 되었다.

반대로 동양의 종교들은 거의 주로 개인 윤리에 위임되어 나타났다. 그러나 동양 종교들, 특히 불교는 자비와 같은 본질적 덕목들을 늘 염두에 두어왔으며, 그 결과 인간의 큰 불행을 달래주기도 해왔다. 그럼에도 동양 종교들은 어쩌면 셈족 종교들보다도 더, 변화시키기보다는 감내해야만 하는 이 눈물의 골짜기 속으로의 "도피" 내지는 위로인, 마르크스가 말한 "인민의 아편"에 더 가까이 가곤 했다고 할 수 있다. 어쨌든 서양에서도 초기에 이미 그랬던 것처럼, 동양에서도 지금은 점점 더 개인적 자비와 자선만으로는 깊어지는 현대사회 변화의 조류에 적절히 대처하기 힘들다는 사실을 알아가고 있다. 그 결과 동양 종교들의 일부가 최근에 들어 사회정의와 올바른 구조적 사회 변화를 종교적 책임으로 보기 시작했다.

예를 들어 이런 것이 거의 빠져 있었던 태국에서도 특별히 불교적 동기에 따른 사회정의에 참여하려는 온갖 노력이 일어나고 있다. 가령 재가 상좌불교도인 방콕의 술락 시바락사(Sulak Sivaraksa) 박사는 자신의 불교적 투신으로 인한 광범위한 사회적 행위의 과제를 조직하는 데 정력적으로 활동하고 있다.[22]

그의 영적 지도자 중 한 사람이자 지난 30여 년 동안 태국에서 가장 중요하고 영향력있는 불교 사상가 중 한 사람은 불교 경전을 현대의 태국적 삶에 유용하게 적용시키려는 옹골찬 과제를 수행해 오고 있는 붇다다사(Buddhadasa) 스님이다. 사회윤리의 영역에서 그는 자신이 "불교사회주의"(Dhammic Socialism)라 부르는 것을 장려해 왔다. 이 사회주의는 불교의 가르침(dhamma)에 근거한 사회주의로서,[23] 그는 이것을 "개인적 차이를 거의 존중하지 않는" 공산주의와 그가 자유민주주의의 "지나친 개인주의"라고 부르는 것 사이의 중간적 입장으로 이해한다.[24] "불교사회주의적 사회에서는 … 부(富)

---

22. 1985년 6월 튀빙겐에서 술락 시바락사 박사가 행한 강연문과 1989년 1월 방콕에서 있었던 그와의 개인적 대화들. 또한 그의 책 *An Engaged Buddhism; A Buddhist Vision for Renewing Society; Siamese Resurgence*와 특별히 *Religion and Development* (Chiengmai: Payap College, 1981)를 볼 것. 이 중 일부가 문제되어 그는 불경죄(lèse majesté)로 재판을 받았다. 이 책들은 모두 Suksit Siam, 1715 Rama IV Road, Bangkok 10500, Thailand로 주문할 수 있다.

23. Buddhadasa Bhikkhu, *Dhammic Socialism*, trans. and ed. by Donald K. Swearer (Bangkok: Thai Inter-Religious Commission for Development, 1986).

24. Donald K. Swearer, "The Vision of Bhikkhu Buddhadasa", *ibid*., p.31에서.

가 국가에 의해 강제 분배되는 것이 아니라, 종교와 도덕성으로 훈습된 이상적인 관대함과 인자함의 결과로서 자신들의 부를 분배할 수 있도록 자극을 준다."[25]

프라 라자바라무니(Phra Rajavaramuni) 또한 태국 불교도로서, 사회정의 문제에 매우 중요하고 영향력있는 사상가이자 활동가이다.[26] 그는 판에 박은 상좌불교에는 맞지 않는 욕망, 생산성, 개인적 자유와 민주주의에 대해 다소 놀랄 만큼 적극적인 태도를 취한다. 예를 들어 그는 자기 중심적 욕망(tanha)과 "지식에의 욕망, 지식에 대한 관심, 올바르고 수승한 것을 행하고자 하는, 혹은 그것을 행하는 데 대한 관심을 기울임"이라고 번역될 수 있는, 긍정적인 욕망(chanda)을 구분한다. "'이 긍정적인 욕망(찬다)이 발전의 주축' 이라고 (그가 여기서 말하는 것은 경제적 혹은 그에 버금가는 발전이다) 나는 믿는다. 그것은 배움을 통해 훈습되어야 하는 것이며, 그렇게 되면 우리는 욕망의 문제를 가지지 않거나 욕망하지 않게 될 것이다. 그리고 그것에 대해 말하는 것도 전적으로 멈출 수 있다." 그는 덧붙였다: "우리는 '집착'으로서의 욕망과 진리에의 욕망(담마-찬다)을 구분해야 한다."[27]

---

25. *Ibid.*, pp.32f.

26. 예를 들어, 그의 책 *Looking to America to Solve Thailand's Problems* (Santa Monica, CA: Thai-America Project, 1987).

27. *Ibid.*, p.64. 라자바라무니는 비판적 사고와 교육에, 그리고 자유와 민주주의에 전적인 투신을 한다. "민주 사회를 발전시키려면 지성(intellect)의 자유를 누려야 한다. … 불교는 이러한 류의 지성을 필요로 한다. 사람들이 지성의 자유를 누리도록 하는 데까지 발전시키지 못한다면, 민주주의의 발전이 성공할 수 있는 길이란 없다"(p.81).

홍콩에서는, 공산주의 혁명이 난 이후인 1949~1950년 사이에 대륙에서 온 불교 승려들이 최근에는 사회정의의 문제로 옮아갔다. 그들이 그리스도교 교회가 지닌 사회정의적 정향과 만나는 것을 보더라도 그것은 부분적이나마 분명하다. 그와 유사한 것이 한국의 전통 불교 안에서도 일어나고 있다. 그 중 두드러지는 것이 금세기 20년대에 한국에서 세워진 원불교이다. 원불교는 남녀의 개조(betterment of man and woman)를 위해 개인적이고 집단적으로 일하면서, 고타마 붓다의 가르침을 현대과학과 기술의 증언과 한데 묶는 작업을 한다. 그런 점에서 원불교도들이 종교간 대화에도 전폭적인 투신을 하는 것은 놀라운 일이 아니다.

가톨릭 신학자이자 불교학자인 피어리스는 이렇게 말한다: "잊혀졌던 불교 윤리의 사회적 차원이 다듬어지고 있으며, 오늘날에 맞는 정당한 정치질서에 대한 붓다의 시각으로 재표현되고 있다. 따라서 사회정의는 최소한 불교 구원론의 불가피한 부산물로 간주된다."[28] 예를 들어 낮은 계급의 힌두인들 중 일부는 불교로 개종함으로써 자신의 사회적 운명으로부터 자유를 찾았으며, "눌린 이들의 문학"(Literature of the Oppressed)을 산출했다. 부처님에 대한 시에서 발췌한 다음 구절은 오늘에 맞는 붓다의 사회 해방적 형상의 예이다.

---

28. Aloysius Pieris, S.J., "The Buddha and the Christ: Mediators of Liberation", John Hick and Paul F. Knitter, eds., *The Myth of Christian Uniqueness. Toward a Pluralistic Theology of Religions* (Maryknoll, NY: Orbis, 1987), p.168.

삶을 위협하는 어둠 속에서
손에 횃불을 들고
빈민촌을 전전하며
보잘것없고 나약한 이들과
대화하며 걸어가는
당신을 봅니다.

삼장(三藏, Tripitaka, 초기 불교 경전)의
새로운 장(場)을 오늘 당신은 남기셨습니다.[29]

피어리스가 평을 한다.

이것이야말로 붓다의 구원론적 역할에 대한 새로운 해석이다. 붓다의 우주적 주권(lordship)에 대한 믿음은 사회·정치적 구조들에까지 해석학적으로 확장된다. 붓다의 구원론적 영향력이 이 구조들을 철저히 변혁시킬 수 있다고 믿어지기 때문이다. 시에서 선언하듯이, 이것이 의심할 것도 없는 "삼장의 새로운 장"인 것이다.[30]

이 사회정의의 영역에는 불교와 그리스도교 모두에 속한 여성

---

29. Dayar Powar, "Siddhartha", *Panchasheel*, October, 1972, p.7 (J. B. Gokhale-Turner, "Bhakti or Vidroha: Continuity and Change in Calit Sahitya", *Journal of African and Asian Studies*, 15, 1980, p.38에서 영어로 번역된 것을 인용했음).

30. Pieris, "The Buddha and the Christ", p.169.

의 위치에 대한 별도의 고지도 들어 있다. 우선 예수가 여자에 대해 철저히 평등주의적인 입장을 취했다는 것은 분명하다. 이것은 셈족 문화의 맥락에는 거슬리는 어떤 것이었다. 내가 어디선가 논의했듯이, "예수는 여권신장론자였다".[31] 네 복음서에 상당히 들어 있는 창녀 관련 자료 기록과 바울로 친서에 풍부하게 표현된 평등주의적 태도에서도 증거하고 있듯이, 여성에 대한 이러한 적극적 태도는 분명히 예수 생애 이후 초기 몇 십 년 동안 폭넓게 유지되었다.[32] 그러나 예수 제자단이 임박한 세계의 종말에 대한 묵시적 기대로부터 오랜 시간 지속되며 틀이 잡힌 교회로 옮겨가면서 여성들은 점점 억압되어 갔다. 서양의 경우 이런 여성 억압은 여성운동에 의해 일반 사회에서는 물론 그리스도 교회에서 한층 여성이 해방되기 시작한 바로 현시대에 이르러서야 풀리기 시작했다.

불교에서는 상황이 좀 다르다. 고타마는 남자는 물론 분명히 여자도 가르쳤다. 하지만, 만일 여자가 사문이 될 수 있도록 허락한다면 허락하지 않았을 때보다 더 빨리 승가가 쇠락할 것이라고 말했지만 그럼에도 불구하고 그의 제자 아난다(Ananda)가 강권하는 바람에 고타마가 여자도 승려가 될 수 있도록 허락했다는 전설도 있다. 이 전설이 역사적 근거를 가

---

31. "Jesus Was a Feminist", *Catholic World*, January, 1971, pp.171-83(여러 지역에서 30차례 이상 영인되고, 7개 국어로 번역되었음)을 볼 것. 또한 그에 대해 좀더 충분히 다루고 있는 나의 글 *Biblical Affirmations of Woman* (Philadelphia: Westminster Press, 1979)과 *Yeshua: A Model for Moderns* (Kansas City, MO: Sheed & Ward, 1988)도 참고할 것.

32. Leonard Swidler, *Biblical Affirmations of Woman*, pp.290-338을 볼 것.

지는지 어떤지는 개방된 물음으로 남아 있다. 왜냐하면 성문화한 자료는 수백 년이나 구두 전승된 후에야 생겨난 것이기 때문일 뿐 아니라, 더욱이 이 구두 전승과 성문화한 자료는 모두 그것을 왜곡시켰을지도 모를 남자 승려들을 통해 우리에게 전해진 것이기 때문이기도 하다.[33]

어쨌든 그리스도교에서 이등 신분을 가졌었듯이, 계속되는 불교에서도 여자들은 가지각색의 경력을 가져왔다. 그러다가 불교 안에서도 평등주의적 측면이 자신을 드러내기 시작했으며, 불교 여성운동이 발전하기 시작했다.[34] 비록 그리스도교에서의 종교적 여성운동에 훨씬 뒤떨어지긴 하지만. 여자들에게도 동등한 정의가 부여됨으로써 불자와 그리스도인간의 대화 일정이 점점 더 뚜렷해지고, 양자 모두가 그로부터 이익을 얻게 될 것이다.

그리스도인들과 불자들이 개인 윤리와 사회 윤리에서 공유할 수 있는 대화의 영역은 넓다. 아마도 그보다 훨씬 중요한 것은 그리스도인들과 불자들이 모두에게 유익하도록 협력할 수 있는 사회정의의 문제들이 많다는 것이다. 여기서는 "실제적인" 범위에서의 대화가 주목을 받게 될 것이다.

---

33. *Newsletter on International Buddhist Women's Activities*, 18 (January-March, 1989)에 실린 Chatsumarn Kabilsingh, "Is It True that the Buddha Never Wanted Women in the Sangha?", pp.5-24를 볼 것. 여기서는 오늘날 여성 불자가 수계(受戒)하는 것에 관해 논하고 있다.
34. 주요 지도자들 중 한 사람이 불교의 여학자인 태국 방콕 탐마사트 대학의 샤추마른 카빌싱(Chatsumarn Kabilsingh) 박사이다. 그는 그 분야에서 많은 논문들과 책들을 출판했으며, 자신의 소식지를 내기 시작했다. 앞의 글을 볼 것.

요약해 보자: 종교간 대화, 특별히 불교-그리스도교 대화는 다양한 여러 장소에서 점증하는 다양한 주제들에 관심을 기울이면서 다양한 차원에서 점점 자주 발생하고 있다. 선의(善意)의 정도가 분명히 커지고 있고, 정보의 주요 부분이 빠르게 확산·공유되면서, 공통적으로 이해된 최선의 언어와 표현으로 해석하고 번역하는 일이 더욱 분명해지고 있다.

야기 세이이치가 불교-그리스도교 대화의 맥락에서 신학적으로 해석하고 번역하는 뛰어난 작업을 하면서 다음 세기에 맞는 길을 준비하고 있는 것도 바로 이러한 상황에서이다. "내노라 하는 선불교의 대표자들이 복음(gospel)을 읽는다. 그리고 그들 중 일부는 21세기의 가장 위대한 사건이 불교와 그리스도교의 만남과 일치라고 믿는다."[35]

금세기 초엽에 한국에서 개창된 원불교의 소태산 대종사는 "그러나 깨친 이들은 모든 종교를 한 지붕을 쓰는 한 가족으로 여긴다"고 말했다.[36] 그리고 더 나아가 원불교 종교 연합운동 추진위원회에서는 최근에 이렇게 썼다:

> 모든 종교들의 기본적이고 근본적인 진리는 하나가 아닐 수 없다. 게다가 비록 각 종교의 교육 수단은 다르지만 추구되는 목표도 하나가 아닐 수 없다. … 모든 종교들은 속히 자기의

---

35. Olivier Chegaray Mep, "Die Verkündigung des Evangeliums in Japan", *Die Katholische Mission*, 107, 6(November–December, 1988), p.194.

36. *The Canonical Textbook of Won Buddhism*, trans. by Pal-Khn Chon (Seoul: Won Buddhist Publications, 1971), p.366.

문을 넓게 열 필요가 있으며, 한 장소에 모여 토론하고 훈련하며 상호 이해와 협조를 위해 공동 작업을 전개할 필요가 있는 것이다.[37]

---

37. United Religions (Iri City, Korea, 1981).

③

일본의 불교와 그리스도교

불교와 그리스도교의 만남이 가장 창조적으로 이루어지는 곳 중의 하나가 동양과 서양이 만나는 일본이다. 일본은 또한 야기 세이이치의 창조적인 불교·그리스도교 대화를 낳은 문화이기도 하다. 따라서 만일 야기와 그의 작품을 적절히 이해하고자 한다면 무엇보다 일본 내 불교와 그리스도교의 발전이라는 맥락 안에서 보아야 한다. 일본에서의 불교를 먼저 살펴보고 다음으로 그리스도교에 대해 보도록 하겠다.

1. 일본의 불교

고타마의 고향인 인도에서부터 불교는 이미 소승(小乘)적 접근과 대승(大乘)적 접근으로 전개되었다. 전자에서는 극소수만이 열반에 이를 수 있다고 하며, 후자는 많은 이들이 그렇게 될 수 있다고 강조한다. 두 가지 시각 모두 중국으로 유입되었다. 그러나 좀더 실제적이고 현세적인 대승불교적 시각만이 중국인들에게 받아들여졌으며, 소승불교적 시각도 중국으로 들어왔지만 곧바로 사라졌다. 중국에서 대승불교는 중국 삼교(三敎)의 하나 — 다른 두 가지는 도교, 유교 — 로 알려지게 될 만큼 성공을 거두었다. 실제로 그것은 9세기 상반기에 정점에 이르면서 어떤 때에는 국가 종교가 되기도 했다.

인도 불교에서처럼 중국에서도 다양하고 풍성한 불교의 지류들이 생겨났다. 그것들 중 주요 종파는 아마도 다음과 같은 두 군(群), 즉 "가톨릭적"/포괄적 시각을 가진 이른바 천태종(天台宗), 화엄종(華嚴宗), 비의적 종파인 밀종(密宗, 일본에서는 眞言宗)과 "프로테스탄트적"/선택적 시각을 가진 이른바 선종(禪宗), 정토종(淨土宗)의 두 군으로 유용하게 구분될 수 있을 것이다 — 일본에서는 일련종(日蓮宗)이라고 하는, 일본 특유의 세번째 주요 "프로테스탄트적" 종파가 생겨났다.[1]

내용상 "가톨릭적"인 세 종파는 간략히 말해서 다음과 같다: 천태종은 6세기경 지의(智顗, 538~597)에 의해 발전되었다. 그는 모든 존재가 구제되리라는 것과, 궁극적으로 "모든 삶은 한순간의 삶 안에 들어 있다는, 즉 모든 실존의 순간들이 한 알의 모래 안에 본래 포함되어 있다는 다즉일(多卽一)"[2]의 진리 — 이 진리에 도달하려면 명상의 길을 걸어야 한다 — 를 선포하는, 일세기 대승의 작품 법화경(法華經, Lotus

---

1. 중국(일본)불교의 주요 종파를 "가톨릭적", "프로테스탄트적"으로 나누는 것은 레이놀즈(Frank E. Reynolds)에 따른 것이다. Niels C. Nielsen, Jr., et al., *Religions of the World* (New York: St. Martin's Press, 2nd ed., 1988), pp.244ff.

2. Richard C. Bush, et al., *The Religious World* (New York: Macmillan, 2nd ed., 1988), p.143.

Sūtra)에서 불교적 지혜의 정점을 보았다. 천태종과 매우 유사한 화엄종은 법장(法藏, 643~712)을 비롯한 여타의 승려들에 의하여 꽃피게 되었는데, 법장은 법화경보다는 화엄경이 불교적 지혜의 극치라고 생각하였다는 차이점이 있다. 비의적 불교인 중국의 밀종은 기본적으로 인도적 밀종의 확대였다.

불교의 주요한 두 가지 "프로테스탄트적" 유형인 선종(禪은 명상을 뜻하는 산스크리트어 Dhyāna의 음역)과 정토종(淨土는 열반의 파라다이스적 측면을 뜻하는 산스크리트어 Sukhāvatī에서 온 말)은 둘 다 창조적인 시기였던 6세기경 중국 대승불교 안에서 성장했다. 이들 모두 일반적인 대승불교의 성격을 가지고 있었지만, 어떤 면에서는 서로 퍽 대조적이었다. 선은 명상을 통한 열반의 획득을, 그럼으로써 열반을 얻으려면 저마다 개인적으로 노력해야 한다는 고타마의 가르침을 강조했다(自力). 한편 정토종은 모든 인간이 정토에 태어날 때까지는 — 이는 아미타불을 믿고 그 명호를 부르기만 하면 성취될 수 있다 — 결코 열반에 들지 않겠다고 서원했던 아미타불 전승을 발전시켰다(他力).

불교가 중국에서 한국으로 전해졌는데, 중국에서처럼 한국에서도 불교는 당시 강세를 보이고 있던 유교의 여러 요소들과 한국 내 샤머니즘까지 대거 흡수했다 — 그리고 이것은 오늘날까지 계속되고 있다. 6세기 중반 불교는 그곳으로부터 일본으로 전해졌다. 당시 한국인들이 이 "새로운" 종교에 대한 완전한 이해에 이르렀던 것은 아니라 해도, 그것의 가치를 높게 평가한 것은 분명하다. 그것은 부분적으로는 그들이 최고의 원천으로 간주했던 중국, 더 나아가 멀리 인도에서 천거받아 온 것이었기 때문이다.

552년에 한국 백제의 임금이 불교의 자료들을 담아 일본 왕에게 선물을 보내면서 말했다: "이 가르침[불교]은 모든 가르침 중에 가장 뛰어나지만, 설명하기 어렵고 이해하기 어렵습니다. … (그것은) … 최고의 지혜를 충분히 맛볼 수 있게 해줄 것입니다. … 그것은 멀리 인도에서 대한(大漢, 중국)으로까지 퍼졌습니다. 대한에서는 그것을 존경하면서 받지 않은 이 아무도 없었습니다."[3]

a. 나라 시대와 헤이안 시대

불교가 일본에 들어오면서 처음에는 상대적으로 주춤한 상태였으나 쇼오토쿠(聖德) 태자(574~622)에 이르러 전적으로 받아들여지기에 이르렀다. 그는 593년 섭정(攝政)한 뒤 한국에서 승려를 초빙하기도 하고 중국으로 학생들을 유학보내기도 했다. 100년 조금 더 지난 710년에는 나라(奈良)에 새 수도가 들어섰다. 그러면서 그 수도는 곳곳에 생겨나던 불교 수도원들에 급속도로 깊은 영향을 받게 되었다. 이러한 영향이 더 강력해짐에 따라 794년에는 도처에 있던 승려들을 떼어낼 요량으로 헤이안(平安, 오늘의 쿄토)에 다시 새 수도를 건설하였다.

---

3. Nihongi, *The Chronicles of Japan from the Earliest Times to 697 A.D.*, trans. by W. G. Aston (Rutland, VT, and Tokyo: Charles E. Tuttle Co., 1972), pp.10-2.

오늘날까지도 여전히 영향력있는 두 개의 일본 불교 종파가 확립된 것은 일본 역사 가운데서도 바로 이 헤이안 시대(794~1185) 초기였다. 이들 종파는 모두 중국적인 토양 위에서 생겨났다. 하나는 사후(死後)에 덴꾜 다이시(傳教大師, 762~822)로 알려진 승려 사이초(最澄)에 의해 시작된 천태종이고, 두번째는 중국의 밀종으로부터 온 것으로서, 일본에서는 사후에 코보 다이시(弘法大師, 773~835)로 알려진 쿠우카이(空海)에 의해 확립된 진언종(眞言宗)이다.

b. 카마쿠라(鎌倉) 시대

헤이안 시기 후반부에 이르러 일본의 전반적인 상황이 악화되면서 민란(民亂)이 일어났다. 이 민란은 오늘날 도쿄에서 멀지 않은 곳에 카마쿠라(鎌倉) 막부(幕府)가 설립되고서야 그쳤다. 헤이안에 황제, 상당수 절, 수도원들이 남아 있긴 했지만, 그동안의 군사적·경제적, 말하자면 통치의 문제는 황제의 이름으로 쇼군이 담당했다. 그런데 일본 불교에서는 이 기간이 가장 독창적인 때였다. 이 시기에 일본에는 세 가지 "프로테스탄트적" 종파가 세워졌을 뿐만 아니라 더욱이 그것들은 오늘날까지 심원한 영향력을 계속 행사하고 있는 사상가들에 의해 시작되었다는 점에서 그렇다.

c. 일련종(日蓮宗)

중국에 기원을 두고 있지 않은 일련종은 개조인 니치렌(日蓮, 1222~1282)이 스스로 붙인 자신의 이름(문자적으로는

"태양의 연꽃")을 따라 명명된 것이다. 니치렌은 정토종과 선종(다음에 논의할 것임)을 추구했으나 거기서 만족하지 못했다. 그 뒤 그는 사이초가 세운 천태 수도원을 찾아갔고, 사이초가 그랬듯이 법화경에서 지혜의 진수를 찾았다. 하지만 천태종은 그 기원에서 멀리 떠내려왔다고 확신하고서 모든 일본인들이 무조건 법화경을 포용할 수 있도록 할 요량으로 그 근본을 찾아 예언자적인 길을 떠났다.

니치렌은 가장 성을 잘내고 잘 싸운다는 의미에서 일종의 예언자였다. 그는 종종 여타의 불교 지도자들은 모두 반역적인 불교 딱지를 붙인 이단자이니 모두 금해야 한다고 신랄하게 비판했다(고타마 붇다가 불교라는 이름으로 주창된 그의 생애와 가르침 속에서 그토록 명백한 입장을 지니고 있었는지 의아스럽기도 하다. 그렇다고 한다면 예수 그리스도가 니치렌과 똑같은 시기인 중세 종교재판소의 선포와 같은 생각을 했는지도 역시 의아스러운 일이다).

니치렌은 다음과 같은 고대의 전통을 따르면서, 즉 고타마가 열반에 든 뒤 처음 천 년 동안에는 붇다의 가르침이 있고, 수행이 있고, 깨달음의 획득이 있겠지만, 그 다음 천 년 동안에는 붇다의 가르침과 수행은 있어도 깨달음은 없을 것이고, 니치렌 시대가 막 시작될 때라고 할 수 있을 세번째 천 년(末法 시대) 동안에는 붇다의 가르침만 있을 것이라는 전통을 따르면서, 이 세번째 시기 동안에는 니치렌이 설법하던 법화경의 가르침을 따라야만 구제될 수 있다는 가르침인 일종의 "지복천년설"(millenarianism)을 강조했다.

여러 모로 이것은 유럽 그리스도국의 프란치스코회 영성가인 야코포네 다 토디(Jacopone da Todi)의 가르침과 퍽 비슷하게 들린다. 그는 가르치기를, 인간사에는 세 시대, 즉 예수의 탄생 때까지인 성부 시대(the age of the Father), 13세기까지인 성자 시대(the age of the Son), 자기가 살던 시대에 시작된 성령 시대(the age of the Spirit)가 있다고 하였다.

더욱이 니치렌은 세계의 중심이 된 일본이 법화경의 가르침으로 세계의 안녕을 영위할 것이라고 확신했다(헤겔도 다소 덜 선동적이기는 했지만 개신교와 독일의 관계를 두고 이와 유사한 어떤 것을 했다). 더 나아가 일본은 니치렌을 따를 때에야 그 사명을 완수하게 될 것이라면서 그는 이렇게 서원했다: "나는 일본의 기둥이 되겠습니다. 나는 일본의 눈이 되겠습니다. 나는 일본의 큰 그릇이 되겠습니다. 이 맹세는 불변할 것입니다."4

일련종이 일본 애국주의와 군국주의에 강력한 영향을 끼쳤음을 이해하는 것은 어렵지 않다. 일련종의 여러 분파 — 그 종파적 성향 때문에 거기에는 나뉜 뒤 또 나뉘는 경향이 있다 — 에서는 현상 세계(the phenomenal world)와 절대적인 것(the absolute)의 일치를, 그리고 그러한 "구원"은 일상 속에서, 다시 말해 바로 지금 여기 정치적이고 사회적인 활동 속에서 일어나야 한다고 언제나 힘주어 강조했다. 더욱이 이것은 소카 가카이(創價學會), 레이유카이(靈友會), 리쇼 코세이

---

4. Clarence H. Hamilton, ed., *Buddhism: A Religion of Infinite Compassion* (New York: The Liberal Arts Press, 1952), p.145에서 인용.

카이(立正教成會)와 같은, 니치렌에서 나온 "신흥 종교들"에서도 다양하게 드러나고 있다. 비록 대부분의 일본인들은 아직도 이들보다 "전통적인" 종교 공동체들 안에 활동적으로 참여하고 있지만, 이차 대전 이후 일본의 "신흥 종교들"은 세 명 중 최소한 한 명은 그 중 한 군데에 참여하고 있을 만큼 두드러지게 성장해 왔다는 사실에 주목해야 한다.　仁 校

d. 정토종

일본 정토불교의 주요 확립자는 호넨(法然, 1133~1212)과 그의 제자 신란(親鸞, 1173~1262) 이 두 사람이었다. 호넨은 절에 살면서 본래 명상을 통해 아미타불의 형상과 정토(淨土)를 부르는 것을 뜻하는 "나무아미타불"("아미타불에 귀의합니다", 간단히 하면 "念佛")이라는 주문을 배웠다. 일본 승려 가운데 그런 식으로 아미타불을 부른 승려가 호넨이 처음은 아니었지만, 그는 그 효과를 기대하며 거기에 전적으로 투신했다 — 그리고 이것은 엄청난 결과를 낳았다. 그는 (한창 나이 때 민란의 폭력을 경험한 탓에 — 그의 아버지는 그가 여덟 살 때 강도에게 죽임을 당했다) 인간 본성이 타락해 있음을 확신하고서, 인간은 외부의 힘(타력), 즉 신뢰하며 자기의 이름을 부르는 자는 누구나 인생의 종점에 정토로 이끌어 주십사는 원을 발했던 아미타불의 힘에 의해서만 구제될 수 있다고 느꼈다. 이런 식으로 잠재적이고 보편적인 구원을 폭넓게 강조한 결과 그는 대중적인 지지를 받게 되었다. 그는 이렇게 썼다:

거기에는 남녀, 선악, 귀천을 불문하고 차별이 없다. 완전한 열망으로 아미타를 부른다면 그의 순결한 땅에 나지 못할 이 하나도 없을 것이다. 배 위에 짐을 가득 싣고도 커다란 옥석이 바다를 가로질러 가고, 끝없이 먼 거리를 항해하듯이, 죄가 아무리 돌처럼 무거워도 우리는 아미타의 본원 위에 타고서 반복되는 생사의 바다에 빠지지 않고 저 건너편으로 간다.[5]

호넨이 일흔네 살 되던 해, 그의 급진적인 태도와 그로 인한 대중적 인기 때문에 그는 4년 동안 유배를 가게 되었다. 그럼에도 불구하고 정토종이라는 그의 추종 세력은 더욱 융성했다.

함께 유배당했던 호넨의 추종자 중 한 사람이 신란이었다. 그는 여덟 살 때 출가했지만, 승가의 삶을 따르기가 어렵다고 느낀 뒤로는 호넨의 가르침에 깊이 매료되었다. 그는 금욕주의의 효과를 전적으로 부인하고서 승려생활중에 결혼도 하였다(그는 "행업"의 무가치를 극적으로 보여주고자 호넨의 충고에 따라 그렇게 했다고들 한다). 신란은 인간은 전적으로 무력하니 구제받으려면 오로지 아미타불의 "은총"과 "자비"에 의존해야 한다는 생각으로까지 나아갔다:

현명하거나 어리석거나간에, 착하거나 악하거나간에, 우리는 자기의 능력을 재본다든지 자아에 의존한다든지 하는 생각을

---

5. M. Anesaki, *History of Japanese Religion* (Honolulu: The Hongpa Hongwanji Mission of Hawaii, 1955), p.267.

솔직히 포기해야 한다. 죄와 부패로 뒤범벅이 되어 있거나 천하게 손가락질받는 부랑자의 삶을 살고 있거나간에 우리는 두루 퍼져 있는 자비의 빛에 둘러싸여 있다. 구원을 믿는 불굴의 신앙은 부처님이 자신의 자비 안으로 받아들인다는 행위의 표현이다. 그 어떤 것도 부처님의 자비행을 막지 못하므로.

의심없이 아미타를 받아들이기만 하면 된다. 염불은 닦아야 할 수행도 아니고 공덕도 아니다. 자기 자신의 의지나 힘을 통해 닦는 것이 아니므로 그것은 수행이 아니다. 자기 자신의 의지나 힘으로 완성해야 할 덕목이 아니므로 그것은 공덕도 아니다. 그것은 오로지 타력으로부터 일어나며, 자력과는 아무 상관이 없다.[6]

실로 사람은 오직 신앙으로(sola fide), 그리고 오직 은총으로(sola gratia) 구원된다는 루터(Luther)의 "표어들" 중 두 가지가 이에 대한 비상한 예증이 된다. 물론 신란은 루터의 오직 그리스도만(solus Christus) 대신에 오직 아미타에게만(sola Amida) 굳게 붙들려 있다.

신란의 추종자들은 신종(信宗)의 일원들로 불린다. 그런데 "가장 가까운 친구들이 가장 격렬히 싸운다고, 이 두 집단 — 호넨의 정토종과 신란의 진종 — 은 종종 치열한 경쟁 상대가 되기도 했다. 하지만 보통은 신실한 관계가 지배적이었다".[7]

---

6. Shinshu Seiten, *The Holy Scriptures of Shinshu* (Honolulu: The Hongpa Hongwanji Mission of Hawaii, 1955), p.267.
7. Bush, et al., *The Religious World*, p.154.

이미 1960년대만 해도 이들 신자가 3,500만 명 이상이나 될 만큼 일본 내에서는 가장 큰 종단을 이루었다.[8]

e. 선종

정토종이 그랬듯이, 카마쿠라 시대에 융성했던 세번째 주요한 불교 전통에도 개조와 같은 두 명의 중심인물이 있었다. 결과적으로 이들은 두 가지 주요 종파를 발생시켰다. 이들은 임제종(臨濟宗) 계열의 선불교 확립자인 에이세이(榮西, 1141~1215)와 조동종(曹洞宗) 계열의 선불교 확립자인 도겐(道元, 1200~1253)이었다(일본 내에는 사실상 20여 가지 이상의 선 종파가 있다). 둘 다 중국으로 공부하러 갔다가 서로 상이한 선종 해석을 만나고는 그것을 떠올리면서 자신들의 독특한 투로 발전시켰다.

에이세이는 갑작스런 터짐(a sudden flash) 속에서, 특별히 비합리적인 난문제들(公案)과 역설적인 대화들(問答)을 명상함으로써 깨달음(일본말로는 "사토리")의 획득을 강조하는 임제의 선종에 몰두했다.

도겐은 중국에서 머물며 두루두루 공부하다가 마지막에 가서야 조동종 계열의 선에 속한 한 승려를 통해 깨달음을 얻었다. 도겐은 공안과 문답을 불신했고 따라서 오랜 좌선(坐禪)이 깨달음으로 가는 최고의 문이라는 가르침에 전념했다. 이

---

8. Joseph Kitagawa, *Religion in Japanese History* (New York: Columbia University Press, 1966), p.296, 여기서는 1600만 이상되는 계보에 대해 말하고 있다.

때의 깨달음은 대개 점차적으로 올 수밖에 없는 것이었다.

일반적인 선종의 깨달음은 논증적이고 이성적인 측면에서의 지적인 어떤 것이 아니다. 그보다는 일종의 즉각적인 인식의 체험, 즉 직관에 의해 얻어지는 어떤 것이다. 분명히 그것은 인식적인 어떤 것이긴 하지만, 일상에서의 협소한 이성적·분석적 인식방식이 아니다. 즉, 종국적인 지식에 도달하기 위한 여러 단계들을 "다 훑어본 뒤" "중재적으로", 그리고 추론적으로 성취되는 것이 아니다. 오히려 종국적 지식은 알려진 것과 아는 자가 직접 합일함으로써 즉각적으로 도달되는 것이다.

이러한 합일에 대한 강조는 특별히 "일본 역사상 가장 위대한 철학적 지성"이라는 도겐에게서 두드러진다.

> 도겐에게 있어서 사유의 이원성(dualities of thought) 가운데 일차적인 것은 그가 본래적 깨달음(original enlightenment)과 획득된 깨달음(acquired enlightenment)간의 구별이라고 불렀던 것이었다. 전자가 일체 중생 안에 선천적으로 잠재되어 있는 불성(佛性)인 반면, 후자는 선불교도가 추구하는 깨달음 체험이다. 도겐이 강조하며 선포한 대로, 이들 둘은 사실상 하나이다. 따라서 깨달음의 성취는 본래적인 불성의 현재적 실현으로 이루어져 있는 것이다.[9]

---

9. John A. Hutchison, *Paths of Faith* (New York: McGraw-Hill, 2nd ed., 1975), p.284ff.

〔이러한 구별은 20세기 그리스도교 사상가 타키자와 카츠미(瀧澤克己)와 야기 세이이치(八木誠一)에게서 다시 드러나고 있음을 알게 될 것이다.〕

선(禪)은 "구원"의 현세성을 강조하고 있다는 것이 이 인용문에서 특별히 두드러진다. 불교에서 구원의 현세성이란 "열반이 생사이고 생사가 열반"이라는 표현으로 제시되고 있다. 인간은 금욕주의로 이 세상으로부터 도피하거나 미래(정토, 하늘 등등)를 고대함으로써가 아니라, 바로 이 세계(생사)의 구체적 삶 안에서 구원(열반)을 얻는다. 진정한 인간의 삶이란 "현재"를 충분히 살아가는 것이다. 물론 자신의 참 자아 — 무아(無我)에 대한 선의 이해 — 의 발견에 집중하도록 하기 위해 선에서도 엄격한 계율을 요구한다. 그래서 선에서 궁극적 실재(Ultimate Reality)에 대해 말할 때는 인격적이거나 비인격적으로보다는 초인격적으로, 즉 "덜 인격적"(less-than-personal)으로가 아닌 "더 인격적"(more-than-personal)으로 하기를 좋아하는 것이다.

철저하게 타력의 필요성을 역설하는 정토종과는 퍽 다르게 선종에서 자력을 강조한다는 것이 한편으로는 매우 당연한 듯 보일 것이다. 하지만 그와 동시에, 어쩌면 역설적이게도, 선종에도 의존의 측면이 있다. "인간이 전심으로 깨달음에의 길을 걸을 때, 깨달음이란 인간이 하는 무엇이라기보다는 그에게 발생하는 무엇이며, 인간의 의지나 결단과는 독립적으로 그렇게 되는 것이다. 최소한 그러한 것이 선불교도가 전해준 체험인 것이다."[10]

선종은 신도수에 있어서 정토종만큼 많지는 않지만, 그럼에도 불구하고 그것은 일반적으로 일본의 종교적 삶과 문화에 큰 영향을 끼쳐왔다. 신도(神道)와 더불어 선은 중세 이래 일본 문화에 광범위하게 퍼져 온 사무라이 문화를 형성하고 있다. 사실상 현대 일본의 전반(全般)은 고도로 훈련된 소규모의 사무라이 집단에 의해 완수된 1868년 메이지(明治) 유신 이래로 흘러온 것이었다. 이 선의 영향은 선의 검도(劍道)에서뿐 아니라, 다도(茶道), 양식화한 노우쿄우겐(能狂言: 일본의 대표적 가면 음악극의 막간에 상연하는 희극 — 역자 주), 서도(書道), 화도(花道), 선원(禪園)과 같은 "좀더 부드러운" 삶의 측면에서, 그리고 일반적으로 잠재적이고 내적으로 정제된 행위 안에서도 보인다.

일본의 불교, 특별히 선종과 일련종 및 그것의 많은 분파들은 물론 어느 정도는 정토종까지도 2,500여 년 전 인도의 소승불교적 측면과는 180도 달라졌다. 그것은 열반을 얻을 기회를 독점한, 더 엘리트 중심적이고 배타적인 비구(내지는 비구니) 공동체에 초점을 두었던 데서 넓게는 결혼한 성직자(帶妻僧, 비구니는 결혼이 안됨 — 동양에서는 아직도 문화적으로 성차별주의가 만연해 있다)를 포함하여 전체적으로 포용적인 비구, 비구니 그리고 평신도 공동체에로 옮겨갔다. 일본 내 상당수 불교도들의 삶은 생사 안에서 열반을 찾는 현세 중심적이다. 대부분의 경우 세속적 삶의 재형성(reshape)을 위

---

10. Ibid., p.287.

해 세속 안으로 적극적으로 들어간다.

대부분의 일본인들은 단순히 한 종교만의 신봉자가 아니라는 사실 또한 주목해야 한다. 실제로 대다수는 "삼대"(三大) 종교인 신도·유교·불교의 실질적인 구성원을 이루고 있으며, 동시에 그들은 서양 사람에게는 아주 "세속적"으로 보이는 삶을 여러 차원에 걸쳐 살아간다.

2. 일본의 그리스도교

4세기경, 아니 그보다 더 전에 예수 "의" 종교(religion of Yeshua)가 물론 전적으로는 아닐지라도 전반적으로는 그리스도 "에 관한" 종교(religion about Christ)가 되었다. 그것은 더 이상 오롯한 예수의 "길"이 아니라 막강한 로마 황제의 국가 종교로서의 그리스도교가 되었다. 그리스도교의 어떤 형태는 이스라엘로부터 동쪽 인접한 땅으로 옮겨갔다가 4세기 쯤에는 인도에 도달했으나, 상대적으로 거의 아무런 영향도 끼치지 못했다. 그리스도교의 일파인 네스토리우스파(Nestorianism)가 6세기경 중국으로 들어갔으나, 역시 영향력은 상대적으로 미미했다. 14세기, 가톨릭이 중국 북부에 들어가면서 몽고 황제의 뒷받침 아래 프란치스코회가 선교활동을 했으나 그것도 1세기가 못되어 몽고 왕조와 함께 거의 사라졌다.

그 뒤 16세기에는 유럽인의 횡단 항해와 식민지화에 필적하는 위대한 가톨릭 선교운동이 인도에 가톨릭 계열의 그리스도교를 전해주었고, 거기서부터 일본과 한국에, 그리고 그 직후에는 중국으로 전해졌다. 예수회원인 프란치스코 사베리오(Francis Xavier)의 초기 전도에 힘입어 일본 내에서 그리스도교는 17세기 초반 30여 년 동안 수십만의 사람들이 그리스도교인이 될 만큼 장족의 발전을 했다. 그러나 그런 성공은 오히려 새로운 통치자인 토쿠가와(德川) 장군으로 하여금 일본을 외부의 영향으로부터 차단시키게 했고, 그리스도교는 이방 종교로 간주되었으며, 그에 따라 그리스도교는 몰락의 길을 걷게 되었다. 그 결과 피의 박해가 일어나 많은 이들이 죽임을 당했고, 몇 안되는 그리스도교인들만이 사제(司祭) 없이 비정상적인 방식으로 지하에 숨어 연명하게 되었다.

  중국에서도 어느 정도는 이와 비슷하게 전개되었다. 결과적으로는 매우 어려워졌지만, 예수회원인 마테오 리치(Matteo Ricci)가 화려하게 전도를 시작한 이래 17세기 말엽에는 무수한 중국인들이 그리스도교인이 되었다. 그러나 신학적인 단견으로부터, 그리고 어쩌면 도미니코회와 프란치스코회의 일파가 예수회에 반대하며 심하게 질투하자 교황측은 상당수 제한적이고 편협한 단계를 거쳐 이른바 "중국 의례논쟁"을 불러일으켰다. 이 논쟁으로 인해 그리스도교는 불리한 위치로 밀려났고, 많은 그리스도교인들이 지속적으로 성장하지 못한 채 작은 주변적 존재로 움츠려들게 되었다.

  19세기가 되어서야 프로테스탄트가 인도, 중국, 한국, 일본으로 들어가면서 어느 정도 때늦은 감은 있지만 거의 대영제국의 전파에 버금가는 선교운동을 벌이기 시작했다. 이 중 한국과 일본은 어쩔 수 없이 서양에 문호를 개방하던 19세기 후반부 30여 년에 걸쳐서야 그렇게 되었다.

처음에는 이 모든 것이 세례받지 않으면 지옥불에 떨어질 "이교도"의 "영혼을 구원"하기 위해 행해졌지만, 엄청난 노력을 기울였음에도 불구하고 그리스도교는 스페인의 식민지였던 필리핀과 최근의 경우로 남한(南韓) ― 이 나라는 지난 수십여 년 동안 인구의 거의 4할이 그리스도교인이 된 것으로 보인다 ― 을 제외하고는 동양에서는 상대적으로 거의 성공을 거두지 못했다.

가톨릭 선교사들은 쫓겨난 지 200여 년이 지난 1859년에서야 페리 제독(Commodore Perry) 군함의 자취를 따라 일본으로 다시 들어갈 수 있었다. 프로테스탄트 선교사들도 같은 시기에 처음으로 일본에 왔다. 엄청난 힘과 돈을 들였음에도 불구하고 결과적으로 오늘날 그리스도교인이 된 일본인의 숫자는 인구의 겨우 1% 정도의 소수였다. 수치가 이렇게 빈약해진 기본적인 이유는 페리의 군함을 통해 상징적으로 볼 수 있을 것이다. 즉, 그리스도교는 외국의 수입물로 여겨졌으며, 사실상 거의 그렇게 처신했던 것이다. 그렇지만 역설적이게도 그와 동시에 그리스도교는 그 외래성, 서구성에도 불구하고 그 동질성으로 인해 미미한 숫자에 어울리지 않는 중요성과 영향력을 제공해 주었는지도 모른다.

이 어울리지 않는 영향력의 일부는 그리스도교가 도처에 있는 대학 차원의 수준높고 중요한 교육을 통해 쌓은 성과와 가톨릭 교회의 "정의 평화 위원회"(Commission for Justice and

Peace)[11] — 이 위원회가 일본과 그밖의 아시아 지역에 끼친 절대적이지는 않지만 그래도 중요한 힘은 필로 히로타 수녀(Sister Filo Hirota, 1989년 2월쯤 일하기 위해 니카라구아로 떠났다) 같은 사람들에게 있었다 — 에서 생생하게 보인 바 있듯이, 일본 사회와 그밖의 아시아 지역에 있는 눌린 이들을 위한 진지한 투신으로부터 온 것이다.

일반적으로 일본 그리스도교 신학이 대개 보수적이고 비일본적이라고 서술한다면, 그것은 대체로 타당하다.[12] 큰 저항에 부딪치면서 이러한 유형으로부터 벗어나기 시작한 것은 거의 최근에 들어와서이다.

일본 프로테스탄트 신학은 약 125년 전 그리스도교가 다시 들어온 이래 — 이때는 서양에서의 문화적·신학적 발전에 거의 병행한다 — 다음과 같은 세 가지 주요 국면을 거쳐왔다.

① 순수한 서구신학이 전해졌다. 이 신학은 일본적인 것과는 아무런 교환 없이 일본 안으로 들어갔다. 이런 것이 제1차 세계대전 후까지 지속되었다〔유명한 프로테스탄트 저술가 우치무라 칸조(內村鑑三, 1861~1930)가 19세기 후반부에 시작

---

11. Mep, "Die Verkündigung", p.194: "교회는 '정의 평화 위원회'를 통해 매우 효과적으로 일체의 부정의(不正義)에 대항하는 자리에 선다. 즉, 태평양에서의 핵무기 시험에 대항해, 대기업들의 위압적 힘에 대항해, 동남아시아에서의 다국적 기업의 책략에 대항해, 한국·필리핀에서의 정치적 억압에 대항해, 그리고 아시아 민중의 진정한 연대를 위해." 저자는 일본에 있는 프랑스 선교사이며, 이 글은 *Église et Mission*, December, 1987에 실린 그의 논문의 축약본이다.

12. 이 부분에서 나는 특별히 Ernest D. Piryns, "Japanese Theology and Inculturation", *Journal of Ecumenical Studies*, 24,4 (Fall, 1987), pp. 535-56에 빚을 지고 있다.

한, 제도권 교회 밖에서의 개인적 신앙과 실천을 강조하던 무교회주의 운동이 이 가운데 한 가지 중요한 예외이다].[13]

② 신정통주의(New-Orthodoxy)와 사회 복음(Social Gospel)이 모두 강조되었다. 전자는 특별히 타카쿠라 토쿠타로(高倉德太郞)로, 후자는 카가와 토요히코(賀川豊彦)로 대표되는데 이것은 제2차 세계대전 후까지 지속되었다.

③ 보수적인 바르트 신학의 영향이 강력하게 작용하는 와중에 자유주의적 프로테스탄트가 느리게나마 이전보다 많이 들어오게 되었다.

후자의 범주에 속한 학자 가운데 칼 바르트[14]를 거의 거부하지 않으면서도 주로 독일을 근원지로 하는 자유주의적 프로테스탄트 신학을 일본 문화에 연결시키려 시도한 전후(戰後) 두 명의 신학자가 두드러지는데, 한 이는 1988년에 타계한 도이 마사토시(Masatoshi Doi)이고 다른 이는 아직도 활동하고 있는 타케나카 마사오(竹中正夫)이다.

---

13. Richard Drummond, "The Non-Church Movement in Japan", *Journal of Ecumenical Studies*, 2,3 (Fall, 1965), pp.448-51; Akio Dohi, "The Historical Development of the Non-Church Movement in Japan", *Journal of Ecumenical Studies*, 2,3 (Fall, 1965), pp.452-68; Carlo Caldarola, "Japanese Reaction to the Institutional Church", *Journal of Ecumenical Studies*, 9,3 (Summer, 1972), pp.489-520을 볼 것. 마지막 글은 주로 사회학적 현장실습(field research)에 의거한 것이다.
14. 1972년에 Carlo Caldarola는 "Japanese Reaction", p.500에서 이렇게 썼다: "바르트는 일본 프로테스탄트 교회 내에서 오랫동안 신학적 교황(theological pope) 노릇을 해왔다. … 아직도 바르트는 다른 어떤 신학자들보다 더 영향력있어 보인다. 그의 모든 작품이 일본어로 번역되었으며, 일본 내에서는 신학 출판물 가운데 여전히 베스트셀러 부류에 속해 있다."

하지만 그리스도교 신학을 가장 창조적으로 토착화시키고 있는 일본의 프로테스탄트 신학자 네 명은 누구보다 키타모리 카조(北森加藏), 타키자와 카츠미(瀧澤克己), 야기 세이이치 (八木誠一), 아라이 사사구(荒井獻)이다.

아라이 사사구는 예수와 현대 일본에 대한 사회학적 접근을 통해 일종의 일본적 해방신학을 발전시켰다. 그는 예수의 삶을 눌린 이들을 위한 희생적 삶으로 보고, 예수 시대는 물론 현대 일본에 있어서도 국가는 낮은 계층의 사람들을 억압한다는 점에서 소외의 수단이라고 본다. 따라서 그리스도인이 예수가 십자가를 통해 가져왔던 것과 동일한 해방을 경험하려면 예수에게로 돌아가야 한다는 것이다.

다른 세 신학자들은 모두 일본의 다른 종교들에 손길을 뻗친다. 그 중 키타모리 카조가 가장 초기에 가장 국제적으로 알려진 인물이다. 그의 유명한 책인『하느님의 아픔의 신학』 (神の苦の神學)[15]은 1946년에 첫 출판되자 잇따라 영어, 독일어, 스페인어, 이탈리아어로 번역되었다.* 그의 신학은 전쟁의 아픔과 고통으로부터 잉태된 일종의 십자가의 신학이다. 거기서 그는 또 일본 불교와 고전 극(劇)에서 흔히 나타나는 고통이라는 주제를 끌어들인다. 그는 불교적 대극합일 (synthesis of opposites)을 찾으려 노력하는 철학자 타나베 하지메(田邊元)에 깊이 영향받았다. 그는 인간의 아픔이 하느

---

15. *Theology of the Pain of God* (London: SCM Press, 1951).

* 우리말로는『하나님의 아픔의 신학』(박석규 역, 양서각, 1987)으로 번역되어 있다 — 역자 주.

님의 내부를 꿰뚫는다고 이해한다. 그런 점에서 그의 하느님 개념은 최소한 부분적으로는 앞에서 언급한 과정신학의 그것과 유사하다. 그는 하느님을 지나치게 "전적 타자"로 만들어 버리는 바르트를 비판하고, 하느님의 사랑에 거의 절대적으로 초점을 맞추는 자유주의적 프로테스탄트 신학도 비판한다. 그렇지만 그가 인식하고 있는 신학적 입장을 보면 그는 자신을 거의 일본 그리스도교 신학 밖에 두고 있는 것처럼 보이기도 한다.

타키자와 카즈미는 1964년에 불교와 그리스도교에 관한 선구자적인 작품을 출판했다. 그 책에서 그는 "임마누엘의 원리"(Immanuel Principle)에 대해 말한다.[16] 거기서 그가 의미하고자 하는 것은 모든 인간은 자신 안에 하느님의 직접 현존을 두고 있다는 것이다. 이것이 하느님 혹은 궁극적 실재와의 제일의 접촉(第一義の接觸)이다. 그리고 어떤 이가 일차적 실재를 인식하게 되는 순간 두번째 차원의 접촉이 일어나는데, 그는 이것을 제이의 접촉(第二義の接觸)이라고 부른다. 제이의 접촉은 예수나 고타마 같은 사람들에게 결정적으로 나타난다. 하지만 그것은 원칙적으로 모두에게 적용되며, 예수와 고타마의 가르침에서도 역설되었듯이 사실상 그것은 모든 이의 목표이다[이러한 구분은 앞에서 서술한 도겐(道元)의 그것과 매우 유사하다. 야기 세이이치는 이 책에서, 그리고 도처에서 이러한 구분을 이용한다].

---

16. 佛教とキリスト教(京都: 法藏館, 1964).

일본 가톨릭 신학 역시 애초부터 보수적인 일본 프로테스탄트 신학의 길에 거의 버금갔다. 1859년 이래로 두 가지 요소가 보수주의에 강하게 작용했다. 하나는 당시에 반동적으로 "유설표"(Syllabus of Errors)를 만든 이이자 교황의 무류성을 선언한 제1차 바티칸 공의회의 창시자인 비오 9세가 교황의 자리에 있었다는 사실이었다. 두번째는 이백여 년 지속된 토쿠가와의 박해에도 이렇게 저렇게 살아남았던 "지하의" 일본 그리스도교인들 중 상당수가 일본 가톨릭 교회에 입교함으로써 복고적인 르네상스/바로크 양식의 가톨리시즘을 그들에게 가져다주었다는 것이다.

보수적인, 본질적으로 신토미즘적인(Neo-Thomist) 접근은 제2차 바티칸 공의회(1962~1965)에서 세계, 타종교들, 타이념들과 대화를 강권할 때까지 줄기차게 지속되었다. 이와 같은 새로운 코페르니쿠스적인 전환으로 하여 일본에서 살며 작업하던 서양의 가톨릭 신학자들인 에노미야 라살(Enomiya Lasalle), 하인리히 듀물렝(Heinrich Dumoulin), 윌리엄 존슨(William Johnston)과 카도와키 카키치(門脇佳吉), 오시다 시게토(Shigeto Oshida), 오쿠무라 이치로(奧村一郎) 같은 일본 가톨릭 신학자들은 특별히 불교 및 신도(神道)와의 대화를 통해 자기들의 신학 속에서 토착적인 일본적 요소들을 발전시키기 시작했다.[17] 이노우에 요지(井上洋治) 역시 두 개의 근

---

17. 이들 상당수 "대화"의 신학자들의 작품에 대한 분석은 Silvio Fittipaldi, *The Encounter Between Roman Catholicism and Zen Buddhism From a Roman Catholic Point of View*, a doctoral dissertation in the Religion Department of Temple University, Philadelphia, PA, 1976을 볼 것.

원. 즉 성경과 일본 문화로부터 그리스도교 신학을 싹틔우기 위한 시도를 하고 있다.[18]

게다가 가톨릭 소설가들뿐 아니라 여러 프로테스탄트 소설가들도 그리스도 체험을 문학적으로 선보이고 있다.[19] "주지하다시피 예수 그리스도에 관한 그들의 작품들이 성공하고 있는 것은 전국적인 현상이다. 이 소설가들은 출판물들을 통해 상당수 비그리스도교인들에게까지 전해진다."[20] 더 생각할 것도 없이 가장 영향력있고 폭넓게 읽혀지는 사람은 국제적으로 알려진 가톨릭 소설가 엔도 슈샤쿠(遠藤周作)이다.

하지만 지금까지 산출된 것을 "일본 노선을 따르는 가톨릭 신학적 반영의 시작으로 간주할 수는 있겠으나 … 정말로 일본의 일급 신학자들이라면 아직도 더 돌파해야 한다"[21]는 것이 한 관찰자의 판단이다.

---

18. 日本とイエスの面(東京: Hokuyosha, 1976); Yoji Inoue, "Western Christianity and Japan", *The Japan Missionary Bulletin*, 35 (May, 1981), pp.223-7 참조할 것.

19. 예를 들어 Yoji Inoue, "Miura Ayako and Her World", tr. by Stephen Luttio, *The Japan Christian Quarterly*, 51 (Spiring, 1985), pp.96-102를 볼 것.

20. Piryns, "Japanese Theology", p.548.   21. Ibid., p.543.

4

야기 세이이치의 신학

1. 대화, 관계성, 통합

야기 세이이치는 진정한 인간, 진정한 그리스도인이라는 것이 무엇을 의미하는지, 그 핵심 내용을 알기 위한 근본 방법으로 대화(dialogue)를 사용하는 당대의 여러 일본 신학자들 가운데 한 사람이다. 대화의 본질에 충실하고자 그는 단순한 뇌의 작용 때문이 아닌, "우리 자신과 우리가 속한 전통 모두의 구조적인 변화를 위한"[1] 새로운 통찰, 새로운 지식을 탐구한다.

대화와 관련하여 야기는 "사사무애"(事事無碍)라는 불교적 용어를 충분히 가져다 쓴다. 이 용어는 야기의 사고에서 매우 중요한 자리를 차지하는 것으로서, 근본적으로 현상들의 상호관계, 상호 융통을 뜻한다. 그러면서 "그 용어는 또한 상호 융통을 가능하게 하는 깊이에서 타자와 대화하는 것 ─ 야기가 말하듯이 여기는 타자가 나 자신의 일부가 되기까지 하는

---

1. Richard H. Drummond, "Dialogue and Integration: The Theological Challenge of Yagi Seiichi" *Journal of Ecumenical Studies*, 24,4 (Fall, 1987), p.563.

곳이다" — 을 가리키기도 한다.² 이런 모습은 미국 유대인으로서 융 계열의 심리학자인 이라 프로고프가 거의 독자적으로 발전시킨 또 다른 모습을 떠올려 준다. 그는 개체들(individuals), 즉 자신들의 내적 자아의 우물 깊은 곳으로 침잠해 들어감으로써 자신들 사이에서 상호 연결되어 흐르는 저변의 강에 도달하는 개체들에 대해 말한 바 있다.³

사실상 이곳이 관계성(relationality)과 통합(integration)이라는 두 낱말로 요약될 수 있는 야기 신학의 핵심이다. 과정 철학 — 이것이 야기 통찰의 근원과 영감이었다고 여겨지지는 않지만 — 에서 강조하듯이, 존재들은 서로 고립되어 있지 않고, 근본적인 상호 관계성 속에서 존재한다. 관계성이란 바로 그들의 존재를 구성하고 있는 것이다. 토마스 아퀴나스는 인간의 그 문제를 매우 간명하게 제시했다: "인간은 관계적이다"(Persona est relatio).⁴ 야기 세이이치에게 "직관적으로 인식한다는 — 경험한다는 — 이러한 사실은 종교적 구원 실재의 중심 요소이다".⁵

야기에 의하면, 모든 실재의 이러한 근본적 관계성에 따라 생각하고 경험하며 산다는 것은 분열하고 나뉘는 삶이 아니라 통합된 삶, 즉 다즉일(多卽一)의 모태(womb of the oneness

---

2. Ibid. p.571.
3. Ira Progoff, *The Practice of Process Meditation* (New York: Dialogue House Library, 1980).
4. Drummond, "Dialogue and Integration", p.571에서 인용.
5. Ibid., p.560.

of all reality) 안에 있으면서도 모든 실재의 다양성도 포용하는 삶을 사는 것이다. 실재의 단일성 안에 있는 다양성 — 그 역도 물론 — 이란 모든 존재들을 분리된 실재물들로가 아닌, 상호 의존적인 극들(poles)로 여김으로써 확인된다고 야기는 단언한다. 가령 남극이 없는 북극이란 없으며, 저것 없이는 이것도 생각될 수 없다. 따라서 "극적인 — 상호 의존적이고 상호 존중적인 — 관계하에서의 인간의 통합이 인간 삶 및 모든 삶의 진정한 목적인 것이다".[6]

야기로 하여금 이렇게 관계적이고 통합적으로 사고할 수 있도록 영감을 준 원천은 모든 실재들의 상호 관계성에 대한 대승불교적 가르침인 연기(緣起)의 개념이다. 이를 부정적으로 표현하면, 위에서 간단히 논의했듯이 분리된 실체적 사고의 부정이다. 두번째 근원과 영감은 사랑이라는 유대-그리스도교의 중심 개념에서 왔다. 사랑으로 인해 "어떤 사람도 고립되지 않고", 자신을 모든 존재들에게, 궁극적으로는 모든 존재들의 뿌리이자 근원에게 내어주게 된다. 그리고 계속해서 바울로가 그리스 시 가운데 하나를 써서 인용하듯이, "우리를 움직이게 하고 살게 하고 우리로 하여금 존재하게 해주는" 그 근원에 의해 지탱되고 사랑하게 된다. 그런 점에서 "그리스도교와 불교는 둘 다 실재를 통합의 틀 안에서 이해한다".[7]

---

6. Ibid., p.572.

7. Seiichi Yagi, "Buddhism and Christianity: a Dialogue with John B. Cobb, Jr.", *The Northeast Asia Journal of Theology*, 20-1 (March/September, 1978), p.7, Drummond, ibid., p.60에서 인용.

2. 궁극적 실재

그리스도교에서는 초월자를 주장하고 불교에서는 그것의 부정 내지는 결핍을 주장할지라도, 야기는 그리스도교가 불교에 반대되는 것으로 보지 않는다. 오히려 야기는 불교에서도 애당초부터, 그리고 불교의 모든 역사적 형태들 안에도 초월자가 현존하는 것으로 본다. 그에게 "공"(空)이라는 불교의 개념은 앞에서 서술했듯이, 존재의 부재(不在)라는 단순한 부정이 아니라 잠재성의 충만이며, 하느님에 대한 유신론적 이해는 존재의 근거, 무한한 근원에 대한 이해를 말한다. 이 둘은 서로를 결코 완전히 따돌리지 않는 개념들이다.

야기에게 있어서 그리스도교와 불교는 둘 다 그 추종자들로 하여금 자아 중심적 실존(ego-centered existence)으로부터, 존 힉이 표현했듯이, "실재 중심적인 실존"(Reality-centered existence)[8]으로 인도해 간다. 야기는 자신이 발전시킨 용어, 즉 "단순자아"(mere ego)에 의한 작용으로부터 "참자아"(Self)에 의한 작용으로의 이동이라는 용어를 써서 이러한 차이를 명시한다. 여기서 여러 가지 가운데 그는 자신의 삶을 포기함으로써 그것을 더 높은 차원에서 새롭게 얻으려는 예수 및 그리스도교의 언어와, 진정한 자아의 관계성, 즉 "비분리

---

8. John Hick, "Rethinking Christian Doctrine in the Light of Religious Pluralism", in *IRF* A Newsletter of the International Religious Foundation, Inc., 3,4 (Fall, 1988), p.2. 이것이 Hick이 이러한 개념을 표명한 가장 최근의 출판물이다.

적 실체성"을 강조하기 위해 모든 가아(假我)를 끊고 "본래적인 참자아" — "무아"(無我)로 표현되기도 한다 — 를 얻으려는 고타마 및 불교의 언어를 끌어들인다.

야기는 종종 "힘의 장"(field of force)이라는 현대물리학의 용어를 써서 초월, 궁극적 실재에 대해 서술하곤 한다. 힘의 장은 바울로가 말하는, 혹은 그리스어에서의 모태와 같은 성질을 지닌 어떤 것, 즉 우리로 하여금 살게 하고 움직이게 하고 존재하게 하는 것이며, 틸리히의 "존재의 근거"(Ground of Being)와도 같은 어떤 것이다. 그것은 장 내에 있는 각각의 개체성을 파괴하지 않고도 동시에 두루 편재하는 실재의 개념까지 포괄하는 것이다. 물론 이러한 은유는 초월, 즉 궁극적 실재의 비인격적 성질을 강조하기 위한 것에 지나지 않는다. 어떠한 은유를 쓴다 해도 궁극적 실재는 고사하고 아무것도 완전히 묘사할 수는 없다. 그럼에도 불구하고 현대인들과 관계되는 한, 궁극적 실재의 양상을 포착하는 데는 이 은유가 유용하다.

야기는 또한 불교인 아베 마사오(阿部正雄)의 해석을 가지고 앞에서 간략히 서술했던 대승의 삼신론(三身論) 개념도 이용한다. 야기에게 있어서 법신(法身)은 궁극적 실재인 공(空), 하느님이다. 다른 측면은 예수와 고타마 같은 역사적 인물로 현현한 화신(化身 혹은 應身)이다. 여기까지는 아베의 그것과 같다. 그러나 중간 몸인 보신(報身)에 대해서는 야훼, 알라, 시바와 같은 각 종교의 신들의 현현으로 보는 대신, 야기는 정토종의 아미타와 그리스도교의 그리스도 — 역사적 인물로서가 아닌 우주적 형상, 즉 인류와 관계된 육화한 로고스 — 와 관련시킨다. 따라서 이 삼위일체도 아베의 그것과 마찬가지로 일종의 초월자의 양태론(modalism of the Transcendent)이라고도 할 수 있다.

이 양태론적 사고방식은 또한 고대의 여러 그리스도교 사상가들에까지 연결된다. 그들은 삼위일체적 하느님 언어의 문제와 씨름해 보면 그러한 사고방식을 성경 안에서도 찾아낼 수 있다고 보았다. 그러나 기존의 그리스의 분리-실체주의적 사고 범주들에서는 양태론과 같은 그런 "명백한" — 은유적으로 사고하고 말하면서 성서 언어를 형성시킨 유대인들에게는 명백한 — 해결책은 받아들여지지 않았으며, 따라서 삼위일체 양태론은 그리스도교의 이단으로 몰렸던 것이다. 오늘날 좀더 관계적이고 과정사상적인 범주가 증가함에 따라, 그리고 성서적 사유 세계와 언어에 대한 이해가 더 증가함에 따라 양태론적 사고방식과 이야기 방식이 다시 두각을 나타내고 있다.[9]

더욱이 현대적 양태론이 새로운 관계적 과정사상의 패러다임 범주 안에 들어 있음이 인식되고 받아들여지면서 이단의 짐은 벗겨지고 있다. 하지만 여전히 옛 패러다임 — 이 경우는 본성상 정적이고 분리-실체론적인 — 안에 살면서 사고하는 기득권자들은 주요한 패러다임들 전반에 대해 집요하게 거부하고 있다. 그래서 여러 사람 가운데 야기가 이 거부의 대상이 된 것이다.

---

9. Hick, "Rethinking Christian Doctrine", p.5.

3. 바울로와 신란, 예수와 도겐

야기는 우주적 그리스도를 다룬 뛰어난 신학자 바울로와 우주적 아미타를 다룬 뛰어난 신학자 신란(1173~1262) 사이에서 놀라운 유사성을 본다. 우주적 그리스도와 우주적 아미타는 모두 바울로가 서술했듯이 "전세계가 구원될 때까지 말할 수 없는 탄식을 발하고", 신란이 기록했듯이, 모든 이가 정토에 들 때까지는 결코 열반에 들지 않겠다고 다짐하는, 모든 사람들과 모든 존재들 속에 작용하는 무한자(the Infinite)의 영과 같다.[10] 바울로와 신란에게 있어서 그리스도와 아미타는 모두 신(divine)이되, 그 자체로서가 아니라 — 즉, 하느님 아버지와 법신으로서가 아니라 — 외적으로 드러난, 말을 넘어서는 자(the Ineffable)로서의 신이다.

마찬가지로 야기는 예수에 의해 사용된 언어, 그리고 선구적인 일본 선사 도겐(道元, 1200~1253)과 현대 일본 선사인 히사마츠(久松眞一, 1889~1980)에 의해 사용된 언어의 가르침과 유형에서도 놀라운 유사성을 본다. 야기는 예수와 도겐과 히사마츠가 모두 궁극적 실재 안으로부터, "있는 그대로의" 사태로부터 말하고 있음을 발견한다. 따라서 "요한 복음

---

10. 八木誠一, 『パウロ, 親鸞, イエス, 禪』(京都, 法藏館, 1983); "Paul and Shinran; Jesus and Zen", in Paul O. Ingram and Frederick J. Streng, eds. *Buddhist-Christian Dialogue – Mutural Renewal and Transformation* (Hawaii: 1986); and "Paulus und Shinran", *Evangelische Theologie*, 48, 1988, pp.36-46을 볼 것.

서에 나오는 예수의 '나는 ~ 이다'(I Am) 발언과 또한 영적으로 건방지거나 일반적인 인간의 체험과는 맞지 않는 것으로 보이는 도겐과 히사마츠의 발언도 바르게 이해할 수 있다고, 다시 말해 예수와 도겐(선) 둘 다 초월의 차원으로부터 '나'를 말했던 것"이라고 야기는 생각한다. 둘 다 진정한 인간의 삶은 자기로부터 — 자기에 대한 사랑과 자각으로부터 — 시작하되, 하느님의 다스림을 통해, 그리고 우주의 궁극적인 작용력인 다르마를 통해 움직여 간다고 가르친다. "우리 안에서 작용하는 다르마만이 궁극적 실재이다. … 예수가 그렇듯이, 우리는 한 차원에서 자아를 잃어버림으로써 더 높은 차원에서, 그 자체로 근원이 되는 지고자(the Most High) 내지는 완전자(the Whole)와의 조화롭고 협력적인 관계의 차원에서 그것을 다시 얻을 수 있는 것이다. 관계성이 일차적인 실재(primary reality)인 것이다."[11]

4. 일본 그리스도교에서의 야기의 위치

야기 세이이치는 1932년 요코하마의 그리스도교 가정에서 태어나서, 도쿄(東京) 대학에서 서양 고전과 철학을, 동 대학원에서, 그리고 괴팅엔(Göttingen) 대학의 에른스트 케제만(Ernst Käsemann)에게서 신약학을 공부하였고, 1962년 큐슈

---

11. Drummond, "Dialogue and Integration", pp.569f.

(九州) 대학에서 인문학 박사학위를 받았다. 유럽과 일본의 여러 대학에서 임시로(part-time) 그리스도교 신학을 강의하기는 하였지만, 일본의 어떠한 신학과에서도 그에게 강의를 맡기지 않았다. 결과적으로는 지난 이십이 년 이상 도쿄 공대에서 독일어를 가르치다가 1988년이나 되어서야 신설된 요코하마의 토인(桐蔭) 대학에서 철학과 윤리학을 가르치기 시작하였다.

두르몬트(Richard Drummond)는 야기가 "근년에 특별히 예수의 삶, 죽음, 부활의 구속적 측면을 믿지 않음"으로써 — 물론 야기의 그와 같은 태도는 그리스도교의 속죄 교리에 대해 말하는 또 다른 방식이다 — 어느 정도 걸림돌이 되고 있는 일본 그리스도교인들 중에서 야기가 지닌 잠재적 지도력에 대해 말한다.[12] 하지만 예수의 삶과 죽음이 어떻게 해서 다른 이들을 구원으로 이끌 수 있는지에 대해서만큼은 그리스도교 역사상 다양하게 이해되어 왔다. 지금 속죄에 대한 전통적인 이해, 그것도 어느 정도는 어설픈 듯한 유물주의적, 심지어 사법적(juridical) 방식에 따른 이해는 사실상 10세기 캔터베리의 안셀무스(Anselm of Canterbury)의 유명한 저작 『하느님은 왜 인간이 되셨는가?』(*Cur Deus homo?*)에서 발전된 것이다. 그러나 어디서든 마찬가지이지만, 특별히 개혁 전통(reformed tradition)에서 제안하는 것과 같은 더 모범적인 이해 모델도 틀림없이 성서 전통에 매우 잘 조화하며, 분명히

---

12. *Ibid.*, p.562.

복음서의 기록들로부터 수집할 수 있는 예수의 자기 이해와도 잘 조화한다.[13]

또 다른 일본 그리스도인으로서 야기의 작품에 퍽 호의적인 후루야 야수오(古屋安雄)도 야기가 부분적으로는 그 자신의 비전통적인 접근 때문에, 또 부분적으로는 일부에서 계속되는 일본 신학의 보수주의 때문에, 그리스도교인의 신학 세계의 주변 도처에서 고립되어 왔다고 한다. 후루야 자신도 그 고립을 극복하기 위해 몹시 애쓰는 중이기는 하지만.[14]

그래서 야기가 당대에는 받아들여지지 않던 한 예언자의 또 다른 모범이었음에도 불구하고 이와 동시에 잘 알려진 스위스 신약성서 학자인 울리히 루쯔는 최근에 이렇게 썼다: "야기는 일본에서 가장 의미있는 저자 중 한 사람이다. 그의 상당수 책 중 어떤 것은 육판을 거듭하기도 했고, 수십만 명, 그것도 대부분 비그리스도교인들이 그것을 읽었다."[15]

---

13. 이런 식으로 된 현대적 시도에는 나의 *Yeshua: A Model for Moderns*가 있다. 거기서는 예수가 진정한 인간의 삶이란 어떻게 살아야 하는 것인지를 자신이 무엇을 "생각하고 가르치고 행했는지"를 모델로 보여줌으로써 "구원한다"고 하는 점에 대해 논증한다.

14. 古屋安雄, 『宗教の神學』(東京, ヨルダン社, 1985), p.327 外.

15. Ulrich Luz, "Zur Einführung", Yagi, *Die Front-Struktur* (München: Chr. Kaiser, 1988), p.10.

5. 두 번의 "전환"

젊어 공부하다가 야기는 두 번의 주요한 "전환"을 체험했다. 한 번은 일본에서 처음 신약성서를 공부한 뒤 독일에서 에른스트 케제만에게서 배울 때였다. 두번째도 공부중에 그 "자신의" 불교를 발견하기 시작하던 독일에서였다. 그는 두번째 전환의 체험, 즉「확연무성」(廓然無聖)이라는 제목이 붙은 불교 문헌을 독일의 기차 안에서 읽다가 일어난 체험에 대해 이렇게 서술한다.

> 마침 기차는 비어 있었다. 나는 방해받지 않고 독서에 전념하고자 한 구석자리를 찾아갔다. 열중해서 책을 읽다 보니 피로해졌다. 지치고 풀어져서 나는 창밖으로 카쎌(Kassel)의 풍경을 내다보았다. 내리던 비가 그치고 구름이 걷혔다. 구름 사이로 파란 하늘이 넓게 열렸다. 그러다 갑자기 "확연무성"(탁 트여 성인이 따로 없다는 뜻 — 역자 주)이라는 말이 내 앞을 스쳐 지나갔다. 나는 벌떡 일어나 주위를 둘러보았다. 즉시 파악할 수는 없었던 어떤 일이 내게 벌어졌다. 하나하나가 전에 보던 것과는 완전히 달리 보였다. 비록 그 자체는 똑같이 남아 있었지만. 처음으로 내가 나 자신에게 던진 말은 이런 것이었다: "이제까지 나무를 그저 나무로만 이해해 왔구나. 이게 얼마나 큰 잘못이었던가!" 나무는 사실상 일반적으로 가지고 있는 개념의 나무일 뿐이라고 나는 생각했다. 알지

도 못하고 나는 일반적으로 여겨지는 개념을 "대상"으로 투사
했으며, 그 대상을 볼 때는 전에 투사했던 것만을 떠올렸다.
그러면서 그것이 대상을 인식하는 것이라고 표현했다. 나는
이미 오랫동안 알아왔던 것만을 인식했을 뿐이었다. 그렇지만
그것은 그 "존재"를 보는 것도, 그 존재와의 만남도 아니었
다. 하지만 이제는 "나무"를 보되, 일체의 개념 형성 이전에
그 자체로서의 "나무"를 보게 되었다.[16]

야기는 이 두 가지 "전환" 사이에서 하나의 평행 현상, 사실
상 하나의 조화를 보았다고 울리히 루쯔는 적고 있다. 야기는
자신을 잃어버림으로써 새로운 선물, 더 깊은 자아, 즉 그가
후에 "단순자아"(mere Ego)라고 표현하고 있는 그러한 것이
아닌, 오롯하고 진정한 "참자아"(Self)를 얻는다는 것이 무엇
을 의미하는지를 그리스도교 안에서 배웠다. 그에 따라 바울
로의 다음과 같은 진술이 그에게 핵심 요체가 되었다: "이제
는 내가 사는 것이 아니라 그리스도가 내 안에 산다"(갈라
2.20). 또한 야기는 그리스도교에서 "율법적인 문자"(도덕주
의)로부터의 해방을 배웠고, 불교에서는 언제나 대상화시키는
언어의 수고로부터 해방되는 은총을 경험했다. 그가 말한 대
로, 사물을 (분리된 실체적 범주에서) 분별하고 분리시키는
"분별지"(分別知, discriminating intellect)의 차원 아래에서
인식하는 것을 넘어서서 모든 사물들은 실제로 긴밀한 상태에

---

16. An autobiographical sketch as reported in Luz, "Zur Einführung",
    pp.11f.

서, 서로의 실존을 성립시켜 주는 관계 안에서만 존재할 수 있다는 관계성의 차원을 배웠다.

야기 자신은 그것을 이렇게 언급했다: "두 사건[두 번의 '전환']에서 나는 언어에 의해 틀지어지는 지속적인 과정으로부터 자유로워졌다. 정확히 첫번째(그리스도교)에서는 행위(acting)에 초점이 있었고, 두번째(불교)에서는 직관(seeing)에 초점이 있었다." 그리고 나서 그는 특별히 개신교인으로서 그리스도교 신앙의 핵심에 대한 그의 인식에 대해 이렇게 설명했다: "그리스도교 신앙의 본질은 죄인들(the godless)의 의화(義化)에 있다기보다는 개념적인 언어로부터 해방되는 데 있는 것이 아니겠는가?"[17] 최근에 야기는 이런 설명을 달았다:

> 이처럼 이러한 평행 현상에 근거하여 나는 신약학도로서뿐 아니라 저자로서 초기의 케리그마를 포함하여 신약성서 사고의 성립은 하느님에 의한 역사에의 "초자연적" 개입이라는 아무런 전제 없이 예수 사후에 제자들에게 일어났던 "깨달음"의 사건(2고린 4,6)에 대한 해석으로서 설명될 수 있음을 보여주고자 했다. 그것은 이미 내 첫번째 책인 『신약사상의 성립』(新約思想の成立)(1963)의 주제였다.[18]

---

17. Ibid., p.12.
18. Leonard Swidler, January 27, 1989를 볼 것.

⑤
가교로서의 이 책에 대하여

불교, 특별히 선불교에서는 흔히 핵심적인 불교적 통찰이란 지적으로 이해될 수 있는 것이 아니라 체험되어야 하는 것이라고 주장한다. 그럼에도 불구하고 많은 불자들은 끊임없이 지성과 언어를 사용해서 — 내 경험으로 보건대는 종종 불분명하고 혼란스런 방법으로 — 불교를 설명하려고 한다. 물론 한편 합리적 분석에 근거한 지식의 질과 다른 한편 직접적 통찰은 다른 것이다. 그럼에도 불구하고 양쪽 모두의 인식 방법을 통해서 실재의 각 차원은 알려질 수 있고, 상세히 설명될 수 있다. 물론 그에 상응하는 다양한 결과들이 생겨나겠지만. 그러므로 "이것은 너무 깊어 설명할 수 없다", "이것은 신비이다" 혹은 14세기 전의 그레고리우스 대교황(Gregory the Great)이 말한 "이것은 거짓이 아니라 신비이다"(Non mendacium sed mysterium)와 같은 과거의 꾀에 빠져들지만은 않을 것이다. 추론적이든 직관적이든, 사고하고 그에 따라 말하는 것은 인간 존재의 바로 핵심에 있는 것이다.

불교에 인간 존재의 핵심에 대한 통찰이 들어 있다면, 추론적인 지성을 써서 적절한 방식으로 그것이 포착되고 언어로 표현될 수 있어야 할 것이다. 이때 포착되고 표현되는 범주가 통찰에 어울리는 것 — 가령 실체적 범주라기보다는 과정적 범주 — 이어야 함은 물론이다. 빈번히 결여되어 왔던 것이 바로 이러한 어울림이며, 야기 세이이치가 이 책과 그밖의 다른 곳에서 아주 명료하게 전해주기 시작한 것도 그 어울림이다. 그는 실재에 대한 불교의 핵심적 이해방식과 서술방식을 불교적 사상세계에서 자라난 사람들은 물론 서구적 사상세계에서 자라난 사람들, 사실상 이 둘 모두, 그리고 내 생각에는 그 누구에게도 무난히 이해될 수 있을 만한 추론적 사고 범주와 언어로 만들어가기 시작한다. 그는 여기서 내가 곳곳에서 "에큐메니칼 에스페란토어"(Ecumenical Esperanto)라고 불렀던, 새롭고 공통적인 인간 의식과 그에 상응하는 언어 모두를 제련한다.[1]

이 책에서 야기는 불교적인 사고의 핵심으로 "연기"(緣起)와 공(空)을 든다. 모든 실재는 내심으로 그리고 궁극적으로 관계적이고 과정적이다. 하지만 실재를 이렇게 이해할 경우, 세계가 어떻게 해서 우리에게 주어졌는지 우리의 상식과 사물에 대한 일상적인 인식으로는 알 수 없게 된다. 그렇게 된다면 개인이든 공동체든 우리는 혼란과 무정부 상태로 빠져들게 될 것이다. 오히려 흔히 세계가 분명하고 자존적인 실체로 만들어졌다고 이해함으로써, 우리는 사물을 여러 가지 규칙과

---

1. Leonard Swidler, "Interreligious and Interideological Dialogue: The Matrix for All Systematic Reflection Today", Leonard Swidler, ed., *Toward a Universal Theology of Religion* (Maryknoll, NY: Orbis Books, 1987), pp. 5-50.

법에 따르는 합리적인 질서 안에 둘 수 있게 된다. 야기는 이러한 사고 태도가 우리의 "분별지"로부터 흘러나온 것으로 보면서도, 이 책에서는 어떤 식으로든 그것을 훼손하지 않고 사실상 그것을 사용해서 그 개념과 "통합지"(integrating intellect)라고 부를 수 있을 그 반대 개념을 매우 효과적으로 설명한다.

야기는 "프론트 구조"(Front-Structure)를 이용해서 어떻게 모든 실재가 사실상 관계적인지, 어떻게 해서 의존적일 수밖에 없고, 또 자존하는 실재물이란 실제로 존재할 수 없는지, 분명하고 이해 가능한 논조로 설명해 준다. "분별지"를 분명히 해주는 이러한 개념적 수단을 통해서 그는 "통합지"가 어떻게 해서 세계는 "연기"이며 "공"이라는, 즉 관계적이고 과정적이라는 통찰을 직관적으로 포착하는지 보여주는 것이다.

바로 그러한 본성 때문에 이것은 매우 추상적인 내용이 되고, 따라서 이성적으로 설명하기가 어려워진다. 불자들이 그것을 전달하고자 역설적인 언어를 던지곤 하는 이유도 그것이다 — 그런데 내 생각에는, 역설적인 언어란 충격적 가치의 면에는 적당하지만, 분명한 설명에는 별로 적절한 것이 못되는 무뚝뚝한 수단인 까닭에 제한된 부분만을 전달해 줄 수 있을 뿐이다. 그러나 야기는 구체적인 예들에 유비되는 설명을 훌륭히 (문자 그대로) 사용함으로써 역설적인 언어에 따르는 어려움들을 피해나간다. 일련의 그러한 유비는 장소적인 (spatial) 것이고, 다른 것은 특히 음악에 집중되고 있는 음조적인(tonal) 것이다.

야기에게 있어서 불교의 또 다른 핵심 개념은 "무아"(無我)의 가르침이다. 이 책에서는 그러한 이름 자체를 많이 언급하고 있지는 않지만, 그러면서도 그는 자신이 분별지에 병행하는 인간의 표피적인 차원으로서 "단순자아"(mere Ego)라고 부르는 것과 (그가 대극적으로 서술하고 있는) 진정하게 관계적이고 과정적인 자아에 병행하는 "참"자아(Self) 사이를 구분지을 때에는 매우 주의깊게 그에 대해서 해석한다. 이 자아의 문제는 상이한 불교의 조류에서 다양한 용어로 서술되고 있다.

  서양의 상당수 불교 해석자와는 달리 야기는 모든 세대의 불교 안에서 초월자를 본다. 처음에는 일부 서양인들은 물론 일부 불자들에게까지도 이것은 놀랍게 여겨지겠지만, 이러한 놀라움 내지는 회의주의는 그가 초월자를 어떻게 설명하는지 읽어보면 사라지게 될 듯싶다. 여기서는 주로 두 가지 유비가 사용된다. 즉, 개별적 존재로 하여금 실존하고 행동하게 하는 "힘의 장"(field of force)으로서의 초월자와 모든 실재에 관계적이고 과정적 성격을 부여하면서 거기에 스며드는 보편적인 생명력으로서의 초월자이다.

  서양인들 및 다른 이들이 이해할 수 있을 만한 범주와 유비를 써서 이상의 것들과 불교의 기본적인 사고방식들을 제시하고 난 뒤, 야기는 어느 정도는 불교에도 상응하는 것이면서 특별히 그리스도교, 실제로는 유대-그리스도교의 통찰을 일부 그려내기에 이른다. 그는 인간 존재의 핵심은 사랑에 있다는 유대-그리스도교적 인식〔모든 이들을 묶어주는 위대한 사랑의 이중 계명 — 혹은 아우구스티누스가 표현한 대로 "사랑하라, 그리고 네가 원하는 대로 해주어라"(Ama, et fac quod vis)]에 구현되어 있는 불교의 "통합적" 접근을 본다. 여기서 야기는 불교에서보다 유대-그리스도교 전통에서 관계적인, 즉 "연기" 적인 인간생활의 "통합적"이고 "공동체적인" 차원에 대한 수단을 더 지속적으로 제공해 왔음을 발견한다. 실제로 불교 전통에도 자비(Karuṇā)와 보살(Bodhisattva)의 개념이 있지만, 불교는 너무 개인주의화하는 경향이 있다고 야기는 말한다 — 일련종에서는 그렇지 않다손 치더라도, 정토종과 선종에서는 특히 그렇다고들 한다. 하지만 이것은 본질의 문제가 아니라 균형의 문제이다. 물론 대화의 전체적인 논점은 상대방 모두가 서로에게서 배운다는 데 있는 것이다.

  이 책에서 행하는 개념적 분석의 맥락 안에서 야기는 또한 구체적인 역사적 인물인 예수 및 로고스(Logos)로 육화한 영적인 그리스도와 개별적 인간 안에서, 사실상 실재 전체 안에서 작용하는 힘으로서의 로고스 자체를 다른 여러 그리스도교 신학자들이 다른 근거 위에서 해왔듯이 조심스럽게 구분한다. 그 과정에서 그의 동료 그리스도교인인 타키자와 카츠미(瀧澤克己)가 모든 존재들 안에 현존하는 궁극적 실재와의 제일의 접촉(第一義の接觸)과 그 제일의 접촉을 깨닫는 제이의 접촉(第二義の接觸, 불자들은 이것을 "깨달음"이라고 부른다) 사이에 차이를 두었던 것 — 중세 일본의 선 사상가인 도겐의 그것과 같은 — 을 그는 이용한다. 예수를 그토록 비범하게 만들었던 것은 그의 심원하고 보편적인 제이의 접촉이었다는

점에서, 야기는 예수 안에서 이와 같은 현저한 차이를 보는 것이다.

그리스도론을 이렇게 이해한다는 것은 그리스도교(와 불교)가 궁극적 실재에 도달하는 유일한 수단이라거나 구원(Salus, 완전함/거룩함)을 얻는 유일한 수단이라는 식의 절대성을 주장할 수 없다는 뜻이다. 따라서 양 종교는 서로에게서 배워야 한다. 그러나 그렇게 하려면 저마다 서로에 이르기 위한 대화의 다리를 건너가야만 한다. 야기 세이이치는 여기서 그러한 다리를 건설하는 데 일조한다. 자, 그 다리를 건너가자.

불교와 그리스도교를 잇는 다리:

프론트 구조

야기 세이이치

1 프론트 구조와 불교적 사고

1. 프론트 구조

"공"(Śūnyatā)¹이란 무엇인가? 우리의 출발점은 니시타니 케이지(西谷啓治)의 시론에 있다.² 그것은 "공"에 대한 매우 인상깊은 다음과 같은 설명에서 시작된다. 그림 1에서처럼, 하나의 벽(W)으로 A와 B라는 두 방이 나뉘어지고 있을 때, 벽(W)은 두 방 모두에게 불가결한 것이다. 벽 없는 방이란 있을 수 없으므로.

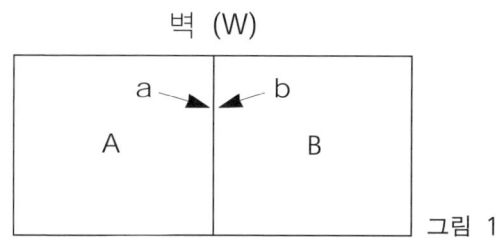

그림 1

---

1. Śūnyatā는 불교 사상의 중심 개념들 중 하나이다. 문자적으로 보면 이는 공성(空性), 무성(無性)을 의미하지만, 불교적 사고에서는 모든 현존재들의 무실체성을 가리킨다: 무(nothing)란 그 자체로 그 존재의 충분한 기초가 된다. 중국인들은 이 개념을 "무"의 도교적 개념으로 해석했고, 일본에서도 이러한 "무"의 개념을 이어받았다.

2. 西谷啓治, "空と卽" 講座『佛敎思想』第5卷 (東京: 理想社, 1982), p.43 이하.

그렇지만, 방 B에서 누군가가 그 방 안에 있는 벽 W의 표면, 즉 벽면 "b"를 볼 때, 이 "b"가 비록 B의 일부이기는 하지만, 벽면 "b"는 A의 "현존"(Dasein)을 나타내준다는 점에서, 그것은 인접한 방 A의 표현으로 간주된다. 방 B에서 벽면 "b"를 볼 때의 "b"는 방 A의 방 B로의 자체 투사, 그것도 A 혹은 "a"로서가 아닌 "b", 즉 B의 일부로서의 투사인 것이다.

이러한 관계는 어디서든 발견된다. 나무를 한 그루 상상해 보라. 나뭇잎은 태양 에너지를 이용해 이산화탄소와 물로부터 탄수화물을 만들어 낸다. 그러므로 탄수화물은 나무의 구성요소라 할 수 있다. 태양 에너지가 스스로를 나무에 탄수화물의 에너지로서 자체 투사했다고 할 수 있는 것이다.

만일 이러한 사물 조망 방식을 다른 것에 적용한다면, 우리는 다음처럼 결론지을 수 있을 것이다: 나 자신의 어떤 성분도, 나 자신의 어떤 구성요소도 나 홀로 나에게서 만들어 낸 것이 아니다. 이로부터 우리는 불교의 전문용어인 "무애"(無碍, "서로간에 헤살놓지 않음")를 다음처럼 규정할 수 있게 된다: 내 밖에서 발견되는 것이 내 밖의 일부로 여전히 남아 있으면서도 내게 속한 나의 구성요소가 된다. 이것을 서로 안에서 가능하게 만들어주는 우리 현실의 본성, 열려 있음(openness)을 "공"이라 하는 것이다. 달리 말하면, 존재자가 다른 존재자로 들어가지 못하도록 틀지어져 있다면, 존재자들이 서로를 절대적으로 배척해 버린다면, 거기에 "공"이란 없는 것이다. 그때 "공"이 의미하는 것은 자체에 속한 구성요소로만 절대적·배타적으로 이루어져 있는 것은 없다는 것이다.

니시타니가 이렇게 "공"과 "무애"의 본질을 명확히 설명해주었으니 그 이상 설명을 할 필요는 없을 터이지만, 그것으로 우리의 출발점을 삼으려면 그의 해석을 좀더 발전시켜야 할 것이다.

이 길을 따라가기 전에, 그림 1로 다시 돌아가 그 안에 있는 것을 정확히 해보자. 독자들 가운데는 "b"가 A의 표현이라는 진술을 어려워할 사람도 있겠기 때문이다. "b"는 애초부터 B의 성분이며, 따라서 "b"가 반드시 A의 표현인 것은 아니라고 그들은 생각할지도 모른다. 만일 방 B가 방 A에 인접해 있지 않다면 "b"는 "b"로 존재할 터이므로, 이러한 의견은 전적으로 타당할 것이다.

다시 한번 생각해 보자. 우리는 "b"를 A의 직접 표현으로 보는 것이 아니라, 무엇보다 방 B에서 발견되는 벽(W)의 표면으로 이해한다. 그때 우리는 이 W의 표면이 그 표면을 유지하면서 동시에 B의 구성요소, 성분이라고 말할 수 있다.

여기서 우리는 벽(W)이 이러한 상황에 처할 때까지는 벽으로 작용하지 않는다 — 즉, 벽이 아니다 — 는 사실에 주의를 기울여야 한다. 만일 그것이 방으로부터 분리되어 따로 놓인다면, 그것이 무엇으로 만들어졌든지간에 단순한 하나의 직사각형에 지나지 않을 것이다. 널판이 하나의 공간을 두 방으로 나눌 때에야 그것은 벽이 된다. 방이 방이려면 벽이 필요하기 때문이다. 벽들과 방은 서로를 조건짓는다. 하나가 다른 하나를 불러일으키는 식이 아닌 것이다. 이런 상호 조건짓기를 불

[1] 프론트 구조와 불교적 사고 127

교에서는 "상의상관"(相依相關),³ 즉 "상호의존 · 상호관련"이라 한다. 이 개념은 불교를 이해하는 데 중요하다. 우리의 예에서 벽들과 방은 서로를 조건짓는다.

이제 그 이상의 개념을 하나 소개하겠다. "b", 즉 방 B의 벽면을 벽의 "프론트"(Front)라고 부르자. 물론 그때 표면 "a"는 (W의) 또 다른 프론트이다. 우리는 프론트 안에서 서로 만난다. 프론트 "a"는 A에 속하고, A를 표현하며, 따라서 A의 프론트와의 접촉은 A 자체와의 만남이다. 그렇지만, 프론트는 "경계"(border)이기도 하다. 그것은 적대적일 수 있다. 다른 것의 영역으로 움직여 밀어붙일 수도 있으며, 그것을 파괴할 수도 있다. 프론트의 이런 적대적 성질을 언제나 염두에 두어야 한다. 그렇게 프론트를 정의한다면, 그때 그림 1에서의 "a"는 A의 부분이 되는 벽의 프론트이며, 마찬가지로 "b"는 B의 구성요소가 되는 벽의 프론트이다. 벽(W)은 A와 B를 나누고 또 서로 연합한다. 그 프론트인 "a"와 "b"가 각각 A와 B의 구성요소이기 때문이다. 따라서 한 대상의 프론트가 그 프론트를 유지하면서도 다른 대상의 구성요소가 될 때, 우리는 이러한 구조를 "프론트 구조"(Front-Structure)라고 부른다.⁴ 좀더 일반적으로 말하면, 그것은 A의 프론트가 그 프론트를 유지하면서도 비A(non-A)의 구성요소, 성분이 되는 구조를 말한다. 그때 프론트 "a"는 100% A에 속하면서

---

3. 대승불교 철학의 선구자인 나가르주나(龍樹, ca. 150~250 C.E.)는 "연기"(緣起, Pratītya Samutpāda)의 개념을 "상호 의존과 관계성"으로 이해했다. "상의상관"은 중국을 거쳐 일본에서 번역된 말이다. 각주 13의 "연기"를 참조할 것.

도 동시에 100% 비A에도 속한다. 물론 여기서 그것이 A에 속한다는 관점과 비A에 속한다는 관점은 서로 다르다. 그때 이 프론트는 A와 비A의 통일체이다. 혹은 이 프론트와 마찬가지로 A와 비A는 하나이며 동일한 것이라고 말할 수 있다. 이러한 상태를 불교 전문용어로는 "A卽非A"[5]라 표현할 수 있다. 그러므로 "卽"은 '~이다'와 '~ 아니다'(is/is not)를 동시에" 의미한다. 이 "즉"은 프론트 구조에서 일어난다. 프론트 구조에는 여러 형태가 있으며, 따라서 "즉"도 마찬가지이다. 이에 대해서는 나중에 좀더 자세히 살펴볼 것이다.

다음에는 프론트 구조의 여러 예들을 제시하겠다.

① 집에는 정원이 있다. 거기에는 나무들이 심겨져 있고, 꽃들이 핀다. 정원의 초목은 모두 자연의 일부이고, 자연의 프론트이다. 우리는 정원의 나무와 풀에서 자연을 만난다. 흔히 "가지에서 낙엽이 떨어지는 것을 보면 가을임을 안다"고 한다. 한편, 정원은 또한 한 가족의 주거 공간의 일부이다. 즉, 정원은 자연의 프론트이자 인간 터전의 일부인 것이다. 인간은 자연과 퍽 다르게 살아간다. 하지만 정원의 본질은 정원이 가족의 생활에 서로 맞물려 있는 자연의 프론트라는 사

---

4. 독일어의 Front는 물론 영어의 front도 일본어의 前面이나 前線과는 달리 사실상 적대적 성질(hostility)을 함축하고 있는 낱말이다. 그래서 나는 서양의 말에 맞게 선택했다. 일본어로 된 책에서도 나는 서양의 "프론트"라는 낱말을 그대로 사용하고 있다.

5. "卽" 역시 중국어의 차용어이다. 본래 "卽"이란 "즉각적으로", "곧바로"의 뜻이었지만, 중국인들이 「반야심경」(Prajñāpāramitā-hṛdaya sūtra)에서 "色卽是空"이라는 표현으로 번역한 이래 "卽"은 역설적 대극합일의 의미를 띠게 되었다. 이때의 "卽"은 "~이기도" 하고 "~ 아니기도" 하다는 두 가지의 뜻을 동시에 지닌다.

실에 있다. 초목은 정원에서 자라면서 우리를 괴롭히는 곤충들도 끌어모은다. 그러니 우리가 정원을 언제나 친근하게만 경험하는 것은 아니다. 그래서 우리는 초목의 성장을 통제하고 피해를 입히는 벌레들을 없앤다. 정원의 본질인 프론트 구조를 유지하기 위해서이다. 그러나 우리가 정원으로부터 자연을 완전히 제거하는 것은 아니다. 그렇게 되면 정원이 없어지고 말겠기 때문이다.

② 프론트 구조는 또한 도시 안에도 있다. 우리는 도시의 미관에 관심을 기울인다. 가령 건물들의 높이와 색깔을 조화시키려 하고 광고물들이 무분별하게 널리지 않도록 삼간다. 기타 등등. 물론 여기서 멋없는 획일성은 피하고 대신 조화를 꾀해야 한다. 그런데 건물 외벽은 도시의 일부이며, 따라서 공공장소의 한 요소이다. 도시 건물 외벽의 특성은 사적인 외관미와 동시에 공적인 의미도 함께 지닌다는 사실에 있다. 사생활의 프론트는 공생활의 일부라는 "공·사 구분선"을 우리는 언제나 볼 수 있는 것이다.

③ 이들 예에서의 프론트 구조는 모두 정적이다. 그러니 다음 예에서는 역동적인 과정을 개관해 보자.

이번 예는 어쩐지 이상하게 들릴지도 모르지만, 그럼에도 불구하고 그것을 통해 본질적이고 핵심적인 것이 설명될 것이다. 태내에 있는 아이는 탯줄을 통해 태반과 연결된다. 그럼으로써 아이는 어머니로부터 필요한 모든 것을 공급받는다. 탯줄을 통해 어머니에게서 아이로 전해진 자양분은 아이의 일부인가 아니면 어머니의 일부인가 하는 물음을 제기할 수 있다. 여기서 "이것 아니면 저것"(either-or)이라는 유일선택권은 들어맞지 않는다. 어머니에게서 아이로 흘러들어가는 모든 것은 어머니의 프론트이자 아이의 일부이다. 이 경우 프론트 구조는 태내에 있는 어머니와 아이의 본질적인 관계를 예시한다. 어머니의 프론트가 아이의 구성요소로 바뀌기 때문에 아이가 살아가는 것이다. 여기에 태아의 생명활동의 본질이 있는 것이다.

그러므로 우리는 한 존재가 다른 존재의 프론트를 자기 자신의 구성요소로 바꾸는 이러한 활동을 "프론트 동화(同化)"(Front-Appropriation)라 부른다. 살아 있는 존재는 이 "프론트 동화"를 통해 자신의 "프론트 구조"를 유지하며, 그럼으로써 그 생명도 유지하는 것이다. 어머니측에서 보면, 어머니는 자기의 프론트를 자기 몸 안에 있는 아이에게 탯줄을 통해 주는 것이다. 이러한 어머니의 활동을 "프론트 수여(授與)"(Front-Gift)라고 한다. 대부분의 경우 "프론트 수여"와 "프론트 동화"는 서로 손을 맞잡고 간다. 어머니와 아이는 그것을 통해 사는 것이다. 어머니와 어머니 몸 안에 있는 아이는 주고받는 관계로 이루어져 있다. 주고받음은 프론트 수여와 프론트 동화를 통해 일어난다.

개인 혹은 공동체 안에서 생산된 것이 자체적으로 모두 소비되는 것이 아니라 그 중 일부는 그것의 프론트로서 다른 것에게 전해지며, 그 프론트 교환의 결과 그들이 "함께" 살아갈 수 있음을 보는 것도 재미있다. 가족을 공존할 수 있게 해주는 결혼제도에서 이에 대한 재미있는 예를 찾아볼 수 있다.

여자 교환을 강요하는 근친상간 금기는, 레비-스트로스(Levi-Strauss)에 따르면, 프론트 교환 필연성의 부정적 측면이다. 이것은 입자들을 한데 묶어주는 입자들간 중간자 교환과 다르지 않다.

2. 프론트의 확장

① 동화의 과정들은 또한 우리가 앞에서 실례로 들었던 나무에서도 볼 수 있다. 우리가 무언가를 나무라고 부를 때는 뿌리, 줄기, 가지, 잎을 가진 어떤 대상을 그렇게 언급한다. 즉, 다른 어떤 것들과 분리시키면서 나무에 대해 생각하게 되는 것이다. 이것은 근본적으로 우리의 언어 습관 때문에 생겨난다. 우리가 무언가를 말할 때, 그 문장은 주부와 술부로 이루어져 있다. 주부를 언급할 때는 다른 목적어들과 분리시키면서 언급한다. "나무"라는 말을 쓸 때 우리는 다른 것 아닌 나무라는 그 어떤 대상에 대해 생각한다. 그 결과 우리는 불가피하게 나무는 그 자체로서 나무라고, 그것은 다름아닌 바로 그 나무일 뿐이라고, 즉 그 안에는 전적으로 그 나무에만 배타적으로 속한 것들뿐이라고 생각하게 된다. 그렇지만 조금만 더 자세히 들여다보면 나무라는 실존에는 이와 동시에 햇빛, 공기, 물, 흙 그리고 모든 생명체의 전 역사까지 들어 있다는 사실까지 포함하고 있음이 분명해진다. 태양과 지구의 실존은 문자적으로는 전체 우주의 실존을 의미한다. 따라서 나무 하나의 실존에는 전 우주의 실존이 담겨 있는 것이다.

여기서 일본 카마쿠라(鎌創) 시대의 선승인 도겐(道元, 1200~1253)의 말을 떠올려 보자: "오래된 매화나무에 꽃이 필 때, 그 꽃핌은 전세계를 일으킨다."[6] 여기서 나무는 자신 안에서 스스로를 물과 이산화탄소로 바꾸고, 햇빛 에너지를 받아 탄수화물을 생산해 냄으로써 스스로를 유지하고 있음을 우리는 볼 수 있다. 그러므로 그것은 다른 것들의 프론트를 자신의 구성요소로 바꿈으로써, 즉 프론트 동화를 통해 스스로를 유지하는 것이다.

② 거의 모든 데서 우리는 살아 있는 존재들의 프론트 수여와 프론트 동화를 발견한다. 가령 심장과 폐 사이의 관계를 보자. 심장은 피를 신체의 각 기관으로 뿜어 보낸다. 우리는 심장에서 흘러나오는 피와 심장의 프론트로서의 맥박을 볼 수 있다. 심장의 상태는 맥박으로 알 수 있다. 따라서 폐를 거쳐 흘러가는 피는 심장의 프론트이며, 동시에 그것은 폐 자체 활동의 일부이기도 하다. 폐는 가스 교환을 통해 작용하므로, 폐에서의 피의 흐름은 폐 자체의 활동에 속한다. 우리 식의 용어로 바꾸면, 심장의 프론트는 폐의 구성요소라 하겠다. 여기 심장과 폐 사이의 관계에서 우리는 양자간 관계의 핵심을 이루는 프론트 수여와 프론트 동화를 볼 수 있다.

우리는 심장이 신체의 각 기관으로 뿜어 보낸 피는 심장의 프론트임을 알 수 있다. 의학적인 정의가 어떻게 내려지든지 간에 살아 있는 심장은 동맥과 분리된 하나의 객체가 아니다.

---

6. 正法眼藏, 〔梅花〕 卷.

몸 속에서 동맥이 없는 심장이란 상상할 수 없으며, 실제로 동맥이 심장 자체에 들어 있다고 할 수 있다. 말초신경이 뇌의 프론트이듯이, 전체 동맥 연결조직은 심장의 프론트로 보아야 한다. 그렇다고 해서 전체 동맥 연결체계가 심장이라 불린다는 의미는 아니다. 우리의 관점은 다음과 같다: 심장의 프론트는 몸의 각 기관으로 스스로를 확장시킨다. 여기서 우리는 심장의 프론트의 확장을 본다. 이 경우 맥박은 심장 근처에서 가장 강하고, 심장에서 멀리 떨어진 동맥일수록 더 약해짐을 볼 수 있다. 그러므로 프론트 확장에서 프론트 표현 능력의 강·약을 볼 수 있다. 우리의 경우에 심장에서 가장 가까운 동맥은 심장을 가장 강하게 표현하는 반면, 모세혈관 체계에서의 프론트 확장이 가장 크다.

나카무라 시시오(中村獅雄, 1898~1953)는 그의 책 『그리스도교의 철학적 이해』에서 안개판과 같은 "성운 구조"(星雲構造, nebula structure)의 개념을 엮어냈다.[7] 이 구조는, 중심으로 갈수록 분명하고 두터워지되 무한히 팽창 — 덜 분명하고 점점 엷어지기는 하지만 — 할 수 있는 성운에 나타난다. 나카무라에 의하면, 죄(sin) 따위가 이러한 구조를 가진다. 그것은 인간의 중심에 위치하고 있으면서 말초신경에까지 영향력을 행사하여 얼굴 표정과 행위 속에 드러난다.

실제로 이러한 개념은 나카무라가 생각했던 것보다 훨씬 더 폭넓게 적용된다. 우리의 개념틀에 따라 그것을 해석하기 위

---

7. 『キリスト教の哲學的 理解』(1938), 『中村獅雄著作集』2(新教出版社: 1968), 80쪽 이하.

해 안개판을 프론트의 확장이라 부르겠다. 프론트는 안개판과도 같이 스스로를 확장시킨다. 더 일반적으로 표현하면, 어떤 존재가 "힘의 장"(field of force)에서 일으킨 왜곡의 전체적인 결과는 존재의 프론트로 조망된다고 할 수 있다.

우리가 지구에서 멀리 떨어진 별을 관찰할 수 있고, 그에 대해 무언가를 알 수 있는 것은 발광된 별빛이 우리에게까지 도달하기 때문이다. 그렇지만 여기서 그것은 별의 프론트(광학 프론트)가 지구상에 있다는 것을 의미한다. 우리가 여기서 무수한 별들을 관찰할 수 있다는 것은 무수한 별들의 프론트가 우리가 관찰하고 있는 지구 위 이 지점에 집중되고 있음을 의미한다. 우리는 지상의 광학 프론트들 안에 있는 별들과 만나서, 그것들에 관한 상당한 정보를 얻는다. 이렇게 생각할 수 있을 것이다: 마치 예수는 이천 년 전에 죽었지만 그 말씀이 우리에게 미치고 계속해서 전해지듯이, 별 하나가 수백만 년 전에 없어졌더라도 그 빛은 여전히 지구상에 빛난다. 바로 여기서 우리는 없어진 별의 수백만 년 전 그대로와 만나는 것이다.

여기서 결정적으로 중요한 것은 이렇다: 우리가 별 하나의 광학 프론트를 포착할 때, 즉 그것을 볼 때, 우리는 별과 분리된 별 주변세계를 포착하는 것이 아니다. 우리가 별의 광학적 프론트를 포착한다는 것은 우리가 별 자체를 보는 것 이상을, 그 프론트에서 그 별 자체와 만나는 것 — 그렇지 않고는 그것과 도무지 만나지 못한다 — 이상을 의미한다. 그렇지만 그것은 별이 그 프론트 안에 있음을 의미한다. 그것 전체가 있는 것이다. 지구상의 모든 지점에서 태양의 모든 부분에서 지구를 향해 방사해 나오는 햇빛을 모두 받는다. 따라서 우리는 여기서 태양의 제한된 부분이 아닌 전체를 보는 것이다. 태양의 모든 부분의 프론트들은 지구상의 모든 지점들에 모이며, 따라서 조그만 물 한 방울에서도 전체 태양을 그 자체로 반사해 내는 것이다. 이와 유사하게 우리 몸 모든 기관들의 프론트들이 우리 몸 모든 지점에 집중되며, 따라서 몸 일부분의 상태로 몸 전체의 상태를 알 수 있는 것이다. 달리 말하면, 우리 몸의 일부분은 몸 전체의 건강 상태를 반영해 주고 있는 것이다. 이것은 한 기관의 프론트가 마치 성운처럼 스스로 팽창함으로써 모든 기관의 프론트들이 몸의 바로 그 부분에 의해 동화되는 어떤 것으로서의 우리 몸 전체에 집중되기 때문에 가능한 것이다. 집중방식이 각 위치에 따라 달라질 뿐. 이렇게 우리 몸의 본성이 그것 — 공(空)의 "본성"에 대한 중대한 인식 — 을 보여주고 있다.

3. 프론트 구조의 주요 예들

프론트 구조를 쉬 이해시켜 주었던 여러 예들에 익숙해졌으니, 그 이상의 주요 예들을 살피기로 하자.

① 우리는 "지각"(perception)을 통해 프론트 구조를 확인한다. 흔히들 "나는 나무를 본다"고 말한다. 그렇지만 그것은 내가 먼저 거기에 있고, 나와 분리된 하나의 "대상"으로서의

나무가 있다가 내가 나무와 접촉하게 되며, 그럼으로써만 지각하게 된다는 뜻은 아니다. 그런 구조라면, 나무라는 실존은 지각과 독자적으로 놓여야만 하기 때문이다 — 이것은 어불성설이다. 그렇지 않겠는가? 만일 데카르트가 그랬듯이, 우리가 이성(reason)과 질료(material)라는 두 실체를 가진다면, 두 실체가 어떻게 서로 관계할 수 있게 되는지 설명하기 곤란하다. 차라리 여기서 나의 지각은 사실상 동화된(appropriated) 나무의 광학적 프론트라고 하는 편이 낫다. 그것은 일단 대상화시켜 관찰하는 방식임이 분명하다. 광학적 자극의 뇌신경으로의 전이는 동시에 신경 자체의 활동이다. 즉, 그것은 신경에 의해 동화된 나무의 프론트인 것이다.

이제 작은 실험을 하나 해보자. 가령 손가락을 책상 위에 놓고 움직인다든지 두드린다든지 하면서 책상을 만진다면, 우리는 손가락 밖에 있는 무언가를 느끼게 된다. 하지만 책상 위에 대고 있는 손가락을 움직이지 않으면, 우리 자신은 손가락이 무언가에 눌리고 있으며 차갑다는 느낌을 가지게 된다. 이때 이것은 하나의 대상에 대한 지각이 아니다. 하지만 그렇더라도 감각 자체는 하나이다. 만지는 감각이 두 감각들의 복합체와 같다거나, 대상의 감각과 자기의 손가락이 느끼는 감각이라는 두 개의 분리된 감각들이란 없다. 그보다는 차라리 하나의 감각을 안과 밖의 양극 방향으로, 즉 감각 자체가 밖으로부터 오면서도 동시에 내부의 조건도 가리킨다는 것을 감각 자체가 가리켜주고 있다는 식으로 나누는 편이 낫다. 그러면 우리가 손가락을 움직일 때의 촉각을 한 대상의 전이된 프론트로 받아들일 때, 우리는 그로부터 외부 세계에 대한 정보를 얻을 수 있게 된다. 촉각은 내 감각에 의해 동화된 대상의 프론트이기 때문이다. 물론 여기서 감각 자체는 촉감의 도움으로 인해 양극으로, 즉 대상과 주체를 모두 향해 방향지어진다는 것에 주목해야 한다.

  그렇지만 이러한 실험을 시각의 범위에서 하기는 어렵다. 보는 감각에서의 시각은 우리 눈의 사정을 거의 인식하지 못하게 하는 "대상적"(objective) 지식에 단단히 묶여 있기 때문이다. 하지만 "잔상"(殘像), 즉 눈을 감은 뒤에 잠깐 동안 남아 있는 시상감각(視像感覺)은 시각도 감각기관의 상태를 제시해 준다는 사실을 보여준다. 시각은 더 이상 거기 있는 "대상"(a there-existing "object")에 대한 지각이 아니기 때문이다. 비록 내용상으로는 그 대상과 동일하다고 할지라도. 여기서 프론트 구조를 직관적으로 경험하기 위해서는 우리 자신이 대상화시키는 사고에서 자유로워져야 한다는 사실을 볼 수 있다. 이것에 대해서는 다음 장(章)에서 탐구하겠다. 여기서는 다만, "직접 경험"[8]을 통해 우리는 보는 감각이 (대상으로서의) 외부세계를 나타내주는 동시에 "주체의" 내적 정신활동이

---

8. 이것은 언어화에 선행하는 근본 체험이다. 선불교에서는 이 문제를 날카롭게 인식해 왔다. 우리의 언어 속에 들어 있는 일의적(一意的) 개념들은 근본 구조로서의 프론트 구조가 직접적으로 드러날 때 확연해진다. 그때 사람들은 개념화, 가령 대극합일〔卽〕을 언어 속에 적절히 담아내는 그런 개념화를 사용하게 되는 것이다. 이것은 무엇보다 주체와 객체의 관계에 적용된다. 그것은 자신을 "직접 체험" 속에서 프론트 구조로 드러내준다. 내지는 "직접 체험"이란 우리로 하여금 프론트 구조를 직관적으로 인식하게 해주는 사건인 것이다.

기도 하다는 사실을 인식하게 된다는 것을 언급하는 것에 그치겠다.

② 알다시피 우리의 몸은 물질로 이루어져 있으며, 그 생명활동의 전체 과정은 물질작용의 과정이다. 그럼에도 불구하고 우리의 "몸"(bodies)을 단순히 물질과 동일시할 수는 없다. 어떻든 그것이 대상적으로 포착할 수 있는 물질과 동일시될 수는 없는 것이다. 그런 소박한 동일시는, 가령 루오(Rouault)가 그린 그림을 그것도 형태와 색깔로 이루어져 있다고 해서 물감칠한 그림 쪼가리와 동일시하는 것과 같을 것이다. 우리의 몸은 그 물질의 단순 총합 이상이라는 근본적인 인식은 현대 인문과학의 근본 원칙이다. 이미 언급했듯이, 몸의 생명활동의 전체 과정은 물질의 과정이다. 이때 그것이 의미하는 것은 우리의 몸이 물질세계의 프론트라는 것이다. 좀더 자세히 말하면, 먹고 마심으로써 생명을 유지한다는 사실로부터 우리 몸은 우리 몸의 구성요소로 변환된 세계의 프론트로 이루어져 있음을 인식할 수 있다. 예를 들어 우리 몸 안에 있는 산소의 물질적 행동은 동시에 생명활동 자체의 일부이기도 하다. 우리 몸의 물질 과정 모두는 생명 유지라는 의미를 가진다. 우리는 세계의 일부이지만, 우리의 몸으로 동화된 물질의 프론트들이 우리 인격적 실존을 형성하는 바로 그러한 방식에서 일부인 것이다.

몸 없이는 자아(ego)도 없다는, 다른 관점에서도 이것을 볼 수 있다. 그럼에도 불구하고 어떤 시각에서는 자아가 몸에 반대되는 위치에 있다. 이것은 "내가 나의 몸을 사용한다" 혹은 "내가 내 손발을 옮긴다" 등과 같은 언어 표현 안에서 나타난다. 이러한 관점에서 볼 때, 몸은 그 몸을 통해 외부세계에서 활동하는 자아의 수단이다. 이런 의미에서 나의 몸은 세계에 속한 나의 프론트이다. 따라서 나의 몸이 존재하는 것은 그것이 나에 대한 세계의 프론트이자 동시에 세계 안에서의 나의 프론트이기 때문인 것이다. 그래서 내 몸의 움직임, 내 얼굴은 나의 표현인 것이다.

그러나 이것이 의미하는 것은, 우리는 우리 몸 안에서, 몸에 의해서, 몸을 통해서 세계와 만난다는 것이다. 아마도 이런 시각에서 "세계 내 존재"(to be-in-the-world)라는 하이데거의 개념을 해석할 수 있으리라. 하지만 우리는 단순히 세계 안에만 있는 것은 아니다. 내 몸은 나를 구성하는 세계의 프론트이지만, 또한 세계 안에 있는, 세계에 속한 나의 프론트이기도 하다. 여기서 우리가 세계 내에서 어떻게든 행동할 수 있고, 세계 내에서 우리 자신을 표현할 수 있는 근거를 발견한다. 따라서 "프론트 동화" 내에 교란이 일어나면, 나와 세계는 피차간에 적대적인 관계에 놓이게 된다. 예를 들어 보자. 나는 길을 걷는다. 그때 나는 지구의 중력을 이용한다. 중력은 나를 땅에 묶어두지만, 나는 그것을 내가 걸을 수 있는 조건으로 바꾼다. 만일 중력이 없다면, 나는 걸을 수 없다. 하지만 세계의 힘을 나 자신의 실존이나 행동으로 바꾸는 이러한 활동은 더 넓은 의미에서 프론트 동화로 간주될 수 있다. 예를 들어 근육수축증에 걸리면 걸을 수 없다는 사실은 우리 몸이라는 바로 그 존재가 프론트 구조 안에 있음을 보여준다.

③ 프론트 구조는 살아 있는 존재와 그 주변세계 / 외부세계의 관계에서뿐 아니라 살아 있는 존재들과 다른 것의 관계에서도 발견된다. 최고의 예가 생태계의 구조, 즉 동물·식물·박테리아간의 관계이다.

나에게는 전에 금붕어가 있었다. 입방체의 어항 표면 한쪽을 깨끗이 닦고, 다른 면에는 수초가 자라도록 했다. 그러자 어항은 동물과 식물, 박테리아가 함께 사는 작은 공간이 되었다. 박테리아는 붕어 배설물을 분해시키고 식물들은 박테리아를 먹고 살았다. 따라서 식물들은 물을 정화시키고 광합성을 하여 물에 산소를 공급했다. 이렇게 되다 보니 한 달에 한 번 물을 갈아주기만 하면 되었다. 이런 식으로 금붕어는 거의 12년이나 살았다. 동물들, 식물들, 박테리아들간의 관계는 본질적으로 유사하다. 여기서 우리는 다시 폭넓은 의미에서의 프론트 구조의 양식을 본다. 이 경우, 다른 생명체들에 의해 "동화된" 한 생명체의 프론트는 그 중심에서 분리되고 그것으로부터 떨어지기는 하지만. 따라서 프론트 동화 혹은 프론트 교환의 이와 같은 형태는 전형적인 것이 아니다. 그럼에도 불구하고 여기에서도 프론트 구조는 상호 생존을 위한 조건을 드러내준다.

④ 그러면 프론트 수여와 프론트 동화의 예를 더 살펴봄으로써 우리의 중심 주제로 나아가 보자. 처음부터 우리는 언어, 특히 연설 언어를 조사해 보겠다. 말, 더 일반적으로 얘기해서 "언어"는 사람의 프론트이다. 어떤 사람이 나에게 연설할 때, 나는 그의 연설에서 그와 만난다. 그가 한 말은 그

의 프론트이다. 그리고 내가 별을 볼 때, 비록 그것이 실제로는 지구상 이곳에서 광학적 프론트를 포착하는 것일 뿐이더라도 나는 다름아닌 별 자체를 보듯이, 그의 프론트에서 나는 그이 자체와 만난다. 만일 내가 연설에서 연설하는 사람 자체와 만난다면, 그 연설하는 사람은 나에 의해 연설로서 포착되고 동화된 프론트 안에, 즉 나 안에 있는 것이다. 연설자의 목소리가 이미 나에 의해 동화되어 나 안에 있듯이, 그것은 또한 나 안에서 연설을 통해 인식된 한 사람의 말이며, "바로 여기에" 그이 자체가 현존하는 것이다. 한 사람의 목소리와 단순한 물리적 음성간에는 어떤 차이가 있는가? 물리적으로 서술하자면 목소리는 공기의 파동들이다. 하지만 목소리는 나에게 말하는 그 사람과 만나게 하는 것이기도 하다. 비록 목소리에는 단순한 음질을 넘어서서 물리적으로 혹은 생리적으로 어떤 특별한 것은 아무것도 담겨 있지 않을지라도. 그럼에도 불구하고 어머니의 목소리를 듣는 아기에게서도 관찰할 수 있듯이, 한 사람의 목소리는 듣는 자 안에서 어떤 반응을 불러일으킨다. 목소리는 반응을 불러일으키는 것이다. 반응은 비록 그것이 이차적인 체험으로 강화되거나 약화되기도 하지만, 무언가 본래적인 것이다. 목소리는 그것이 내게 들릴 때 말하는 자를 현존하게 하며, 나에 의해 동화된 것으로서 내 안에 있다. 따라서 그것은 내 안에서 작용하며 나의 반응을 불러일으킨다. 그렇다면 반응이란 무엇인가? 자극과 반응은 두 개의 서로 다른 것들이 아니다. 자극은 반응의 구성요소이다. 반응은 자극을 반영한다. 이와 관련하여 자극하는 것의 프론트는 반응하는 것 안에서 반응 자체의 한 모멘트가 된다. 내가 연설에 반응할 때, 비록 그 반응이 자연스런 행동으로 일어나는 것일지라도 반응을 일으킬 수 있는 구성 요건으로 그 연설을 변형시킨다. 연설은 내 인격성의 한 인자로서 내 인격성의 바로 그 중심으로 뚫고들어가며, 나 안에서 그 연설하는 사람을 표현해 준다. 여기서 다시 우리는 프론트 구조의 양식을 본다

⑤ 전화는 유용한 도구이다. 오늘날 우리는 그것을 사용한다. 수화기는 이미 전기신호로 바뀌어서 전화를 통해 내게 들려오는 자의 목소리를 기계적으로 재생시킨다(그래서 우리는 프론트 변용에 대해 이야기하는 것이다). 그럼에도 불구하고 나는 전화상으로 말하는 자와 실제로 만난다. 프론트 확장이 없었다면, 그것은 생각도 못했을 터이다. 나는 연설로서 인식된 목소리와 말들 안에서 내게 연설하는 자와 만난다. 그이는 거기에 현존한다. 나에 의해 동화된 사람의 프론트를 통해 이 사람은 내 안에 있으며, 어떤 의미에서는 나와 하나이다. 그렇더라도, 가령 사람의 일부가 실질적으로 내게로 전송되어 오는 그런 방식에서 그런 것이 아님은 물론이다. 그럼에도 불구하고 나는 그것 안에서 그 사람과 만나는 것이다.

이것은 어떻게 사람들 사이에 일치(unity)가 이루어질 수 있는지를 보여준다. 일치는 실질적으로 함께 섞이는 것을 말하는 것이 아니다. 그런데도 나에 의해 동화된 팽창 프론트 안에서 사람과의 만남이 일어나고, 그럼으로써 사람과의 일치가 있게 된다는 것은 중요하다. 여기에 가령 어머니와 아직

태어나지 않은 아이의 관계에서와 같은 실체의 교환은 없다. 그럼에도 불구하고 우리는 이 프론트 구조 안에서 사람들의 일치에 대해 말할 수 있으며, 프론트는 전체적인 사람을 나타내주고 만남이 일어나게 하는 것도 그 안에 있다는 점에서 보면 더욱더 그렇다. 여기서 프론트 구조에는 "두 가지 상이한 형태"가 있다(세번째 유형인 "장의 유형"에 대해서는 3장 2절에서 논의하겠다). 하나는 무언가 실체적인 것을 주고받는 이른바 "실체 유형"(substantial type)이고, 다른 하나는 프론트가 어떤 존재자를 자극하고 그로부터 어떠한 실체적인 프론트 교환이 없는 자극을 나타내주는 반응이나 공명을 불러일으키는 파동에 비유될 수 있을 "파동 유형"(wave type)이다. 예를 들면, 공명을 통해 "듣는" 자는 보내는 자의 파동을 동화하거나 보내는 자의 파동을 자기 자신의 진폭으로 바꾼다. 이것이 프론트 동화의 파동 유형이다. 그렇지만 사람들의 반응이나 "공명"은 단순히 기계적인 것이 아니라 자유롭게 받아들여진 것이다.

이제는 "이해한다는 것"이 무엇을 의미하는지 우리와 연결지어 보자. 내가 말하는 언어는 나 자신의 언어이지만, 다른 한편으로 그 언어는 나만의 것이 아니다. 그것은 모두에게 공통된 어떤 것이다. 나는 다른 사람들에게 공통 언어로 말하면서 그들에게 영향을 끼친다. 그 역도 마찬가지. 따라서 한편으로 언어는 나에게 속한 것이다. 그것은 정신적 자산이다. 그렇지만 다른 한편으로 그것은 다른 이의 프론트이다. 내가 사용하는 말들 중 어떤 것도 나에 의해 만들어진 것은 없다.

그것들의 내용, 용도는 역사적·사회적으로 일일이 규정된다. 내가 말을 알고 사용한다는 사실은 다른 이들이 내 앞에 존재하고 있음을 의미한다. 내가 다른 이의 말을 이해한다는 사실은 그것이 나 자신의 말이 되었거나 내 정신활동의 구성요소가 되었음을 의미한다. 그렇지만 그것은 다른 이의 프론트로 남아 있으므로 나는 또한 그 말 속에서 나에게 말하는 이를 만난다. 다른 이는 이 말로써 나를 융통하며 나에게 영향을 끼친다. 내가 이해한다는 것은 그의 프론트가 내 사고의 구성요소가 되었음을 의미한다. 그러한 이해를 통해 다른 이가 나에게 영향을 줄 수 있고 나의 응답을 불러일으킨다. 일반적으로 이해란 다른 이의 말이 그이의 프론트로 남아 있으면서도 나 자신의 언어로 바뀌었다는 것을 의미한다. 이해는 이 동화의 활동이다. 말하는 것이 없다면 나의 응답도 있을 수 없을 것이다. 마틴 부버(Martin Buber)가 보여주었듯이, 그것은 "나 자신화"(my becoming myself)가 실현되는 응답 안에 있는 것이다. 따라서 우리는 "나와 너" 관계에서도 프론트 구조를 보는 것이다.

인간은 계속되는 말하고 반응하는 과정을 통해서만 인간다워진다는 것은 실험적으로 여러 차례 확인되었다. 실상 인간은 말할 수 있는 능력을 가지고 태어나지만, 그렇더라도 말하는 것을 배우지 않고 훈련하지 않으면 이러한 가능성은 실현될 수 없다. 가솔린 엔진 그 자체로는 출발할 수 없듯이, 인간적인 가능성들도 그 자신만으로는 실현될 수 없다. 그들은 일깨워져야 하는 것이다. 우리에게는 "동인"(starter)이 필요하다. 모차르트가 음악이 없는 땅에서 태어났더라면, 아무런 오페라나 심포니도 작곡하지 못했을 터이다. 이것은 "프론트 확장"으로 사람을 이해할 때도 또한 참되다. 한 사람의 그 실존, 특별히 그이의 말과 행동은 다른 이들에게 영향을 준다. 그들은 "동인"으로 작용한다. 그들은 반응을 불러일으키는 파동의 작인(initiator)으로 행동한다(반응은 그 자체로 작인을 반영해 준다). 이 파동은 다른 이에게 동화되고 그 안에서 그의 구성요소가 되는 그러한 결과를 낳는다. 학습과 교육이 가능한 것은 이와 같은 형세의 토대 위에서이다. 동인이 어떤 이에게 영향을 끼치면, 그이는 자연스럽게 그이 자신의 방식대로, 그이 자신에 맞게 행동하기 시작한다. 이 경우 보내는 이의 파동은 일깨워진 이의 자발적인 활동을 일으킨다. 우리는 여기서 단순한 매커니즘을 다루고 있는 것이 아니라, 인간의 자발성을 다루고 있는 중이다. 그럼에도 불구하고 일깨워진다는 것은 외부의 영향을 반영하며, 우리는 그 속에서 프론트 구조를 인식할 수 있는 것이다.

나는 특히 여러 사상가들에게 깊은 영향을 받았다. 예수의 말씀들은 내 마음을 사로잡았지만, 그것들은 예수의 말씀으로 남아 있다. 소화시키기는 고사하고 곱씹어보기에도 어려운 그의 말씀들은 내게 끊임없이 작용해 왔고, 그가 말씀하신 것들은 내 안에 나타나 나를 일깨운다. 그것들은 전에 잠자고 있던 내 삶의 가능성들을 활성화시키고 촉발시켰다. 내 안에서 일깨워진 것으로 인해 그것들은 예수라는 실재가 전체 인간을 위한 가능성임을 내게 보여주었다. 점차로 나는 예수가 말했던 것을 내 방식대로 표현하기 시작했다. 그러나 그때 그의 말을 단순히 반복했다기보다는 나 자신의 말로 표현했다. 그렇지만 내 말에서는 그의 말을 끊임없이 반영하고 있다. 어떤 경우에서든 그의 말은 나의 가능성을 일깨우고 활성화·언어화시켰으니, 그의 말은 나의 말이 되었던 것이다. 그런 면에서 나는 그의 말을 이해한다고 얘기할 수 있는 것이다.

딜타이·하이데거·불트만은 다음과 같은 해석학, 즉 과거의 살아 있는 표현은 우리 자신의 가능성들을 드러낸다고 하는 해석학을 정초하고 발전시켰다. 그것을 우리 식의 개념들로 얘기해 볼 것 같으면, 과거의 문화적 유산들, 혹은 더 일반적으로 얘기해서 전체 문화 전통들은 우리 현재 문화의 구성요소가 될 수 있는 과거의 프론트이다. 여기에 현세의 프론트 교환뿐 아니라 프론트 수여와 프론트 동화가 있다. 이 프론트 구조는 정적이지 않다. 우리는 전통을 활성화시켜야 한다. 그렇지 않으면 그것은 사라질 것이다. 전통을 활성화시킨다는 것은 그것을 이해하고 현재의 구성요소로 바꾼다는 것을 뜻한다. 이때 과거의 프론트가 다소 변형된다. 고전들을 읽을 때 우리는 역사적 방법의 도움으로 그렇게 한다. 우리가 그것들을 이해하고 우리 현재의 일부분으로 만든다면, 그것들은 바뀔 것이다. 왜냐하면 그것들은 자신들에게 생소한 문화로 엮일, 다시 말해서 다른 맥락에 놓이게 될 터이기 때문이다. 동시대인의 말에 대한 반응에도 똑같은 것이 적용된다. 두 경우 다 이해를 통해, 그리고 해석을 통해 각각의 프론트 구조가 새롭게 현재화하는 것이다. 우리의 시대적·사회적 실존에서는 모두가 다 자신의 프론트를 남에게 주고 남으로부터 받는다. 그것 없는 교육도 상상할 수 없다. 프론트 수여와 프론트 동화 없이 인간이 된다는 것은 인간에게 불가능하다고까지 말할 수 있는 것이다.

4. 한 극으로서의 개별적 존재자

프론트 구조는 삶의 본질에 속한다. 우리의 실존은 고전 원자론(Atomists)의 의미에서의 "원자"와는 같지 않다. 그것은 일체의 다른 존재자들과 분리되고 그 자체에 의존하는, 혹은 그 자체로부터 실존할 수 있는 존재자가 아니다. 그것은 변함없이 단순하게 머무는 실체가 아니다. 그러한 실체는 다른 것이 자기 안으로 뚫고들어오지 못하게 하고, 자기 아닌 모든 것을 배제하며, 자기 정체성(self-identity)을 유지한다. 삶이란 일정한 프론트 수여와 프론트 동화를 통해, 즉 프론트 교환을 통해 유지되는 프론트 구조 안에서 사는 것을 의미한다. 달리 말하면, 모든 "단면"(slice)[9] 속에서, 나의 모든 부분 안에서 나는 다른 것 — 그 프론트가 나를 구성하고 있는 — 과 만난다. 물론 그것은 무언가 조화하지 않고 전적으로 다른 것이 내 안에서 머물고 활동하는 경우를 말하는 것은 아니다. 그러면 나는 미친 사람일 것이다. 오히려 그것은 내게 속한, 나의

---

9. 이 경우의 "단면"이란 나의 "물질성"(materiality), "신체성"(corporeality), "정신성"(spirituality)은 물론 나의 "일본인됨"(being-Japanese), "교수됨"(being-professor) 등을 의미한다.

진정한 구성요소이다. 그럼에도 불구하고 나는 다른 것의 프론트, 즉 다른 것 자체와 만난다. 나에게 배타적인 것, 전적으로 내게만 속한 것은 없다. 순수한 "나"는 없는 것이다.

이제는 프론트 구조 속에서 서로간에 한데 묶여 있는 현존재들의 관계를 좀더 면밀히 살펴보자. 프론트 구조 안에서 서로간에 한데 묶여 있는 것들은 두 개의 극으로서 서로 관계를 맺는다. 물론 양극 사이에서 차이를 끌어낼 수도 있지만, 그것들은 서로 분리되지 않는다. 하나의 극이 극이기 위해서는 상대 극을 필요로 한다. 자석의 예를 살펴보자. 자석에는 서로 구분되는 양극이 있지만 그것들을 분리시킬 수는 없다. 자석을 두 조각으로 자른다 해도 결과는 두 개의 작은 자석이 되고 만다. 북극의 기능만 하는 자석이란 없다. 북극이 북극으로 기능하기 위해서는 남극을 필요로 한다. 지구는 양극을 가지고 있다. 지구의 경선(經線)을 상상해 보자. 지구를 자른 뒤 그 단면을 북극의 시각에서 볼 때, 그 단면은 남극의 프론트가 된다. 반대도 역시 마찬가지. 유사하게 같은 것이 자기장에도 적용될 수 있다. 이런 의미에서 북극에서 보이는 북극권은 남극의 프론트이다. 이것은 극권의 구조를 가리킨다. 그 자체로 극이 될 수 있는 실체는 없다. 북극에서 보이는 북극권이 남극의 프론트를 구성한다고 해서 "프론트"라 불리는 실체나 물질이 있다는 뜻은 아니다. 북극권의 모든 단면은 남극의 프론트이며, 그것은 프론트로서의 남극을 나타낸다.

이러한 상황은 프론트 구조를 예시해 준다. 그러니 여기서 그것을 더 주의깊게 살펴보자. 두 원 a와 b로 인해 네 부분,

즉 "a$\bar{b}$", "ab", "$\bar{a}$b", "$\bar{a}\bar{b}$"로 나뉘어지는 하나의 공간을 상상해 보자(그림 2).

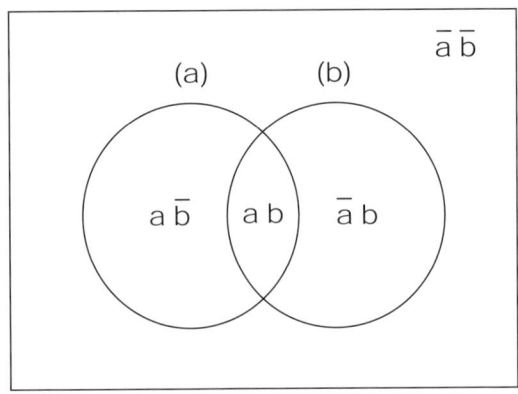

그림 2

여기서 "ab" 부분은 "a"와 "b"라는 두 원에 속한다. a의 일부로서의 "ab" 부분은 b의 일부를 형성한다. 여기서 프론트 구조를 볼 수 있는가? 그렇지 않다. 그것만으로는 아직 프론트 구조라 할 수 없다. 프론트 구조는, "a"의 모든 점은 "b"의 프론트이자 "b"를 표현하고, 비록 프론트의 표현 능력은 다를지라도 "b"의 프론트가 "a"의 모든 점에 들어 있는 ― "b"의 프론트들 자신도 궁극적으로 "a"라는 제한된 부분 안에서만 발견된다는 점에 상응하는 ― 것을 의미한다. 프론트는 실체가 아니다. 그 자체로서 프론트라는 실체는 없다. 프론트는 관계적 개념이다. A의 모든 단면, 모든 표면, 모든 부분, 모든 지점은 비A의 프론트이다. A는 비A의 프론트에서 비A를 만나고, A 안에 있는 비A의 프론트는 비A를 표현하는 것이다.

이미 언급했듯이, 사실상 프론트 구조의 실체적인 유형은 있지만, 그와 같은 실체성은 프론트가 아니라, 오히려 만남을 매개하는 한에 있어서만 프론트라고 불리는 그 무엇이다. 그렇지만 프론트가 중심으로부터 잘려나가는 경우도 있다. 가령 꽃가루는 식물의 프론트이고, 정자는 남자의 프론트이다. 이러한 예들은 더 검토될 필요가 있다.

중심으로부터 분리되었으면서도 중심을 대용하는 프론트는 가령 언어가 어떻게 실재를 대용할 수 있는가를 보고자 할 때 중요하다.[10] 그러나 여기서는 프론트가 그 중심에 묶여 있으면서 중심을 표현해 주는 전형적인 프론트 구조에 제한하겠다. 두 현존재가 프론트 구조 안에서 함께 발견된다고 할 때, 우리는 그들을 구분할 수는 있지만, 서로에게서 분리시킬 수는 없다. 프론트 구조는 극적(polar)이다. 두 사람이 프론트 구조에서 공존하는 한, 그들은 극들이다. 물론 나는 나 자신이지 다른 이가 아니다. 나는 다른 이에게 완전히 의존해서가 아니라 스스로 살아간다. 자기 정체성(self-identity)이 내 존재 — 이것이 없다면 나는 사람일 수 없을 것이다 — 의 불가결한 요소인만큼 그것은 참되다. 그럼에도 불구하고 내가 나

---

10. 여기가 이 문제로 들어가는 지점은 아니다. 다음이 그에 대한 간단한 암시를 보여준다: "개별상"(the individual image)은 그 자체로 하나의 사실에 대해 그 어떤 "살아 있는 관계"를 가지지만, 하나의 사회적 상(a social image)의 경우에는 — 많은 독자들은 분명히 한 "일본인"에 대한 한 사회적 상을 가질 것이다 — 그 사실에 대한 살아 있는 관계를 잃어버리고서 "일본인"에 대한 사고와 행동을 통제해 버릴 수도 있을 것이다. 이런 식으로 "프론트의 중심"과 맺는 관계가 없는 프론트는 실재를 부당하게 치환하는 것이다.

일 때, 내가 나로 살아갈 때, 프론트 수여와 프론트 동화가 일어난다. 사람은 극적이다. 한 사람의 독립성은 다른 이와의 프론트 구조에서 일어나는 것이다.

이러한 사실을 불교에서는 "무애"(無碍, "서로간에 헤살놓지 않음"보다 낫게는 "현존재들 서로간에 걸림 없음")라고 부르며, 우리는 "프론트 구조"라고 부른다. "현존재들 서로간에"라는 말은 순수한 자기 정체성의 부정 혹은 현존재의 절대적 실체성의 부정을 의미한다. 이러한 부정을 일컬어 "서로간에"를 가능하게 해주는 "비어 있음"(emptiness, vacancy) 혹은 "열려 있음"(openness)이라고 한다. 그것이 "공"(空, Śūnyatā)이다. 다음에는 "공"이 의미하는 것을 더 자세히 살펴보자.

5. 존재자와 개체간의 구분

우리의 과제를 분명히하기 위해 개체(an individual)와 존재자(an existing being)를 구분지어 보고자 한다.[11] 하나의 개체란 이런 것 내지는 저런 것(this or that thing)을 말한다. 우리의 경우 그것은 무엇보다 개별적 생체(生體)이다. 아리스토텔레스에게 개체는 다른 것들과 분리되고, "이것"이라는 말로 가리킬 수 있는 것으로서, 문장의 주어는 되어도 술어는 될 수 없는 근본적인 실체였다. "인디비두움"(individuum)이라

---

11. 이와 관련하여 나는 青木茂, 『個體論の崩壊と形成』(東京: 創文社, 1983)에 신세를 졌다.

는 말은 치체로(Cicero)가 사용한 그리스어 "아토몬"(atomon)의 라틴역이다. 그것은 "부분을 가지지 않는 것"을 의미한다. "토 아토몬"(to atomon), "인디비두움"이 만일 부분들로 쪼개진다면, 그것은 질적으로 다른 것이 되어버리고 말 것이다. 중세 때 "인디비두움"은 또한 "페르 쎄 에쎄"(per se esse), 즉 "자체를 통해서 존재하는 것"을 존재론적 명세서로 하던 무언가 실체적인 것이었다. 그것은 하느님을 뜻하는 "압 쎄 에쎄"(ab se esse), 즉 "자체로부터 존재하는 것"이 아니었다. 현대의 사상은 이 전통에 서 있으며, 주지하다시피, 하이데거가 비록 존재(Sein)와 존재자들(das Seiende)을 서로 구분했을지라도, 유럽 전통에서 "인디비두움"은 언제나 존재자를 의미했다. 한편 신약성경에서의 인간은 비존재자가 아닌 것으로 종종 언급되었음을 이쯤해서 떠올려보자: "죽은 자를 살리시고 비존재자들을 존재하게 하시는 하느님"(로마 4,17b) 혹은 "하느님은 비존재자들을 택하셨습니다"(1고린 1,28a).[12]

불교에서는 형상을 가진 것을 "색"(色, rupa)이라 한다. 불교에는 엄밀히 말해서 "인디비두움"(부분들을 가지지 않는 것)과 동일한 의미를 가지는 말은 없다. 불교에 의하면, 개체는 일시적이고 사실상 일의적(一意的)으로 존재자를 의미하지 않는다. 우리는 프론트 구조의 개념으로 이것을 설명하고자 한다. 우리의 논제는 이렇다: 생명은 프론트 구조를 가진다. 다른 말로 하면, 생명체 혹은 이른바 "인디비두움"은 홀로는

---

12. 바울로는 두 경우 모두 문자적으로 '비존재들'(ta me onta)이라 말하고 있다.

존재할 수 없는 하나의 극이다. 그렇지만 모든 측면에 경계를 가지고, 지속적으로 머물며, 다른 존재들과 구분되는 자기 정체성을 가지는 어떤 것을 이해할 때, 우리는 존재자의 개념을 쓴다. 그렇다면 개별적 생명체 그 자체로는 "존재자"라 할 수 없다. 물고기를 물 밖으로 꺼내면 금방 죽는다. 생선가게에서 산 물고기는 분명히 상품으로서는 하나의 "인디비두움"이지만, 더 이상 진정한 의미의 물고기는 아니다(실제로 사람들은 그 부분들을 팔기도 한다). 나무가 흙에서 뽑히면 시든다. 마찬가지로 인간도 더 이상 프론트 동화가 없는 곳에서는 살아갈 수 없다. 홀로는 살 수 없는 것이다. 타자와의 관계에서 떨어져 나가게 될 때, 혼자만 존재할 수밖에 없을 때, 그는 못산다. 이런 의미에서 개체 그 자체로는 존재자가 아니다. 그 자체로는 오히려 비존재자인 것이다.

존재자를 사방에 경계를 가지고, 무언가 자기 정체성을 지니고서 한 특별한 형태를 띤, 닫힌 직사각형(그림 3a)을 써서 나타내 볼 수 있다면, 생명체는 한 면이 프론트 동화에 대해 개방된 직사각형과 같은(그림 3b) 하나의 개체로 그려볼 수 있을 것이다. 우리는 "열려 있음"을 "공"의 표현으로서 이해할 수 있는 것이다.

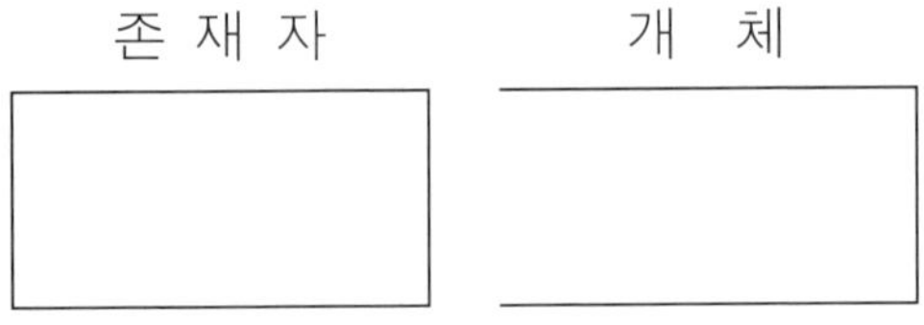

존 재 자	개 체

그림 3a   그림 3b

생명체 혼자서는 개체로 존재할 수 없으므로, 그것은 존재자가 아니다. 존재자가 되기 위해서는 그 자체에 충당할 수 있는 다른 누군가의 프론트가 필요하다. 개체는 자신의 열린 면을 다른 개체의 일부에 바짝 갖다대어야 한다는 것이 도해에서 분명히 드러난다. 그 "열려 있음"이 닫혀야만 하는 것이다.

벽의 프론트가 방의 구성요소를 이루고 있는, 즉 우리가 프론트 동화라 부르는 그림 1에서와 마찬가지로, 그림 4에서도 개체는 다른 개체의 프론트를 동화한다. 그렇게 되면 그것은 폐쇄된 하나의 물체로 보이게 된다. 그림 5에서, 개체 E_1과 E_2 가운데 E_2가 E_1의 프론트를 동화하면서 폐쇄된 하나의 존재자 직사각형이 된다. 그렇지만 E_1은 아직 존재자가 되지 못했다. 그 결과 비존재자에 의존하고 있는 E_2도 사실상 지속적으로 존재하는 존재자는 될 수 없다. 그 한면 위에 있는 E_1이 존재자가 될 수 있도록 하기 위해서는 그 열려 있는 쪽이 다른 개체의 면으로 닫혀야 한다. 즉, E_1이 다른 개체의 프론트를 그 자신의 구성요소로 동화해야 하는 것이다. 개체야말로 한데 묶여져야 한다는 뜻이다(그림 5). 그러나 묶여지더라도 선형으로 묶여진다면 왼쪽 개체의 왼쪽 면은 언제나 열려 있게 된다(E_1의 왼쪽 면).

| E_1 | E_2 | E_3 | .... | E_i | → | E_1 | E_2 | E_3 | .... | E_i |

그림 4　　　　　　　　　　그림 5

[1] 프론트 구조와 불교적 사고

그렇다고 한다면, 다른 개체들, 사실상 전체 개체들은 존재자들(닫힌 직사각형)이 될 수 없다. 어떻게 모두 존재자가 될 수 있으며, 또한 전체가 그럴 수 있겠는가? 만일 그것들이 선형으로 묶이지 않고 원형으로 묶일 때, 따라서 E_1의 열린 면이 마지막 개체의 면에 의해 닫힐 그때야말로(그림 6) 그것들 모두가 존재자들이 될 수 있을 것임에 분명하다.

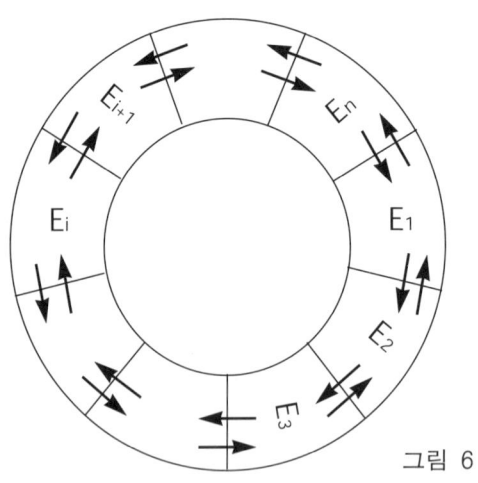

그림 6

E_n의 오른쪽 프론트가 E_1의 구성요소로 바뀐다는 사실에 의해, 그리고 프론트 수여와 프론트 동화를 통해 모든 것은 존재자들이 되고, 마찬가지로 지금 닫혀 있는 전체도 그렇게 된다. 이 도해에 나타난 개체들간의 관계는 아주 단순한 형태이다. 이 원은 각 개체가 왼쪽으로 자기 프론트를 주고 오른쪽에서 한 프론트를 받는다는 사실을 통해서뿐 아니라, 프론

트 수여와 프론트 동화는 역방향에서도 발생한다는 사실에 의해서도 일어난다.

그런데 프론트 구조는 개체들 사이에서, 그리고 원과 그 주변의 것들 사이에서 일어난다. 따라서 이 도해를 하나의 원이 아닌, 더 큰 규모로 확대시켜야 하지만, 간단하게 하기 위해 원에만 제한하겠다. 그에 의하면, 개체들 자체가 원형으로 한데 묶이고 상호 프론트 교환에 참여할 때, 전체가 존재자가 된다. 그 결과 한 개체의 프론트 수여가 어떻게 동시에 자기 자신의 실존이 될 수 있는지를 볼 수 있게 된다. 달리 말하면, 인과관계(causality)는 선형이 아니라 원형이라는 것이다. 이것은 근본적으로 모든 살아 있는 존재에 적용된다.

심장 박동은 다른 모든 기관들을 작동하게 한다. 그러면 다른 기관들은 심장이 계속해서 박동할 수 있도록 하는 데 필요한 상황을 제공해 준다. 위의 원에서, 모든 개체는 다른 개체들이 동화할 수 있도록 자신의 프론트를 내어주는 그러한 실존 가능성을 창조해 내는 것이다. 따라서 이러한 원은, 홀로는 비존재자들이지만 프론트 교환을 통해 존재자들로 태어날 수 있는 개체들의 상호 공존의 상황을 설명해 준다.

6. 공(空)과 연기(緣起)

우리는 이 원에서 많은 것을 배울 수 있었다. 하지만 여기서는 "공"의 차원으로 우리의 의견을 제한하겠다. 불교에서는 실재를 "연기"(緣起)의 관점에서 파악한다.[13] 나가르주나(Nāgārjuna, 龍樹)는 "연기"를 "상호 의존과 상호 관련"으로 이해했고, 천태종(天台宗)에서는 "일즉다"(一卽多)로, 화엄종(華嚴宗)에서는 "서로가 무한히 복합적인 존재자들과 결과들"로 이해했다. 이들 각각이 의미하는 바에 대해서는 나중에 보도록 하겠다. 여기서는 나가르주나의 유명한 "사구부정"(四句否定)이 어떻게 이 원에 의해 조명될 수 있는지 먼저 살펴보자. "사구부정"은 부정을 통해 "연기" 전체를 언급하는 다음과 같은 네 개의 부정문으로 이루어져 있다.

① "연기적 세계" 전체는 "존재"가 아니다.
② 그것은 "비존재"가 아니다.
③ 그것은 "존재이자 비존재"가 아니다.
④ 그것은 "비존재이자 비비존재"가 아니다.

오늘날의 논리학자들은 종종 이 "사구부정"이 어불성설이라 주장한다.[14] 그렇지만 그것은 단순한 어불성설이 아니다. 나가르

---

13. "연기"(프라티탸 삼우트파다)는 "공"에 병행하는 불교의 또 다른 중심 개념이다. 그 자체로 자기 존재의 충분한 근거를 가진 것은 없음을 부정적으로 뜻하는 것이 공이라면, 연기는 한 사건이 다른 사건들에 의존함을 긍정적으로 나타낸다. 한 개념은 다른 개념의 진술 속에 함축되어 있다. 그와 반대로 자기 자신에 의존하는 실체(substance)는 연기뿐만 아니라 공도 배제한다. 그래서 불교적 사고는 실체를 인정하지 않는다. 불교의 여러 학파에서 이 "연기"에 대한 이해를 발전시켜 왔다.

14. 예를 들어 山下正男, "空の論理學", 『理想』 601號(1984年 3月), pp.60f를 볼 것. 야마시타(山下)에 따르면, 나가르주나의 사구부정은 p'q = pq' = pq = p'q' = F = T라는, 논리적 불가능성을 의미한다고 한다.

주나는 존재와 비존재로 구성되어 있는 논리적 공간을 묘사하고 있는 것으로 우리는 해석할 수 있다. 대상물들 "a"와 "b"는 하나의 논리적 공간을 네 영역, 즉 "ab" "ab̄" "āb" "āb̄"으로 나눈다(그림 7A). 마찬가지 방식으로, 논리적으로 가능한지 존재론적으로 가능한지 묻지 않고도 우리는 "존재"와 "비존재"의 개념을 자세히 설명해 주는 그런 논리적 공간을 상상할 수 있다. 그러면 우리는 나가르주나의 "연기"론이 언급하고 있는 네 영역, 즉 "sn"(존재), "s̄n"(비존재), "sn"(존재이자 비존재), "s̄ñ"(비존재이자 비비존재)을 가지게 된다(그림 7B). 그러나 이 네 영역이 전체 논리적 공간을 채운다는 점에서, "s"와 "n"으로 정의된 모든 부분은 그 공간 안에서 발견되어야 한다. 그러므로 "s"와 "n"으로 정의된 어떤 것이 자기 자신을 이 공간 안에서 발견하지 못한다는 것은 불가능하다. 그렇지만 나가르주나에 따르면, 그 안에 존재자들과 비존재자들의 "연기"가 자리할 공간은 없다. 그래서 논리학자는 나가르주나의 사구부정에 반대하는 것이다. 그렇더라도 우리는 우리의 원을 써서 그것을 검사해 보도록 하겠다.

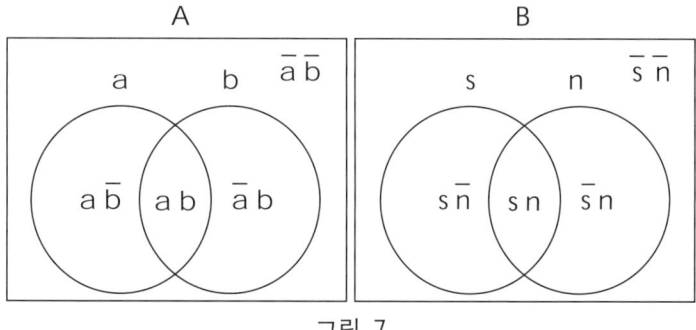

그림 7

1 프론트 구조와 불교적 사고   159

① 우리의 원은 개체들로 이루어져 있으며, 그것은 비존재자들로부터 온다. 이런 점에서 전체적으로 보건대 그것은 존재하는 것으로 조망될 수 없다: 그 원은 "존재"가 아니다.

② 그렇지만, 그럼에도 불구하고 비존재자로서의 개체는 그것이 다른 개체들의 프론트를 그 자신의 구성요소로 변화시킨다는 점에서 존재자가 되며, 또 프론트 구조에서 개체는 존재자이고 — 이와 관련하여 모든 개체들이 존재자가 되는 까닭에 전체가 존재자들에 의해 대치된 하나의 존재자로 조망될 수 있는 것이다: 원은 "비존재"가 아니다.

③ 만일 이 원에서 어떤 특별한 개체를 하나의 개체로, 즉 하나의 비존재자로 주장한다면, 마찬가지로 우리는 원의 구성요소 모두가 비존재자들이라고 주장해야 할 것이다. 이 경우 원은 한 면이 개방된 직사각형들로 구성될 것이다. 그렇다면 이 집합체에서 스스로 존재하는 존재들(닫힌 직사각형들)이란 없을 것이다. 따라서 원은 일부는 비존재자들로, 일부는 존재자들로 구성되어 있는 것이 아니다. 이 경우 그것은 "존재이자 비존재"가 아니다.

④ 우리는 원을 닫힌 직사각형들로 이루어져 있는 하나의 집합체로 볼 수 있다. 그렇다면 원 안에 "비존재자들"은 없다. 이런 의미에서 원은 비존재자들 일부, 존재자들(비비존재자들) 일부로 이루어져 있는 것이 아니다. 그렇다면 이런 의미에서 그것 역시 "비존재이자 비비존재"가 아니다.

따라서 우리는 나가르주나의 사구부정이 어떻게 우리의 원에 의해 타당해지는가를 볼 수 있다. 물론 그 자체로 비존재자로서의 개체가 동시에 프론트 동화를 통해 존재자로 실존할 수 있다는 양가성(兩價性)에 비밀이 있다 하겠다.

그러면 「반야심경」(Prajñāpāramitā-hṛdaya Sūtra)의 유명한 논제인 "색즉시공 공즉시색"[色卽是空 空卽是色, Yad rupam sa sunyata, ya sunyata tad rupam; 형체 있는 존재자[色]는 무엇이나 비어 있음-열려 있음[空]이고, 비어 있음-열려 있음은 무엇이나 형체 있는 존재자이다]을 이 원을 써서 설명할 수 있겠는가?[15] 다음과 같이 보도록 하자. 색(色)은 특정한 형상을 가진 것을 말하고, 공(空)은 이미 언급한 대로, 존재자(色)로 하여금 다른 것 자체 속으로 꿰뚫고 들어가도록 해주는 것이라는 점에서, 비어 있음(nullity, emptiness) 혹은 비실체성(non-substantiality)이며, 따라서 우리 실재의 근본 성격 내지는 근본 본성으로서의 열려 있음(openness)이다.

그러면 공을 우리의 방식대로 해석하여, 그것은 프론트 구조 일반의 실재와 가능성을 의미하는 것이라 말할 수 있다. 그렇게 되면 "색즉시공 공즉시색"이라는 논제를 한 자 한 자 따져 설명하기는 힘들어지지만, 그렇더라도 그 논제를 분명히 해보도록 하겠다. 우리의 "원"은 각각 한 쪽이 열린 직사각형들의 집합체이다. 직사각형으로서의 개체가 한 쪽 면이 열린 하나의 직사각형으로 그려진다는 것은, 그것은 자체로 실존하는 존재자가 아닌 비존재자임을 의미한다. 그렇지만 개체들은 상호간에 프론트 수여와 프론트 동화에 참여하고 있기 때문

---

15. 이 본문은 中村元, 『般若心經』(東京: 岩波文庫, 1958), p.174에 따른 것이다.

에, 즉 프론트 구조 안에서 하나의 원을 형성하고 있기 때문에, 그것들은 존재자들로 실존할 수 있으며, 따라서 마찬가지로 전체가 실존하는 것으로 그려질 수 있게 된다. 하지만 프론트 수여와 프론트 동화는 개체들이 다른 것의 프론트를 자신의 구성요소로 바꿈으로써 개체의 각 부분, 각 단면은 동시에 다른 개체의 프론트가 된다는 것을 의미한다(아래를 볼 것). 그것에 배타적으로 속한 것은 아무것도 없다. 따라서 어떤 개체도 실체가 아닌 것이다. 이것은 전체로서의 원에 관해서도 마찬가지이다.

그러므로 우리의 원을 통해 다음을 볼 수 있다. 즉, 존재자들이 있다는 것은 그것들이 "비고 열려 있는"(empty-open) 것임을 의미한다는 것이다. 그렇다고 해서 "비고 열려 있음"이 존재자들과 나란한 하나의 객체로 실존한다는 뜻은 아니다. 그것은 오히려 (프론트 구조 안에 있는) 개체는 어떤 특별한 형상으로 존재함을 의미한다. 그러므로 공(空)은 다름아닌 색(色)이며, 색은 다름아닌 공이라고 말할 수 있다. 우리가 별도의 한 존재자를 특별한 형상 안에 놓을 때, 그럼으로써 우리는 마찬가지로 (프론트 교환 안에 있는 그 존재의 조건으로서의) "비고 열려 있음"을 놓는 것이고, "비고 열려 있음"을 놓을 때, 한 특별한 형상 안에 한 별도의 존재자를 놓는 것이다. 이것이 없다면, "비고 열려 있음"은 단순한 무(nothing)가 될 것이다.

중국 불교에서는 나가르주나의 개념화, 말하자면 실체성으로서의 공의 개념화를 더 발전시켰다. 이미 언급한 대로 천태종[16]에서는 그 논제를 "일즉다"(一卽多)로 표현했다. 그것은

"연기"를 이해하기 위한 중심 표현이었다. 즉, "하나는 여럿으로 존재한다", 혹은 "실재 전체는 이런 관점에서는 하나로 이해될 수 있지만, 저런 관점에서는 여럿으로 이해될 수도 있다"는 것이다. 실재 전체의 구조는 여러 지체로 이루어져 있으면서 동시에 "한" 몸(1고린 12장)인 우리의 몸과 같다고 할 수 있다. 우리의 원에서 우리는 쉽게 그것을 볼 수 있다. 전체로서의 원은 "하나의" 대상이지만, 그것은 여러 개체들로 구성되어 있고, 따라서 전체와 개체들은 서로간에 의존한다. 천태철학의 더 복잡한 체계는 그냥 남겨두기로 하자.

화엄종[17]에서는 더욱 상세히 존재자들의 상호관계에 대해 논의했다. 거기서 "연기"에 대한 이해는 무엇보다 다음 논제로 나타난다: "존재자들과 그 결과들은 서로가 무한히 복합적이다"〔重重無盡〕. "연기"라는 말은 서로 끝없이 반사해 내는 무수히 많은 거울들에 비유될 수 있다. 이것은 우리 원에서도 볼 수 있다. 그 안에서 왼쪽에서 오른쪽으로의 프론트 수여와 프론트 동화를 한 예로 들면, 원 안에서는 왼쪽에서 오른쪽으로 "주고받음"이 끝없이 일어난다. 오른쪽에서 왼쪽으로의 이

---

16. 중국과 일본 내 대승불교 종파의 하나. 천태종의 확립자 지의(智顗)는 『법화경』(法華經, Saddharma-puṇḍarīka Sūtra)에 기초해 자기 교의를 발전시켰다. 이 경전의 요지가 남인도 북쪽에서 서력기원 초엽경에 씌어진 이래 대승불교의 이상을 견지해 왔다. 이 천태종이 805년 사이초(最澄)에 의해 일본에 전해지자 다른 불교 종파들이 그 안에 포섭되었다.

17. 『화엄경』(華嚴經, Avataṁsaka Sūtra)의 사상을 체계화한 중국 내 대승불교 종파. 중국에서는 5세기에 처음으로 이 경전이 완역되었다. 산스크리트어 원본은 1세기에 생긴 것으로 추정되지만, 단편적으로만 남아 있다. 이 종파의 개조는 두순(杜順)과 법장(法藏, 둘 다 7세기)이다. 이 종파도 일본으로 전해졌으나 독립된 종파로 발전되지는 못했다.

동에 대해서도 똑같은 것을 말할 수 있다. E_1에 있는 개체로부터 한 단면을 예로 들어보자. 그러면 모든 개체들의 프론트, 즉 오른쪽이나 왼쪽에 있는 개체의 프론트만이 아닌, 모든 개체들의 프론트들이 모인다. 프론트 동화를 통하면 가령 E_1의 프론트는 변화되고, E_2와 뒤따르는 E_3 및 E_{3n}을 통하면 E_1에 이르기까지 정말 끝없이 확장되기 때문이다. 물론 우리의 원이 그 모델이다. 그렇지만 가령 우리 몸의 원형 인과관계에서도 같은 관계를 본다. 따라서 화엄종의 "연기" 이해는 우리의 모델로 표현될 수 있다고 할 수 있다. 여기서 각 개체 안에서 모든 개체들의 프론트들이 현존하는 한, 서로 안에 있는 끝없는 존재 안에서 전체가 각 개체 안에 있는 작은 형태로 재생산된다는 사실을 관찰하는 것은 재미있다(무수한 별의 프론트들이 지구상 한 지점에서 서로 모이는 것, 혹은 한 몸의 여러 기관의 프론트들이 몸의 한 점에서 모이는 것을 떠올릴 필요가 있다). 하나는 전체에 상응한다. 비슷한 방식으로 라이프니츠의 단자(monad)도 전체를 반영한다. 하지만 거기에는 "창문"(window)이 없다.[18] 그래서 거기서는 전체를 그 자체로만 나타내는 반면, 우리의 모델에서는 모든 개체들이 서로 안에서 한 실재에 개방되어 있다. 나아가 화엄종에서 "연기"는 사건(event)으로, 사태(happening)로 인식되고, 그 사태는 "불성"(life of Buddha)에 의해 생겨난다는 사실에 주의를 기울여야 한다. 따라서 실재에 대한 화엄의 총체적 해석

---

18. Wilhelm Leibniz, *Monadologie*, section 7. 모나드(Monads)는 실체이므로 거기에는 들락날락할 수 있는 창문이 없다.

은 그리스도의 몸으로서의 교회라는 바울로의 해석에 유비된다. 그리스도 교회는 그리스도의 생명에 의해 생겨난 세계 내의 한 사태인 것이다(여기서 화엄종 전반의 복잡한 세계관은 제쳐두겠다).

선(禪)이란 무엇인가? 좌선(坐禪)의 중심인 "명상"(Jhana)은 불교 이전의 것이다. 초기 불교, 아마도 이미 고타마 붇다 자신은 그것을 수행했고, 중심 실행으로 삼았다. 그런데도 선불교는 중국에서 먼저 생겨났다. 그 연원은 확실하지 않지만, 역사적으로 보건대 중국에서 선불교의 제6조인 혜능(慧能, 638~713)을 거쳐서 독립된 불교로 자리잡았고, 당나라(618~906) 때에 전성기에 이르렀음에는 틀림없다. 중국 선은 두 가지로 흘러내려 왔다. 그 한 흐름은 남악 회양(南嶽懷讓, 677~744, 혜능의 제자)과 그 제자 마조 도일(馬祖 道一, 709~788)로 시작해서 임제(臨濟, ?~866)에까지 이르렀다. 임제의 선은 일본의 에이사이(榮西, 1141~1215)에 의해 "임제선"으로 일본에 전해졌다. 이 흐름에서 하쿠인(白隱,1685~1768)을 거쳐서 오늘에 이르기까지 의의있는 많은 선사들이 탄생했다. 다른 흐름은 청원 행사(靑原 行思, ?~740, 혜능의 다른 제자)와 그의 제자 석두 희천(石頭 希遷, 700~790)으로 시작해서 역시 큰 공동체로 발전했던 일본 조동종(曹洞宗)의 정초자인 도겐(道元, 1200~1253)에 이르렀다.[19]

---

19. 일본 선불교의 두 흐름을 간략하게 특징짓는다면, 임제선의 경우에는 "눈뜸"(awakening)의 체험이 중요하다. 대상화하는 사고로부터 제자를

선은 천태종 철학〔"一卽多"〕도 화엄종 철학〔"重重無盡"〕도 거부한다. 사실상 선에서 중심적인 위치를 차지하는 것은 후자이지만, 그렇더라도 선불교를 선불교이게 하는 것은 어떤 새로운 이론이 아닌 깨침, 다시 말해서 "불성", 즉 프론트 구조 안에 전체를 담고 있는 삶에 대한 "눈뜸"이다. 선의 특징은 우리의 언어로 하자면 프론트 구조, 그리고 이른바 자기 자신 안에 있는 "불성"에 대한 눈뜸의 "즉각성"(immediacy)에 있다. 여기가 눈뜸, 즉 자기 눈뜸(self-awakening)을 대상화하는 지식의 전환점이다. 그러므로 선은 주체와 대상의 상호성(in-one-another) 및 원형의 프론트 교환을 스스로 이해하고, 전체 역동적인 원이 담고 있는 것, 즉 인간의 불성에 대해 눈뜨는 것, 그리고 지적으로가 아니라 자신의 전체 몸이 지닌 생명의 실상으로서 프론트 구조를 파악하는 그러한 방식을 이해하는 것을 의미한다.

더 나아가기 전에 여러 학자들이 우리의 원에도 적용되는지 어떤지 밝혀놓은 바 있는 대승불교의 주요 특징 혹은 내역을 여러 가지로 살펴보도록 하자. 그것들이 참되다면 우리의 원은 불교적인 주제를 나타낸다고 할 수 있을 것이다.

무엇보다 스즈키 다이세쯔는 「금강경」(金剛經)을 써서 초기 대승불교의 사고 양태를 다음과 같이 정식화했다: "A는 A가

자유롭게 하고 눈뜨도록 하기 위해 스승은 가령 "손뼉을 치면 소리가 난다. 너는 어떻게 한 손으로 소리를 내겠느냐?"와 같은 역설적인 물음들〔公案〕을 그에게 던진다. 이에 대해 제자는 눈뜸 속에서 그가 인식한 "무상"(無相, 불교의 궁극적 실재)의 행위를 말과 행동을 써서 보여줌으로써 답변해야 한다. 조동선은 불성의 표현으로서 "좌선"(坐禪)에 집중한다. 좌선하는 자는 실천(praxis)을 통해 불성에 눈뜨게 된다.

아니다. 그러므로 그것은 A라고 불린다."²⁰ 우리 원에서 개체를, 가령 E_1을 임의로 취해 이 문장을 분명히 해보자. 위에서 본 대로 이 개체에서는 E_n과 E_2의 프론트들뿐 아니라 모든 개체의 프론트들이 끝없이 한데 모인다. 그럴 때 E_1은 무엇이라고 불러야 하는가? 그것은 단순히 E_1이 아니다. 다른 모든 개체들의 프론트들이 그 안에 나타나고 있기 때문이며, 그러한 방식으로 이들 프론트 안에서 우리는 다른 개체들과 만나기 때문이다. 따라서 A는 순수하게 스스로 동일한 A, 즉 A이되 다름아닌 바로 그 A인 어떤 것이 아니다. 그럼에도 불구하고 마치 다른 모든 기관들의 프론트들이 심장에서 발견되듯이, 다른 모든 개체들의 프론트들이 발견되는 개체 자체로서 A는 A이다. 단연코 심장은 그 자체로 심장인 것이다. 그러므로 스즈키의 정식은 우리의 원에도 적용됨이 분명하다.

야마노우치 토쿠류(山內得立)에 따르면,²¹ 대승불교적 사고의 특징은 부정을 통한 표현양식, 무엇보다 "A도 아니고 비A도 아니다"라는 구절에 있다. 우리는 나가르주나에게서 "존재도 아니고 비존재도 아니다"라는 전형적인 예를 보았다. 야마노우치에 따르면, 동일률은 칸트의 종합적 판단으로, 모순율은 헤겔의 변증법으로 폐기되었다. 그렇지만 유럽 철학 전통에서는 배중률이 폐기되지 않았다. 그럼에도 불구하고 "A도 아니고 비A도 아니다"라는 이 구절은, 예를 들어 니콜라스 쿠사누스(Nicholas Cusanus) 같은 신비가들에게도 종종

---

20. "禪と日本文化", 『鈴木大拙選集』 第九卷 (東京: 春秋社, 1955), p.31.
21. 『ロゴスとレンマ』 (東京: 岩波書店, 1975).

1 프론트 구조와 불교적 사고   167

발견된다고 할 수 있다.[22] 또한 바울로에 따르면, 그리스도인은 단순한 인간도 아니고, 여전히 그리스도인이라는 의미에서는 그리스도도 아니다. 그 안에 사는 것은 그리스도이지 더 이상 그가 아니기 때문이다(갈라 2,20f). 어떻든 그것은 우리 원의 개체가 존재자도 비존재자도 아니라는 것을 보여준다. 나중에 대승불교에서의 초월과 개체를 논의할 때가 되면, 개체는 단순히 "이 세상"만도 아니고 "저 세상"만도 아니라는 것을 좀더 깊이 보게 될 것이다. 비A를 분명한 A의 필수적 요소로 일어나게 하는 존재자의 "상호성"에서 우리는 "A도 아니고 비A도 아니다"라고 단언할 수 있게 되는 것이다.

타마키 코시로(1915生)가 보여준 바에 의하면, 그것은 깨침을 불교의 본질로 여겼던 대승불교에서야 처음으로 생긴 것이 아니라, 이미 고타마 붇다에 의해서 그렇게 주장되었다.[23] 진리는 이성과 마음뿐 아니라 유형의 전체 인격을 비추며 "다르마", "진리"에 의해 비쳐진다. 그 안에서 순수한 자기 정체성을 지닌 인간됨(being-a-person)이란 부정되고, 다른 존재자들과 관계를 맺고 있는 인간됨이 드러나게 된다. 그러면 전체 인간됨은 초월에 의해 틀지어진다는 사실도 분명해진다.

우리는 이러한 진술을 설명하느라 시간을 보낼 여가가 거의 없다. 그렇더라도 우리에게 있어서 깨침 혹은 눈뜸은 단순히

---

22. 쿠사누스에 따르면, 무한자(하느님)는 generans도 아니고 genita도 아니다. Nicholas Cusanus, *De Docta Ignorantia* 1, 26 (*De theologia negativa*).
23. 『佛敎の根底に有る物』(東京: 講談社, 1982), pp.14ff.

이성 혹은 이성의 자기 해명(self-clarification)이 아닌, 유형의 전체 인격, 이른바 몸이 자체를 이해하는 것, 즉 인간은 초월에 의해 전 신체적인 실재로 태어난 것임(필립 1,21)을 아는 것과 관계가 있음을 확인하는 것이 중요하다.[24] 우리 실존의 프론트 구조, 살아 있는 존재, 인격으로서의 우리 실존의 프론트 구조는 물질적 존재로서의 우리의 차원에서 발견된다는 것이 이제 확정되었다. 선이 무엇보다 근본적으로 목적하는 바는 우리 전체 인간 존재에 대한 눈뜸인 것이다.

이렇게 우리는 프론트 구조의 개념이 어떻게 "연기"에 상응하는가를 보았다.

이제는 "프론트 구조의 파괴"에 대해서 간략하게 살펴보자. 물론 여기에는 많은 가능성들이 있다. 그러나 우리는 그 전형적인 형태들만 조사하겠다.

예를 들어 어떤 개체가 자신의 프론트를 다른 것이 동화할 수 있도록 주거나 양도하지 않고, 다른 프론트를 받아들이려고만 한다 치자. 그러면 무슨 일이 벌어질까? 물론 이 개체는 홀로 존재할 수 없다. 그 결과 다음의 구조가 성립된다(그림 8): I_1은 I_2와 I_3를 이용함으로써 산다. I_1이 그렇게 이용하기 위해서는 여러 개체들을 필요로 한다. 비록 I_2와 I_3 사이에 프론트 구조가 존재하고 있을지라도 그것들은 이 인간 존재들을 지배하는 다른 개체들을 이용한다.

---

24. 바울로는 그에게 사는 것은 그리스도라고 말한다. 그리스도는 그의 생명 안에 그의 생명으로 현존하고 있다. 바울로는 자신의 온 삶이 그리스도에 의해 태어나게 되었다고 이해한다.

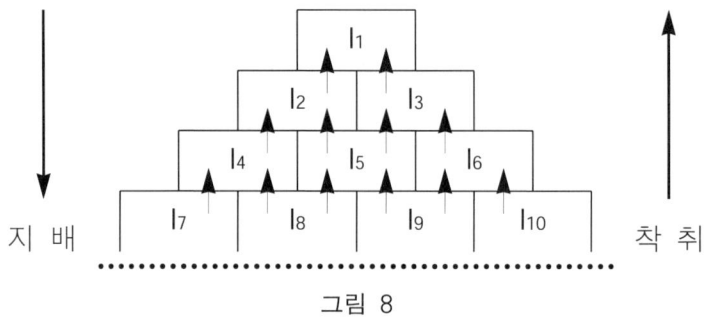

그림 8

　이것은 분명히 착취와 일방 지배의 구조이다. 이 구조는 개체들 사이뿐 아니라 계급, 신분 그리고 인간들과 자연들 사이에서도 일어날 수 있다. 근본적으로 받고자만 할 뿐 주지는 않으려는 "단순자아"(mere Ego)가 이러한 방식으로 지배하려 든다. 사실상 이러한 구조는 예를 들어 로마 제국의 자유인들과 노예들간에, 중세 때의 영주들과 농노들간에, 칼 마르크스에 따라 볼 때 자본가들과 노동자들간에, 성별간에, 오늘날의 산업화된 인간들과 자연간에 존재했다. 이러한 구조에서 낮은 개체들은 일방적으로 착취당하고 있었으므로 필요한 만큼 더 일했다. 더욱이 여러 피라미드들이 서로 인접해 존재한다면, 서로를 지배하려 할 것이고, 그들간에는 투쟁이 일어날 수밖에 없을 것이다. 이 투쟁은 언제나 전쟁을 일으키고, 그 결과 고통과 불행을 가져온다. 고통과 불행의 근거가 이러한 구조에만 있는 것은 아니다. 하지만 역사는 이런 구조가 어떤 악을 초래했는가를 다각도로 보여준다. 이런 구조는 서로 계속되는 프론트 교환 안에 존재하는 인간의 근본 정향과는 반대로 간다. 하지만 이러한 구조는 결국 부숴지게 마련이다. 밑에 있는 피지배자들은 전적으로 비워져서 위에 있는 자들을 더 이상 용납할 수 없게 될 것이기 때문이다.

파괴에는 최소한 두 가지 중요한 형태가 있다.

① 개체들이 서로 분리되어 원이 와해된다. 그것들은 고립된다. 하지만 고립된 존재들로 살아갈 수는 없으므로, 그들 나름의 관심사에 따라 하나의 사회를 형성한다. 이 관심사는 다시 피라미드 구조로 이끈다. 그렇지 않으면 고립된 채 남을 것이다.

② 개체들이 지배하려 하기보다는 부한 자들이나 강한 자들에게 의존하려 든다. 이것은 주기보다는 받으려는 개체들의 다른 형태이다. 지배하고 착취하는 대신 아첨한다. 이것은 한 피라미드의 지배자들이 더 강한 피라미드를 만날 때도 발생한다. 고립과 의존은 정상적인 프론트 교환의 원을 파괴한다. 그 면에서 프론트 구조의 파괴는 삶의 이런 근본구조가 삶에 불가결하다는 것을 확인시켜 준다. 사실상 프론트 교환은 생생한 자연의 활동에서 일어난다. 동·식물은 그것을 스스로 지켜나간다. 그런데 인간은 삶의 근본 정향에 대해 눈떠야 한다. 이런 맥락에서 우리 원에 있는 각자가 자신의 개체성을 가져야만 한다고 지적하는 것은 중요하다. 그들은 자신을 남과 구분시켜 주는 저마다의 가능성과 특징을 가져야 한다. 그것이 바로 원의 그 토대 위에 있는 것이다. 동일한 것들 사이에서는 프론트 교환이 일어나지 않는다. 심장과 폐가 서로 달리 기능하기 때문에 그들 사이에 프론트 교환이 일어날 수 있는 것이다. 따라서 우리 원에서 볼 때, 개체들이 자신의 가능

성을 완전하게 발전시키려면 자신의 개체성을 가져야 한다. 그렇게 해서 이 개체성은 특별히 프론트 교환을 가능하게 하고, 파괴되지 않도록 하며, 혹은 프론트 교환을 수행할 수 있는 원 안에 자리잡게 된다. 임의로 선택된 장소에서 그것을 수행할 수 있게 하기 위해서가 아니다. 그것은 음악 작품에 자리잡고 있는 음표와도 같아서, 만일 잘못된 위치에 자리잡으면 악보 전체를 망치게 된다. 우리의 원은 자유와 개체성을 억압하는 전체주의적 체계가 아니다. 그렇다고 해서 함께 사는 데 주의를 기울이지 않는 "막돼먹은"(anything goes) 사회도 물론 아니다. 우리 원에서 사랑과 자유는 손을 맞잡고 가는 것이다.

② 자아와 분별지

우리에게 프론트 구조는 보통 숨겨져 있다. 그것이 일어나는 것은 우리의 일상언어가 프론트 구조의 동일 면만을 표현해 주고 반대되는 다른 면은 제쳐두기 때문이다. 우리는 불교의 "즉"(卽)에 친숙해졌다. "즉"은 "~이기도 하고 아니기도 하다"(is/is not)를 의미한다. "즉"은 프론트 구조에서 생겨난다. 우리의 일상언어에서는 "A는 A이다" 그리고 "A는 비A가 아니다"인 반면, A에 의한 비A의 프론트의 동화는 "A 즉 비A"(A는 A이기도 하고 아니기도 하다)를 타당하게 한다. 우리의 원(그림 6) 안에서는 다른 개체들의 프론트들이 현존하고, 한 개체가 다른 개체들을 만나기 때문에, 그 개체는 자기 동일적인(self identical) 대상이 아니라는 것을 계속 보아왔다. 우리 원의 모든 요소는 존재자만도 아니고 비존재자만도 아니며, 그것이 개체인 한 존재자로 간주되어서도 안되는 동시에, 그럼에도 불구하고 그것이 하나의 닫힌 형상으로 현존할 수 있는 한 그것은 존재자이기도 하다는 것도 계속 보아왔다. 따라서 우리는 프론트 구조를 표현하는 주장은 그 형태에 있어서 전통 논리학의 세 원리와 반대된다고 할 수 있다. 하지만 여기서 반복하건대 모순율을 전적으로 배제하는 것은 아니다. 어떤 관점에서 A는 A이지만, 다른 관점에서는 동시에 비A이기도 하다는 것을 볼 수 있기 때문이다. 여기서는 이 두 관점이 서로에 대한 "즉"의 관계를 나타내고 있다는 것을 알아야 한다. 실제에 있어서 이들 둘은 서로 구분되지만, 자석의 양극이나 종이의 양면처럼 분리되지는 않는다.

전통 논리학의 세 원리는 우리 일상언어의 본질을 드러낸다는 점에서 그것들은 우리와 관련하여 볼 때 중요하다. 그것들은 다음과 같다: 동일률(A는 A이다), 모순율(A는 비A가 아니다), 배중률(A도 아니고 비A도 아닌 것은 없다). 우리는 이 원리들을 일의성(一意性, unequivocalness)의 보증으로 취할 수 있다. 일의적이려면 A는 절대적으로 A이어야 한다. 그러나 A이자 동시에 비A일 수도 있다. 그러면 A의 일의성은 사라진다. 따라서 A가 동시에 비A일 수는 없다. 그런데 A가 정말로 A이자 비A라고 해도, A도 아니고 비A도 아닌 제3의 것("中", middle)도 있을 수 있다. 그러면 A가 이 제3의 것일 수 있다는 말이고, 따라서 A의 일의성은 다시 사라진다. 그러므로 A가 일의적으로 A이려면, 이 제3의 것(中)은 없어야 할 것이다. 그리고 만일 A가 일의적으로 A이려면, 세 원리에서 요구하는 것들이 모두 충족되어야 한다. 결국 이 원리들은 개념들과 명제들이 명백하고 분명해지기 위해 어떻게 형성되는지를 보여준다. 하지만 그것들은 자동적으로 그리고 존재론적으로 계획된 것이 아니다. 그것들이 존재론적인 타당성을 성취했다면, 엘레아 학파(Eleatics)가 맞는 셈이 될 터이다. 거기에는 움직임도 변화도 없으므로. 하지만 의식적으로든 무의식적으로든 우리는 이 원리들이 존재론적으로 실재라고 해석할 정도로, 우리는 자신의 견해에서 프론트 구조를 잃어버린다.

여기서 어떤 면에서는 어떤 실재가 전통 논리학이 요구하는 식의 언어로 적절히 서술될 수 있을 법한 것인지 물을 수도 있다. 우리는 대답한다: 예를 들어 만일 실재가 단일하고 불변하며 순수히 자기 동일적인 실체로서의 고전적인 원자들로 이루어져 있다면, 그것은 분명히 일의적인 언어로 적절히 표현될 수 있을 것이다. 아니면 이렇게도 말할 수 있으리라: 만일 복합적인 실재가 단일하고 불변하며 자기 동일적이고 실체적인 원소들이나 대상들로 환원될 수 있도록 그렇게 틀지어져 있다면, 개념들과 원리들도 형태에 있어서 일의적이게 될 것이다. 하지만 삶은 프론트 구조를 가지기 때문에, 우리가 어떤 특정한 관점에서 일의성을 지키고자 애쓸지라도, 그 삶에 대해서 말하는 언어인 한, 일의성이 요구하는 바들과 절교할 수밖에 없다.

여기서 다음을 좀더 살펴보자. 전통 논리학의 세 원리는 사물들을 분류시킬 수 있는 조건들을 제공해 준다. A는 A이고 비A가 아니라면, 더 나아가 A도 아니고 비A도 아닌 제3의 것이란 없다면, 하나의 사물은 A에 속하든지 아니면 비A에 속한다. 이렇게 사물들은 일의적으로 분류될 수 있다. 반면 프론트 구조에서는 A에 의해 동화된 비A의 프론트는 분명히 A와 비A에게 모두 속한다. 그래서 우리는 오로지 의식적 혹

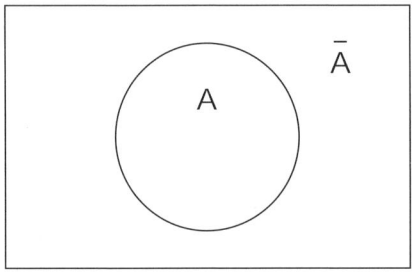

그림 9

은 무의식적 전제를 지닌 일의적인 언어를 사용할 수밖에 없는 지식을 일컬어 모든 면에서 우리의 실재를 서술하는 적절한 수단, 즉 "분별지"[1](分別知, differentiating intellect)라고 부르는 것이다.

일의적 언어로 된 분별지가 우리의 삶에 불가결하다는 것은 의심의 여지가 없다. 정보를 얻으려면 일의적인 언어를 써야 한다. 정보는 일의적이어야지, 그렇지 못하다면 정보로 기능하지 못하게 되리라는 것은 이해할 만하다. 윤리와 법률 같은 모든 협정과 합의는 일의적이어야, 가능한 한 일의적이어야 한다. 법률언어는 모순되지 말아야 한다. 그렇지 않으면 법률체계 자체가 무너질 것이다. 이것은 무엇을 말하는가? 일의적인 언어는 정보와 합의에 언제나 필요하므로 우리의 사회생활에 불가결한 것임을 의미한다. 일반적인 우리의 행위에도 마찬가지로 적용된다. 주어진 상황에서 어떻게 행동해야 하는지 선험적으로 알고 있는 것은 아니다. 어떤 상황에서 무엇을 해야 할지는 후험적으로 학습된 것이다. 우리는 본능적으로 살

---

1. 이 개념은 깨친 이해(awakened understanding, prajñā)에 대조되는, 불교적 식(識, vijñāna)에 상응한다.

고 있지 않기 때문이다. 인간에게 본능은 거의 전체적으로 파괴되어 왔다. 그러므로 무엇을 해야 하는지 원칙들에 따라 일의적으로 상술될 필요가 있다. 인간은 자신에게 부과된 특수한 역할을 지니고서 사회생활에서 한 위치를 점유하고 있다. 여기서 주어진 역할은 가능한 한 일의적이어야 한다. 사회에서 인간이 한 특별한 사람을 향해 어떻게 행동해야 하는지도 마찬가지로 일의적으로 상술되어야 한다. 그래야만 사회가 질서정연하게 돌아갈 수 있다. 다른 말로 하면, 함께 사는 삶 안에서 정체성(identity)은 사람의 본질에 속한다. 사람의 이름이 이미 이에 대한 표지이다. 무엇을 하는 사람인지, 무엇을 가지고 있는지, 무엇을 해야 하는지 모두가 일의적으로 분명해야 한다. 그렇지 않으면 우리는 주어진 상황에서 어떤 특별한 일에 대해 어떻게 행동해야 할지 알지 못한다. 이 일의성이 파괴되면 사회질서나 공동체적 삶 — 한 인간에게 속한 것은 그이에게 속한 것이지 다른 이에게는 속한 것이 아니라는 — 이 위협받게 될 것이다. 한 남자의 자기의 아내에 대한 태도는 다른 여자들이나 기타 사람들에 대한 태도와는 달라야 하는 것이다.

더욱이 언어의 일의성은 요청되는 것이기도 하다. 말하면서 함께 일하며 살아가는 사람들에게 불가결한 것이기 때문이다. 여기서 내가 의도하는 일이란 기술(technology)을 포함하는 것이다. 기술은 지식, 특별히 인과적인 지식을 적용한다. 그것은 인과성을 목적론으로 변화시킨다. 기술은 "p"라는 조건이 존재할 때는 언제나 "q"라는 결과가 발생하는 그런 지식을 이용한다. 이런 지식 역시 일의적이고 불가역적이어야 한다. 그렇지 않고서는 쓸모없는 것이 될 것이다. 여기서 우리는 전통 논리학의 네번째 원리가 충분한 이성적 원리이고 인과적 사고의 토대임을 떠올려야 한다. 게다가 전통 논리학의 네 원리는 모두 말하면서 일하며 함께 살아가는 사람들 속에 있는 우리 언어와 사고의 일의성의 궤적을 나타내준다. 따라서 그것은 함께 사는 삶의 공리이다. 이것은 인과성과 순수한 객관적인 사상이 우리 사고의 구조물이자 일하는 사람들이 함께 사는 현실로 투사된 것이라는 사실과 관계되어 있다. 인간은 또한 실체성(substantiality)을 실재(reality)로 투사하며, 굉장히 복잡한 실재성으로부터 그것을 따로 떼어낸다. 일의적인 언어에서는 실체성이 요청되기 때문이다. 그리고 나서는 주저하지 않고 "개체"가 "존재자"를 의미하는 것으로 받아들인다. 우리는 무의식적으로 일의적 언어에 정향되어 있고, A는 비A에서 독립된, 전적으로 A 자체일 뿐이라고 말하며 생각하는 경향이 있기 때문이다. 말할 것도 없이 그것은 일의적인 언어의 오용이다.

유인원들이 더불어 질서있게 살기 위해 말하고 노동수단을 만들어 내기 시작하면서 "호모 사피엔스"로 발전하게 되었음을 우리는 안다. 이로써 일의적인 언어가 인간 존재 안에 뿌리내리게 되었다. 그러나 일의적인 언어와 그 결과 생긴 분별지가 지배하는 차원에서는 삶의 근본구조로서의 프론트 구조는 안중에 없다. 거기서 본래적인 삶은 분별지의 행위로 대치된다. 그에 따라, 예를 들어 삶의 근본구조를 근거지어 주는 생에 대한 의지로서의 사랑은 관습·도덕·법률로 대치된다. 그 정도까지 일의적인 언어를 가진 분별지가 인간의 궁극적인 주체가 된다. 예를 들면, 예수 시대 유대교의 어떤 흐름에서는 인간 전체를 율법으로 통제하곤 했다. 그리하여 율법이 하느님의 뜻을 대치하게 되었다. 예수는 바로 여기서 인간의 비진정성(inauthenticity)의 토대를 인식했던 것이다.

지성은 "자아"(自我, Ego)의 자산이다. 자아란 무엇인가? 인간이 해야 할 바를 행하고 있음을 스스로 의식하는 한에 있어서 자아는 인간의 주체이다. 내가 지금 이 책을 쓰고 있다는 것을 나는 의식한다. 그러므로 자아로서의 내가 행동하고 있는 것이다. 꿈을 꿀 때는 그러한 사실을 인식하지 못한 채 꿈의 세계에서 헤맨다. 따라서 나는 꿈을 만들어 내는 자가 아니다. 꿈은 나의 자아로부터가 아니라 무의식으로부터 나온다. 그와 반대로 나는 내가 행동한다는 사실, 혹은 무언가를 인식하고 말하며 생각하고 결정할 때를 내가 조정하고 있다는 사실을 의식한다. 그것은 무엇을 의미하는가? 자아는 외부세계와 내부세계 사이에 위치한다. 본능적인 삶에서는 반응이 선험적으로 자극과 관련되어 있다. 그러나 인간의 경우에는 그렇지 않다. 인간에게 있어서 반응은 원칙적으로 자극으로부터 분리되어 있다. 자아는 상황을 이해하고 반응하며 결정하기 위해 행동한다. 인간에게 본능은 자아로 대치된다. 자아가 무언가를 의식한다는 것은, 상황에 반응하고 반응의 결과를 검토하며 그 행동을 통제하는 한에 있어서 피드백(feedback)이 자아의 본질에 속한다는 것을 의미한다. 따라서 지성과 그 사고는 자아에 속하며, 그것들은 자아의 자산이다. 그러나 이런 질문을 던질 수 있다: 자아가 분별지와 모든 면에서 일의적인 언어를 써서 자체를 인식할 때, 자아는 스스로를 어떻게 이해할까? 자체를 자기 동일적으로, 말하자면 다름아닌 자아 그것으로 이해한다는 것은 분명하다. "나는 나"라는 것은 자아의 근본적인 진술이다. 자아는 언제나 스스로가 다른 개체들과 분리되는 실체로서의 자기 자신에 근거해 있는 것으로 이해하려는 경향이 있다. 일의성, 실체성, 자기 동일성을 그것이 만나는 개체들로 해석해 버린다. 그래서 분별지로 돌아가는 "세계"를 일으키게 되는 것이다. 일의적인 언어와 자아는 서로를 조건짓는다. 우리는 이런 식으로 일어나는 자아를 "단순자아"(mere Ego) — 그 자아는 다른 것으로부터 분리되고 아무런 고려도 하지 않기 때문에 그것은 자체에 근거해 있으며, 프론트 구조 안에서 인간에게 일어나는 것 — 라고 부를 것이다. 그것은 고립되어 있다. 그것은 자체와만 관련되어 있을 뿐 아니라 자체를 위해서만 관심을 기울인다.

단순자아는 이기주의(egoism)라는 뜻에서의 자아이다. 우리는 여기서 이기주의의 현상학을 개관할 수 있다. 하지만 가장 본질적인 문제에만 제한하겠다. 단순자아는 자의식적이고 자체에 근거해 있다. 개체는 프론트 구조 안에서만 존재자가 될 수 있기 때문에 그 실존을 위한 참된 근거란 없다. 단순자아는 이에 대해 아무것도 알고 싶어하지 않는다. 자아는 걱정에서 자유롭지 못하다. 그것은 실제적인 것으로 만들려는 이상적인 그림을 혼자서 그린다. 그런데 존재는 세 가지 요소들, 즉 실존(existentia), 본질(essentia), 가능성(potentia)으로 나뉠 수 있다. 그러므로 단순자아는 이들 안에서 자신을 지탱하고 증장시키려 한다. 그것은 소유물과 재산을 통해 자기의 실존을 보호하려 든다. 명예를 통해 본질을 보호하려 들고, 권세를 통해 가능성을 보호하려 든다. 따라서 그것은 재산과 명예와 권세를 추구한다. 게다가 자아는 감정의 주체이므로, 단순자아는 인생을 즐기려 한다. 그 즐거움은 무엇보다 자아도취로 기운다. 자아는 자의식적이기 때문에 스스로를 관찰하려 들며, 마치 나르시스(Narcissus)처럼 자기 만족 속에서 자신을 즐기려 든다. 그것은 자체와 다른 것들에는 무지하면서 자기 자랑을 일삼는 단순자아의 바로 그러한 본성에 속한다. 스스로를 보호하고 실재를 팔아넘기며 그것을 즐기려 들 뿐 아니라, 정복자가 되려 한다. 강자들뿐 아니라 약자들도 정복자가 되기를 원한다.[2] 여기서 환상이 생겨나고 확립된다. 자신을 근거해서만 세워진 자아는 세계가 분별지에 의해 생겨났듯이 그 자체로 환상이다. 그럼에도 불구하고 단순한 자아는 스스로를 정당화해야 한다. 그것은 자기 묘사와 자기 실현을 위한 자기 정당화를 필요로 한다. 그렇게 그것은 환상적인 풍조에 빠져버린다. 그는 자기 존재를 정당화시키는 식으로 모든 것을 해석한다. 이런 식으로 그것은 실재를 왜곡한다. 왜곡하기를 바라는 것이다. 그러면서도 자기 자신에게는 이 왜곡을 감춘다. 그것에 관한 어떤 것도 알려 들지 않는 것

---

2. 그래서 강한 자들뿐 아니라 약한 자들도 "프론트 구조"를 파괴하는 구조를 세우는 것이다.

이다. 여기서 권력에의 의지는 사실상 일반적으로 세계관을 이끌어 내고 진리라고는 도무지 담고 있지 않은, 실재에 대한 그러한 해석을 통해 스스로를 정당화하고 뒷받침하고 강화한다는 니체의 통찰은 전적으로 옳았다. 이것은 자기 묘사와 이기주의에 의한 존재 해석에도 적용된다. 그렇다면 인간은 어떻게 이기주의로부터 자유로워질 수 있겠는가?

3

초월과 인간

1. 생(生)의 서원(誓願)

이기주의에서 "자아"의 직접적인 자기 긍정과 분별지는 한데 묶여 있다. 자아 자체는 분별지와 함께하면서 자신을 "단순자아"로 이해하는 반면, 단순자아는 스스로를 긍정하기 위해 자신이 분별지를 통해 다스리는 세계를 규격화한다. 하지만 단순자아의 자기 긍정도 구세주에 대한 신앙 속에서는 풀어지고 사라진다. 신앙이 분별지를 극복하도록 이끌어주는 것이다. 단순자아의 극복은 깨침(눈뜸) 속에서 일어나며, 이 깨침으로 단순자아의 자기 긍정이 풀어진다. 그 결과 두 경우 모두에게 있어서 이기주의와 분별지의 결합은 깨진다.

  그리스도교와 정토종(淨土宗)[1]에서 신앙의 결과는 모두 단순자아의 자기 긍정이 그 자아를 통해서, 그리고 그 자아 스스로 포기되는 것이되, 자기 수여를 실행하는 자가 자기 자신

---

1. 독립된 종파로서의 정토불교는 호넨(法然, 1133~1212)의 정토종(淨土宗)과 그의 제자인 신란(親鸞, 1173~1262)의 정토진종(淨土眞宗)이 설립되면서 일본에서 생겨났다. 1세기 중반경에 북서 인도에서 그 주요부가 성립된 『무량수경』(無量壽經, Sukhāvati Sūtra)에 의하면, 법장(法藏, Dharmagarbha)은 정토, 즉 스스로의 힘으로 깨닫지 못한 인간이라 해

에게 귀속되지 않음으로써 수여의 외부에 머물게 되는 그런 방식으로가 아니라, 수여하는 이가 자아는 궁극적 주체가 아니고 전체 인간 존재는 초월에 의해 긍정되고 탄생된다는 사실에 눈뜨게 되는 그런 방식으로 포기되는 것이다. 그것이 정토종에서의 타력(他力, 다른 이, 즉 아미타의 강력한 행위)의 의미이다. "이제 사는 것은 내가 아니라 그리스도가 내 안에서 삽니다"(갈라 2,20)는 이것의 또 다른 표현이다. 이와 함께 자기 실존의 일의성이 부각된다. 즉, 내가 존재한다는 것은 내가 죽고 그리스도(정토불교의 경우는 아미타)가 내 안에 사는 것을 의미한다.[2] 이제 전적인 일의적인 언어로 무장한 자아와 분별지의 독점적인 지배는 끝난다.

도 그를 믿고 그의 이름을 부르면 누구나 사후에 들어가게 되고 깨달음도 얻게 되리라는 그곳을 건설하기 전에는 결코 불성을 실현하지 않겠다는 서원을 발했다. 끝없이 오랜 명상과 실천 이후에 그의 서원이 실현되었고, 그는 아미타불이라 불리는 여래(如來, Tathāgata)가 되었다. 그럼으로써 인간 존재는 그가 어떠한 죄인이든지간에 아미타불에 대한 신앙을 통해서만 구제될 수 있게 되었다. 이것이 인도에서 중국을 거쳐 일본으로 전해지면서 신앙의 순수한 교의로 발전했으며, 다양한 대승 종파의 불자들이 아미타불과 그의 정토를 떠올리거나 그의 이름을 부르는 실천수행을 하고 있는 것이다. 일본에서는 가장 많은 신봉자들이 이 정토불교에 속해 있다.

2. "자아"(Ego)와 "참자아"(Self)를 구분해야 한다는 것이 여기서 분명해진다. "내 안에 계신 그리스도"(Christ in me)가 의미하는 것이 이 "참자아"이다. "내 안에 계신 그리스도"가 인간의 진정한 최종적 주체이자, 신과 인간의 단일체이다(아래를 볼 것). "단순"자아와 신자의 자아 사이의 차이는, 신자의 자아 안에서는 "내 안에 계신 그리스도"가 일어나는데 반해 단순자아 안에서는 이러한 의식이 일어나지 않는다는 것이다. 우리가 여기서 인용한 구절들과 관련해서 볼 때, 이러한 구분은 융(C. G. Jung)이 자아(Ego)와 자기(Self) 사이를 구분지은 것에 상응한다: C. G. Jung, *Die Beziehung zwischen dem Ich und dem Unbewußten*,

깨침은 자신이 존재자들의 원(圓) 안에, 그리고 프론트 구조 안에 있음을 이해하고 파악하는 것을 의미한다. 그러면 그이는 자신이 끊임없이 만나는 "객체", 즉 "너"를 상대 극으로 하는 하나의 극으로 자신을 이해하게 된다. 인격이 자신을 하나의 극으로 이해한다는 것은 상대 극 — 이 극의 프론트는 그이 안에서 발견된다 — 이 없이는 자신도 존재할 수 없음을 인정하는 것을 의미한다. 그것은 마치 자신을 고전적인 의미에서의 개체(인디비두움)인 것으로 착각하는 단순자아의 직접적인 자기 주장을 해체시킨다. 이와 함께 단순자아의 독점적인 지배는 끝나게 되는 것이다.

단순자아가 해체되고 분별지의 독점적 지배가 극복되면 참자아(Self)가 초월에 의해 탄생된다는 자각을 가지게 된다. 그러나 이것은 세번째로 — 이상하게 들릴지도 모르지만 — 자아와 그 자신의 몸(body) 및 그 육체성과의 조화를 의미한다. 그 몸이 단순자아에 대해, 심지어는 분별지를 따라 "멋대로 사는" 자아에 맞게 항상 우호적인 태도로 정향되어 있는 것은 아니다. 종종 그것은 저항하기도 한다. 자아가 의지를 통해 몸을 이용해서 그것을 지배하려고 시도할 때 그것은 저항한다. 추상적인 의지를 지닌 자아가 스스로를 지배하려 드

Gesammelte Werke (Freiburg: Walter Verlag, 1972), vol.7, p.243. 마찬가지로 유식사상(唯識思想, Vijñapti-mātratā)에서도 의식(意識, mano-vijñāna)과 알라야식(ālaya-vijñāna)을 이와 비슷하게 구분짓는다. 비록 유식사상에서 더 미묘하게 구분하기는 하지만 여기서는 이러한 구분만을 언급하겠다. 하지만 논의를 진전시키기 위해 여기서는 그러한 차이들을 직접 다루지는 않겠다.

는 만큼 자아는 자신의 몸을 단순한 육(flesh)으로 격하시키게 되며, 그러면 몸은 그만큼 더 큰 저항을 하게 된다. 따라서 신앙 안에서, 그리고 깨침 안에서 일어나는 단순자아의 극복은 몸과의 조화로 이끈다. 그때 인간은 자신을 추상적인 정신(이성, 의지)으로서보다는 생명(Life)으로 이해하게 된다.

사실상 "생명"은 신약성서와 정토종 모두에서 근본적인 말이다. 바울로에게 몸은 성령이 거하시는 장소이다(1고린 3,16). 불교에서의 인간 구원 혹은 인간 존엄성은 예를 들어 헬레니즘적 종교들과는 달리 결코 영(사고를 이루는 본질)이 몸으로부터 분리(해방)되는 것으로 이해하지 않는다. 불교의 자아를 그 자체로 불멸하면서 사고하는 실체로 보는 관점은 일종의 망상이다. 그렇지만 자아가 몸과 조화를 이룬다고 한다면, 자아는 자신을 어떻게 이해하는 것일까? 생명은 존재자들의 원(圓)을 형성하기 위한 "의지를 지닌" 것으로서 자신을 자체 안에 드러낸다. 그것도 개체가 — 그의 가능성들, 즉 개체성으로 발전될 수 있도록 하기 위해 — 원 안에서 한 극으로 작용할 때, 그의 부분원도 모든 개체를 자체 안에 통합시키는 그런 방식으로 드러내는 것이다.

우리는 이것을 "생의 서원"(vow of Life)이라는 근본 정향에 기초한 "생의 의지"(will of Life)라 부르고자 한다. "서원"(誓願, vow)은 물론 정토종에서 근본되는 용어이다. 거기에 따르면 아미타불은 자기의 이름을 부르며 고백하는 모든 신봉자가 죽은 후에 "정토"(淨土, Pure Land)에 왕생하여 깨침을 얻게 해달라는 서원을 발했다. 정토종에서 아미타의 서원은 인간이 이러한 실현을 믿을 때 틀림없이 자체를 현실화할 강력한 그 무엇이다. "서원"의 개념은 히브리 성경에서 "하느님의 의지에 근거해 그 자체를 실현하는 것"으로서의 "에메트"(Emeth)[3]의 개념이 의미하는 바와 밀접히 연결되어 있다. 그래서 우리는 "서원"의 개념을 "의지"의 개념보다 선호하는 것이다. 더욱이 정토종에 호의적인 여러 선불교도들도 가령 꽃이 피는 것과 같은 생명의 활동 속에서 작용하고 있는 아미타의 서원을 본다.[4] 생의 서원은 생명에 대한 관심이지 단순 이성에 대한 관심이 아닌 것이다.

자아는 생의 서원이 스스로를 드러내고 계시하는 장소이다. 생의 서원이 자아 안에 스스로를 드러낼 때, 생의 서원은 그와 관련된 특정한 인간의 서원이 된다. 생의 서원은 생명으로부터 멀리 떨어지고 소외되어 있는 단순자아에게는 숨겨져 있다. 단순자아는 자기 자신 안에 고정되어 있기 때문이다. 하

---

3. 히브리 성경에서의 에메트(Emeth) 개념에 대해서는 Gottfried Quell, "Aletheia", *Theological Dictionary of the New Testament*, Gerhard Kittel, ed. (Grand Rapids, MI: Eerdmans, 1964), vol.1, pp.232ff; J. Petersen, *Israel* (Oxford: Oxford University Press, 1954, Reprint), vols.1-11, pp.336ff. "그 자체를 실현하는 것"이라는 개념은 그리스어의 "존재의"(of being) 개념과는 정반대로 성경과 정토불교를 이해하는 데 매우 중요하다. 그 개념은 인간 안에서 일하면서 스스로를 표현하는 하느님의 뜻을 인간으로 하여금 인식하게 해주는 역사 속에서 하느님의 뜻이 자신을 실현한다는 것을 함축한다(필립 2,13 참조). 인간 속에 있는 하느님의 뜻이 "참자아"(Self, 앞의 각주를 참조할 것)를 구성하고 있으며, 그것이 자아 안에서, 자아를 넘어서 스스로를 현현하는 것이다.

4. 鈴木大拙, 『鈴木大拙選集』 (東京: 春秋社, 1955), 第10卷, pp.146 이하. 여기서 스즈키(鈴木)는 우리에게 마르 4,26-29를 떠올려주면서 사과나무 한 그루가 어떤 식으로 자라고 열매 맺는가에 대해 논하고 있다.

지만 생명이 자기 자신을 깨치는 것은 그 본질에 속한 것이다. 참자아에 대한 의식도 이로부터 일어난다. 그때 일어나는 것은 사실상 참자아에 대한 이해와 깨침이다. 인간의 삶은 자기 의식적이고 자기 이해적인 삶이며, 따라서 생명이 삶 안에서 자기의 본질을 빛으로 이끌어주는 삶이다. 생명과 빛은 한데 속해 있다. 그리스도뿐 아니라 아미타불은 둘 다 영원한 생명이자 빛이며, 개개 인간의 생명이 지닌 자기 깨침의 근저이다. 생명이 진정한 생명인 것은 오로지 빛과 함께할 때이다. 생명이 없는 빛은 추상적이고, 빛이 없는 생명은 악마적이다. 그 생명은 어둠으로 몰고가기 때문이다. 생명과 빛은 서로 없이 있을 수 없다. 여기서 우리는 철학과 종교가 어떻게 서로를 요청하는가를 본다.

더 나아가 깨침, 눈뜸이 왜 절대적으로 필요한가가 분명해진다. 초월은 항시 인간에 작용한다. 하지만 인간이 그것을 인식하지 않는 한, 생의 서원이라는 의미에서의 의식적인 "의지"도 그에게 영향을 끼칠 수 없다. 하느님은 "바울로를 어머니의 태로부터 선택하시고 자비로 부르셨지만", 하느님이 자기의 아들을 나타내기 전까지 그는 초대교회를 박해했다(갈라 1,13-16). 그러나 하느님의 아들(Son of God)이 바울로와 대면하며 그 안에 계시되자, 그는 복음의 선포자가 되었다. 그는 자신의 사명이 그리스도에 의해 결정적으로 영향을 받았음을 인식한 까닭에 그리스도가 "그를 통해" 사명을 감당하게 하셨다고 말할 수 있었다(로마 15,18). 인간이 초월에 의한 "생의 서원"[5]에 눈뜰 때에만 그것은 그 자신의 서원(誓願)이

되는 것이다. 참자아에 대한 이해와 눈뜸은 참다운 생(生)의 불가결한 조건(conditio sine qua non)이다. 사실상 이해란 인간에게 속한 것이기 때문이다. 문화는 그것이 이해되는 한에 있어서만 생겨난다. 예를 들면 음악의 경우가 그렇다. 음악을 이해하지 못하는 사람들에게 음악이란 일련의 단순한 소리들에 지나지 않는다. 본문의 의미도 그것을 읽을 수 없는 한 존재하지 않는다. 그것은 인간의 마음에도 마찬가지로 적용된다. 마음이 다른 이들에게 이해될 때에만 그것은 그들에게 영향을 줄 수 있는 것이다. 인간을 이해하지 않는다는 것은 그가 처한 곤경을 못본 체하는 것이다. 인간은 생명을 올바로 이해할 때에만 올바로 살 수 있기 때문이다.

인간이 생의 서원에 눈을 뜨면 그는 프론트 교환의 기쁨을 누리게 된다. 그는 다른 존재자들과의 공동 실존 속에서 자신을 이해하고자 한다. 이제 생의 서원은 그 자신의 서원이 되고, 그 자신이 그것을 바라게 된다. 율법의 "너는 해야 한다"가 "내가 하겠다"로 대치된다. "내가 서원을 발하는 것이다." 율법이란 사실상 생의 서원의 표현이기 때문이다. 이 눈뜨임은 이미 지적했듯이,[6] 개개 인간의 삶이 초월에 의해 태어나

---

5. "생의 서원"이 "참자아"("나 안에 계신 그리스도"), 즉 신인(神人)적인 어떤 것의 관심사라는 것에 대해서는 다음에서 보게 되겠지만, 여기서 주목해야 할 것은 우리가 뜻하는 "생의 서원"이라는 것이 개별적 자아는 물론 개별적 참자아도 넘어서고, 그것에 눈뜬 사람은 그것 안에서 작용하는 초월(Transcendence)을 보게 되며 따라서 "사랑은 하느님으로부터 오고, 사랑하는 모든 이는 하느님에게서 났고 하느님을 안다"(1요한 4,7)고 말할 수 있게 된다는 사실이다.

6. 앞의 각주를 볼 것.

게 된다는 자각으로 심화되는 것이다. 이에 비견될 만한 바울로의 말을 다시 한번 인용해 보자: "이제는 내가 사는 것이 아니라 그리스도가 내 안에서 삽니다"(갈라 2,20). "나에게 사는 것은 그리스도입니다"(필립 1,21). 바울로는 자신의 모든 삶의 활동이 그리스도에 의해 태어났음을 인식했다. 여기서 임제(臨濟)가 무형(無形, formless)의 내적 활동에 대해 말했던 방식이 떠오른다: 몸 안의 무형은 눈에서는 보는 것으로, 귀에서는 듣는 것으로, 입에서는 말하는 것으로, 손에서는 잡는 것으로, 발에서는 걷는 것으로 통관한다. 임제는 인간의 모든 삶의 활동 안에 무형이 현존한다는 것을 자각했던 것이다.[7]

우리 삶의 활동의 근저에 놓인 생의 서원은 삶의 원(圓)을 형성하고 완성하려는 목표를 지닌다. 그것은 개체들을 초월한다. 생의 서원은 초월의 작용이다. "당신의 선한 뜻을 이루시기 위하여 여러분 각자 안에서 마음을 일으키시고 일하게 하시는 이는 하느님이십니다"(필립 2,13). 생의 서원은 개개 인간 안에서 그 자신의 서원으로 드러난다. 그것은 타율적인 힘이 아니다. 더욱이 그것은 단순한 자기 의지가 아님은 물론, 단순한 이성적인 어떤 것도 아니다. 서원을 발하는 인간은 생의 서원이 개개 인간을 통해서는 물론 개개 인간으로서도 그 자체를 현실화하도록 인간 자신이 형성되었음을 이해하게 되는 것이다.

---

7. 『臨濟錄』, "示衆" 1.

2. 초월과 자아의 프론트:
초월과 인간의 관계

생의 서원이 초월에 의해 태어나게 된다는 인식은 불교와 그리스도교 모두에 공통적이다. 하지만 내 생각에는 그리스도교가 불교에서 했던 것보다는 좀더 면밀히 생의 서원에 대해 분석했던 것 같다. 삼위일체와 그리스도론의 교의가 여기서 적절한 자리를 차지한다. 따라서 이 장에서는 이 분석을 간략히 시도함으로써 불교적 사고로부터 그리스도교적 사고로 옮겨 가 보겠다. 프론트 교환의 과정에서는 그 과정 자체가 초월에 의해 탄생한 것임을 알게 될 것이다. 우리는 신약성경에서 이에 어울리는 그리스도교적 표현을 발견한다: "사랑은 하느님께로부터 옵니다. 그러므로 사랑하는 사람은 하느님께로부터 나고 하느님을 압니다"(1요한 4,7). 삶의 원(圓)을 형성하려는 생의 서원은 인간 안에 사랑으로, 자기 동료 인간들에 대한 근원적이고 직접적인 긍정과 잔치 자리에서의 흥겨운 분위기로 현현한다. 지식(자기 이해)은 생의 서원의 계시 안에 직접 뿌리를 둔다. 간단히 말하면, 프론트 교환이라는 근원적인 삶의 활동 안에서 인간은 생의 서원을 자각하고, 그것에서 작용하는 초월을 본다.[8] 그때 그는 그러한 시각에서 자신을 이

---

8. 여기에 어려운 문제가 놓여 있다. 우리는 어떻게 개체가 한 원(圓) 안에서 한 극으로 존재하는가를, 어떻게 전체 원과 개체들이 서로를 조건짓는가를 본 바 있다. 개체는 개체로 존재하면서 자기 안에서 다른 개체들

해하고, 초월이 어떻게 인간 안에 있는 지식과 사랑에 영향을 끼치는가를 알게 된다.

"초월과 인간의 관계는 어떻게 이해되어야 하는가?" 사랑하는 자는 하느님을 안다. 이것은 인간이 하느님의 사랑의 대상이라는 단순한 뜻이라기보다는, 인간이 사랑하는 자이며, 그가 사랑할 때 하느님을 안다는 것을 뜻한다. 사랑은 하느님에게서 오는 것이기 때문이다. 사랑하는 자는 사랑이 하느님에 의해 초래된다는 것과 궁극적으로 하느님은 그를 통해 사랑하신다는 것을 안다. 왜냐하면 "하느님은 사랑"이기 때문이다.

하느님은 인간과 나란한 하나의 존재자가 아니다. 인간은 사랑할 때야 하느님을 안다. 그러나 하느님과의 만남은 또한 선포의 말씀 속에서 하느님의 부름을 인식하는 것을 의미하기도 한다. 한편으로 나를 통해 사랑하는 이는 하느님이지만, 다른 한편으로 선포의 말씀 속에서 나는 하느님을 만난다. 따

과 전체 원을 반영한다. 각 개체 안에 초개성(超個性, trans-individuality)이 있는 것이다. 다른 한편 개체는 초월이 자기 안에 작용하고 있음을 인식한다. 우리는 초개성과 초월을 구분할 수 있으며, 불교는 전반적으로 초개성(Pratītya Samutpāda)에 대해 말하고 있는 데 반해 그리스도교는 거의 절대적으로 초월에 대해 말하고 있다고 할 수 있다. 문제는 다음과 같은 질문에 놓여 있다: 우리에게는 초월의 개념이 얼마나 필요한 것일까?; 인간의 삶을 이해하는 데 초개성의 개념으로 충분한 것일까? 후자는 객관적 체험으로 확증할 수 있다. 하지만 이 책의 틀 안에서는 그 문제를 가지고 논의하기 곤란하다. 그렇더라도 우리는 불자들 역시 초월("무형", 그 무형의 표현이 아미타불이다)을 안다고 하는 사실을 지적하고 싶다. 두 경우 모두에 있어서 초개성 혹은 연기 자체는 초월에 의해 탄생되는 것이다. 어떻든 우리의 개념들을 써서 참자아를 더 상세히 규정할 수 있게 되었다. 자아와 구분되는 참자아는 그 원적(圓的) 프론트 구조의 토대 위에서 보면 "초개성적"인 데 비해서 초월적 프론트 구조의 토대 위에서 보면 신인적(神人的)인 것이다.

라서 하느님은 한편으로 나의 가장 깊은 주체이지만, 다른 한편으로는 인간을 통해 나에게 말씀하시면서 나와 대면하고 있는 분이시다.

말하자면 초월은 개개 생명체로 하여금 프론트 구조의 원(圓)을 형성하도록 하는 "힘의 장"(field of force)이다. 즉, 인간은 초월의 힘의 장 안에 있는 것이다. 다른 말로 하면, 인간은 의식적으로 생의 서원을 실현하도록 형성되었으며, 생의 서원에 눈뜸으로써 원(圓)이 생겨나게 되는 것이다. 서원은 생의 활동의 토대에 놓여 있으며, 인간은 이것이 초월에 의해 초래된 것으로 이해한다. 그런데 서원이 각 개개 인간의 서원이 되는 한, 그는 자신의 의지와 앎 속에서 하느님의 행위를 인식할 수 있게 된다. 초월은 인간 안에 있는 궁극적 주체인 것이다. 다른 한편 그는 생의 서원에 대한 동료 인간의 표현 속에서 그 사람 안에 공명을 불러일으키는 하느님의 말씀(address of God)을 감지한다. 초월 역시 대면하고 있는 (over-against) 자인 것이다. 결국 초월은 무엇보다 인간이 스스로를 발견할 수 있게 해주는 힘의 장이고, 다음으로 작용하는 자, 즉 인간의 궁극적 주체이며, 세번째로 동료 인간의 말과 행위를 통해 인간에게 말씀하시는 자이다.

"생의 서원과 자아의 관계"를 여기서 언급할 필요가 있다. 하느님은 내 안에서, 내 몸 안에서 의지의 행위, 즉 나의 의지를 일으키신다. 하지만 아직까지는 그것이 내가 그것을 실행해야만 한다는 것을 뜻하지는 않는다. 나는 그것을 무시할 수도 있고, 불복종할 수도 있다. 결정하는 것은 나의 자아이다. 자아가 이러한 기능으로부터 배제되는 것은 결코 아니다.

의지하는 것과 행위하는 것 사이에는 그리고 현현한 생의 서원과 자아 사이에는 연속성과 불연속성이 있다. 달리 표현하면, 자아는 실행에 책임이 있다는 것이다. 인간의 주체성은 이른바 이중구조로 되어 있다. 초월이 그것의 궁극적 주체이지만, 생의 서원의 표현에 책임을 지는 것은 자아인 것이다.

이제 "'힘의 장'의 구조"를 살펴보자. 초월은 작용하는 자(the one effecting), 즉 주체이다. 작용한다는 것은 인간 안에 생의 서원을 작동시킨다는 뜻이며(작용의 내용), 생의 서원으로 하여금 인간 안에서 일하게 한다는 뜻이다(작용의 행위). 이것은 "작용의 주체", "작용의 내용", "작용의 행위"라는 삼개조로 되어 있음이 분명하며, 각각은 자체 안에 다른 둘을 함축하고 있는 것이다. 즉, 힘의 장은 삼위일체 구조로 되어 있는 것이다.[9]

다음 장에서 보겠지만, 그리스도교적 방식으로 하자면, 원(圓)은 그리스도의 몸으로서의 성인들의 통공(Communio sanctorum)이다(1고린 12장). 그리스도는 그리스도의 몸 안에서 그 "생명"으로서 현존한다. 그리스도가 하느님의 형상(Eikon theou, 2고린 4,4; 골로 1,15) — 이것의 역사적 실현

---

9. Karl Barth, *Kirchliche Dogmatik*, I/1, pp.311ff. 여기서는 계시의 개념을 분석하면서, 계시자(the one revealing)와 계시(revelation)와 계시행위(the revealing)의 삼위일체성을 보여준다. 이것은 작용(effecting)에 대한 우리의 분석에 상응한다. 이 작용이 "작용의 주체"(agent of effecting), "작용의 내용"(content of effecting), "작용의 전달"(transmission of the effecting)이라는 삼위일체성 안에 드러나고 있는 것이다.

이 그리스도의 몸으로서의 교회이다 — 이라면, 초월의 "작용의 내용"으로서의 그리스도인 성인들의 통공을 형성하는 것은 생의 서원에 속한다. 신적 작용의 내용은 우리 원의 구조적 원리인 것이다. 이상과 같다면, 우리 원의 구조적 원리로서의 생의 서원은 로고스, 하느님의 아들에 상응한다.[10] 좀더 자세히 말하면, 구조적 원리는 초월적인 어떤 것(로고스)인 반면 초월-내재적(transcendence-immanent, 신이면서 인간)인 생의 서원은 육화한 로고스로 이해된다는 것이다. 여기서 우리는 로고스와 신인(divine-human, 그리스도)으로 육화한 자 사이의 차이를 본다.[11]

---

10. 요한 1,3; 1,16f.; 2고린 3,18. 하느님의 아들은 세계와 인간을 형성시키는 토대 위에 있는, 보이지 않는 구조적 원리이다. 세계와 인간은 자기 자신 안에서 그 구조적 원리를 반영하기 때문이다.

11. 영원한 로고스(하느님의 아들)와 육화한 이(그리스도, 신인 — 요한 1,14 참조. 여기서는 "인간"(human)이 아닌, "육"(flesh)이 되셨다고 말한다)는 엄밀하게 구별되어야 한다. 자아(Ego)와 구분되는 참자아(Self)에 대한 우리의 개념에 따르건대, 이것은 직접적으로 "예수"가 아닌, "내 안에 계신 그리스도"(갈라 2,19)이다. 예수의 인격 안에서 우리는 신인(참자아)과 그의 경험적 자아(이 책의 부록을 볼 것)를 구분해내야 한다. 하지만 신인으로서의 그리스도는 그리스도의 몸으로서의 교회 안에 현존한다(1고린 12장). 그렇다면 그리스도의 몸의 근저로서의 힘의 장은 삼위일체적이다: 작용의 궁극적 주체(성부), 작용의 내용(예수가 아닌 영원한 로고스), 작용의 전달자(눈뜸으로 이끌어주는 성령). 여기서 우리는 인간이 참자아를 인식할 때, 혹은 참자아가 자아에 반대되면서도 그 자아 안에서 스스로를 현현할 때, 참자아(신인)는 실제가 되고 활성화된다는 것을 다시 한번 떠올려야 한다. 참자아에 대한 눈뜸과 그것의 현현은 하나이자 동일한 것의 양면인 것이다. 이와 같은 로고스·그리스도·예수에 대한 우리의 구분은 불교의 삼신론, 즉 법신(무형 자체)·보신(가령 아미타불)·화신(가령 고타마)에 상응한다. 하지만 불교에서는 그리스도교에서처럼 삼위일체를 엄격한 교리로 신봉하지는 않는다.

인간이 생의 서원을 이해할 때, 그 생의 서원은 자기 자신의 서원이 된다. 물론 이것은 초월에 의해 움직여지는 것이다. 더 나아가 초월의 내적 작용 안에 있는 인간이 성인들의 통공, 그리스도의 몸, 우리에게 교회를 이루라고 명하시고 위탁하시는 "주님"을 구체화하고자 움직일 때, 그때 말하는 "주님"은 바로 바울로가 그리스도라고 불렀던 분이다. 바울로의 "내 안에 계신 그리스도"는 이제 역사적 실재 혹은 그리스도인 안에서 인간에 의해 동화된 초월의 프론트인 것이다(그림 10).

위에서 우리는 실체적 유형과 파동적 유형이라는 프론트 구조의 두 유형을 공부했다. 여기서는 프론트 구조의 세번째 유형, 즉 그리스도인의 참자아(Self)를 이루는 초월의 프론트를 보게 된다. 이 경우 프론트는 실체도 아니고 파동도 아니다. 인간이 자신을 발견하게 되는 "장"(場)은 "힘의 장"("그리스도 안의 ~", 2고린 5,17)이지만, 그것은 또한 인간 안에서 참자아를 이루는 "힘의 장", "작용"이기도 하다("~ 안의 그리스도", 갈라 2,20). 인간 안에 있는 "힘"의 장은 그저 "힘"의 장의 일부일 뿐이라기보다는 일반적으로 말하자면, 우리가 다른 것의 프론트 안에서 다른 것 자체를 만나는 한, 그것은 전체의 장(entire field)이다.

이러한 장과 인간의 상호성(in-one-another)은 다음처럼 비교할 수 있다. 음악은 단순한 물리적 음정의 총합이 아니다. 음정은 인간 마음 안에서 음악이며, 인간의 마음은 음악 속에 (상호적으로) 현존한다. 인간의 마음은 실체도 파동도 아니

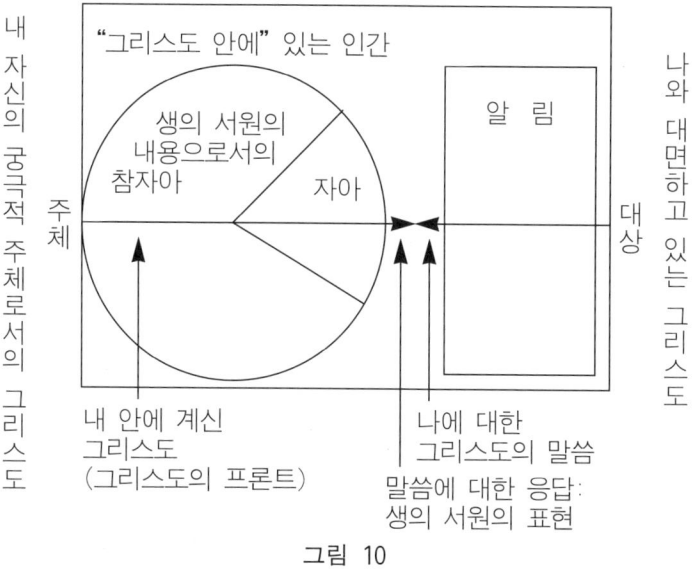
그림 10

다. 하지만 소리의 음정은 인간 마음의 힘의 장 안에서 음악으로 통합된다. 인간의 마음이 귀의 물리적 진동을 음악적 음정으로 만들어 낸다는 점에서 볼 때 인간의 마음은 음악적 음정, 즉 음악을 이루고 있는 것이다. 음악에서 우리는 인간의 마음을 감지하며, 그 마음의 표현은 음악 안에 들어 있는 것이다. 음악은 인간적이면서 물리적이고, "소리로 바뀐" 인간의 마음인 것이다. 이렇게 볼 때 그것은 "육화", "신인"과 유비된다.

물리적 음정은 객관적으로 감지될 수 있는 반면, 인간의 마음은 불가시적이므로, 즉 객관적으로 감지될 수 없으므로, 우리는 이 둘을 동일 차원에 놓을 수 없으며, 따라서 인간의 마음이 음악의 일부를 채우고 있는 것은 아니라고 말해지기도 한다. 그러나 그것은 그렇지 않다. 그럼에도 불구하고 우리는 인간의 마음이 음악을 이루고 있음을 안다. 그것은 여기서의 프론트 구조가 상이한 두 차원의 두 요소들 사이에 있다는 것을 뜻한다. 음악은 인간의 마음이기도 하고 아니기도 하다. 음악이 인간의 마음을 표현하는 한 그것은 인간의 마음이다. 그리고 사실상 그것은 인간 마음의 특정 차원이 바로 그 악장(樂章)에 의해 표현되는 그러한 방식으로 이루어지며, 따라서 다른 길은 없다. 그런 식으로 인간의 마음이 자체를 악장으로 현현하는 것이다. 이 오롯한 "자체 현현"(manifesting itself as)에서 우리는 음악과 인간 마음간의 일치를 본다. 그렇다고 해서 이것이 두 대상들의 실체적 일치를 말하는 것은 아니다. 더 상세히 얘기하면, 악장 안에 현존하는 인간 마음은 마음이 악장으로 자체를 현현한다는 점에서는 악장과 하나라고 할 수 있는 인간 마음의 프론트인 것이다. 그래서 우리는 악장 속에서 작곡가의 마음을 만나는 것이다. 이러한 프론트 구조의 세 번째 유형을 우리는 "장의 유형"(field type)이라고 부른다. 힘의 장 안에 있는 존재자들은 (자체를 ~으로 현현하는) 존재자들의 바로 그러함(being-thus)을 구성하고 있는, 그럼으로써 그것과 하나되는 작용의 행위를 표현하기 때문이다. 작용의 행위는 존재자들의 바로 그러함 안에서 자체를 드러내며, 오롯한 "자체 현현" 속에서 우리는 작용하는 자와 작용되는 것 사이의 일치를 보게 된다. 하느님과 하느님이 예수로 현현한 그 예수 사이에 존재하는 일치에서처럼.

이런 방식에서 우리는 "내 안에 있는 초월"과 인간 사이의 일치도 포착할 수 있다. 이 일치가 자체를 "원"으로 현현하는 한, 초월과 인간은 하나이다(2고린 12,12 참조). 초월은 그리스도로서 그리스도의 몸 안에 현존한다. 하지만 초월은 개개 인간들 안에도 마찬가지로 현현한다("내 안에 계신 그리스도", 갈라 2,20). 자체를 인간의 원(공동체)으로 현현하는 초월은 또한 개개 인간 안에서 그의 사랑과 지식을 이루는 자로 작용한다. 이런 점에서 초월은 스스로를 개개 인간으로 현현한다고 말할 수 있다. 이 "자체 현현"에서 우리는 초월과 인간 사이의 일치를 감지한다. "내 안에 있는 초월"은 인간의 바로 그러함을 낳고 "참자아"를 구성하는 초월의 프론트이며, 따라서 깨친 인간은 이러한 역사 속에서 초월을 표현한다. 여기서 우리는 프론트 구조의 세번째 유형(장의 유형)을 본다.

원의 구조적 원리로서의 로고스(eikon theou)는 초월의 작용의 내용이고, 하느님의 "에메트"(emeth)이며, 이것의 육화가 "참자아"이고(내 안에 계신 그리스도, 신인), 그 참자아의 행위는 "생의 서원"을 가리킨다. 그러나 이쯤해서 다음을 언급해야겠다: 생의 서원은 사실상 나의 생의 서원으로서 스스로를 현현한다. 그러나 생의 서원(참자아)과 자아 사이에는 연속성과 불연속성이 함께 있다. 하느님은 내 안에 의지를 불러일으키시지만, 내 자아로서의 내가 그 의지(생의 서원)를 반드시 수행하게 되는 것은 아니다. 실현에 책임이 있는 것은 언제나 자아이다. 따라서 생의 서원의 자리로서 초월과 하나인 참자아와 자아는 언제나 구분되어야 하는 것이다. 초월의 프론트로서의 내 안에 있는 초월은 인간의 참자아(장의 유형의 프론트 구조)를 구성한다. 생의 서원을 그 행위로 하는 참자아는 구조적으로 초월(신인)과 하나인 것이다. 그렇지만 자아가 초월에 의해 불러일으켜진 의지를 실현하는 한, 자아는 초월을 반영한다. 이런 의미에서 우리는 프론트 구조의 세번째 유형을 이해할 수 있게 된다: 초월의 프론트로서의 내 안에 있는 초월은 인간의 참자아됨(*Self*-being)을 구성한다. 그래서 생의 서원의 자리로서의 인간의 몸이 "성령"이 거하시는 장소이며(1고린 6,19 참조), 그 삶의 활동은 그리스도와 동일한 것이 된다(필립 1,21a 참조). 인간의 자아는 생의 서원이 자아 안에서 스스로를 드러낼 때 진정한 자아로 작용한다. 그래서 그것이 "나의 서원"이 되는 것이다.

④

통 합

1. 그리스도의 몸과 통합

불교적 사고에서 그리스도교적 사고로의 전이를 더 분명히 하기 위해 이 장에서는 본질상 역사적인 인간 공동체로서의 우리의 원(圓)을 해석하겠다. 우리의 원은 불교적인 어떤 것에 대비되는 그리스도교적인 어떤 것을 나타내고 있음이 드러날 것이다. 우리는 원을 공시적으로 관찰했다. 그리하여 불교적인 결과를 낳게 되었다. 불교적 사고와는 반대로 어느 정도 단순화시킨 표현을 쓰자면, 그리스도교적 사고는 통시적이다. 그리스도교는 세계를 역사의 맥락에서 이해하는 반면, 불교는 역사를 세계의 맥락에서 이해한다. 그리스도교 신학에서는, 무엇보다도 서구 유럽 전통에서는 하느님과 하느님의 백성 사이의 관계에 초점을 둔다. 그와 반대로 불교에서는 애초부터 자아라는 것의 문제를 해결하는 데 모든 노력을 기울여 왔다. 자아에 대한 물음을 분명히 하려는 선불교의 좌우명이 불교 일반의 목표가 되어 왔다.

  우리의 목적을 위해 이 장에서는 "통합"(integration)이라는 새로운 개념을 소개하겠다. 통합된 체계를 써서 우리는 여러 극들로 구성된 통일체를 이해한다. 다시 한번 음악의 예를 들어보자. 그것은 인간 공동체의 유사성에 최상의 도움을 준다. 무엇보다 과연 음악과 같은 그런 것은 있는지 어떤지 물어야 한다. 만일 객관적 사물들, 즉 객관적으로만 그 실존이 확인될 수 있는 사물들만 존재한다면, "음악이 있다"고 말하기는 어려울 것이다. 객관적으로 공기의 진동들이 있음을 예증할 수는 있다. 하지만 그것은 음악과는 다른 어떤 것이다. 그런데 우리는 여기서 음악의 실존을 예증하고자 하는 것이 아니다. 그렇지만 음악이 있음을 받아들인다면, 그때 우리는 통합과 같은 어떤 것을 이미 전제한다. 악장은 여러 "극들"(음정들)로 구성된 통일된 객체이기 때문이다. 따라서 무엇보다 여기서 보여주어야 하는 것은 음악에서의 음정들은 극들이라는 것이다. 곡조에서는 한 음정에 앞서 다른 음정들이 나오며, 그 다음에는 또 다른 음정들이 뒤따른다. 음악회장에서는 한 음정이 자신의 프론트를 뻗쳐서 한 특수한 단계를 일으킨다. 음정은 지나가지만, 그 프론트는 남는다. 다음 음정이 이전 음정이 일으켰던 상태 속으로 들어간다. 두번째 음정은 이 상태, 즉 첫째 음정의 프론트를 동화한다. 두번째 음정은 고립된 채 존재하지 않는다. 그것은 첫번째 음정의 프론트를 동화하고 그럼으로써 질적으로 새로워진 음악적 음정도 그곳에 존재한다. 마찬가지로 첫번째 음정은 청중의 기억 속에서 둘째 음정에 의해 질적으로 새로워진다. 그들간에는 프론트 교환이 있는 것이다. 두 음정은 함께 새로운 상태로 다시 접어든다. 그 상태는 첫째와 둘째 음정의 단순한 총합이 아니다. 이 두번째 것은 다가오는 음정 및 그밖의 것 안으로 이끌려가는 것이다.

곡조는 통일된 객체이다. 그러나 곡조를 구성하는 음정들간에는 프론트 교환이 존재한다. 그것이 없다면 곡조는 물리적 음정들의 단순 총합에 지나지 않을 것이다. 같은 것이 악기의 현, 선율, 박자에도 적용된다. 피아노 소품을 연주할 때, 우리는 전체 작품을 염두에 두지 않고서는 첫째 음정의 소리를 낼 수가 없다. 첫째 음정과 마지막 음정은 서로를 조건짓고 실상 서로를 기대한다. 실상 모든 음정들은 자체 안에서 다른 모든 것을 물리적으로가 아니라 반드시 음악적으로 반영한다. 만일 한 부분을 평상시보다 더 빨리 연주한다면 전체 작품도 그에 상응하여 더 빨리 연주해야 할 것이다. 그렇지 않으면 다른 것들이 느려질 것이다. 작품의 일부에 수정을 가하면 그 결과가 앞뒤에까지 미칠 것이며, 실상 "성운구조"의 방식대로 될 것이다. 일부의 수정은 다른 부분의 수정을, 특별히 뒤따르는 부분의 수정을 야기시키지만, 결국에는 다른 모든 부분이 수정되면서 첫번째의 수정이 정당화되고, 전체 작품과의 조화가 완전하게 유지되는 방식으로 모든 부분들이 영향을 받게 된다. 이것은 음악 작품이 자기의 내적 인과성에 따라 돌아가는 원적인 구조를 가진다는 사실을 가리키며, 따라서 음정은 물론 선율·박자도 저마다 극이 된다. 선적인 흐름을 가진 것처럼 보이는 음악도 구조에 있어서는 원적인 것이다.

연주하다가 실수하면, 비록 내적으로는 그 음표를 모르고 있었다 해도 지켜보던 청중들은 그것을 지적해 낸다. 그 실수가 음악회장에 혼란을 일으키는 것이다. 실수했던 바로 그 음정은 다른 것들과의 관계를 잃어버리고, 차례로 그 영향은 전체 작품으로 번지게 된다. 실수는 즉각으로 반응을 불러일으킨다. 그러므로 실수에 의해 교란된 통합은 다시 얻어져야 한다. 이 반응은 연주자가 올바른 음표에 따라 연주해야 한다는 객관적 인식에 근거한 요구라기보다는, 말하자면 음악적 장 자체(음악가의 마음)의 내적인 필요에 근거한 요구인 것이다. 이로부터 우리는 음악적 장, 즉 음악 연주자의 마음은 음정을 음악으로 통합시키는 힘의 장인 것이다. 음정은 자체 안에서 스스로를 통합된 전체로 체계화하는 것이다.

극과 전체의 관계는 예를 들어 사중주로 생각하는 것이 좋다. 모든 연주자는 자유롭게 연주하면서도 동시에 동료 연주자들에 주의를 기울이고 그 연주에 맞춰야 한다. 자유와 의존은 서로에게 속한다. 모든 연주자들은 자유로운 연주에 맞춘 자신의 음악을 동료 연주자들에게 전해준다. 그것이 서로 연주할 때의 조건이며, 음악을 만들어 내는 배경이다. 저마다 동료 연주자의 음악을 자기 연주의 조건에 맞게 바꾼다. 넓은 의미에서 이것은 모든 이가 수행하는 프론트 교환이다. 가령 산보할 때도 지구의 중력을 자기의 산보 조건에 맞게 바꾼다. 모든 연주자가 전체의 중심에 있다. 전체는 극들로 구성되지만, 극들 하나 하나는 다시 중심이 되는 것이다. 이 통합된 체계를 분석하기 위해서는 "연합 인자"(uniting factor)라는 그 이상의 개념이 필요하다. 연합 인자는 각 성분에게 같은 정도로 타당한, 즉 다소 규범적인 것이다. 가령 음악에서는 조(調)와 빠르기가 연합 인자이다. 연합 인자는 지휘자의 모습에서도 드러난다. 연합 인자는 통합 자체와는 다른 어떤 것이다. 전자는 후자의 계기(moment)이다. 연합 인자는 통합에 불가결한 것이다. 하지만 그것은 통합을 파괴할 수도 있다. 예를 들면, 누군가 처음부터 끝까지 기계적으로 동일한 속도로 전체 작품을 연주할 때 그렇다. 그때 극들의 자유는 사라지는 것이다.

음악은 인간 공동체와 유사하다. 개별적인 음정 혹은 독자적이고 자유스러운 연주자는 사람과 유사하다. 악장 전반(全般)은 공동체를 나타낸다. 음정들이 음악으로 통합되고 그럼으로써 장을 표현해 주는 음악적 장으로서의 인간의 마음은 사람들이 스스로를 통합된 공동체로 체계화시키고, 그럼으로써 역사적인 힘의 장을 표현해 주는 힘의 장으로서의 초월에 유비된다. 마음이 자체를 음악으로 나타낼 때 그 마음은 음악과 하나이듯이, 초월도 역사적인 성인들 공동체로 자체를 나타낼 때는 공동체와 하나인 것이다. 초월의 표현으로서의 인간 공동체는 신인(divine-human)과 유사하다. 달리 표현하면, 공동체 "안에 있는" 초월은 공동체와 하나인 것이다(1고린 12.12 참조).

더 나아가 음악은 이해될 때야 현존한다. 그것은 객관적으로 존재하는 것이 아니다. 내가 완전히 이해하지 못하는 피아노 작품을 연주한다면, 음표들을 정확히 연주한다 할지라도 그것을 잘 연주하는 것이 아님이 분명하다. 그때 음정들이 입을 가졌다면, 이렇게 말할 것이다: "그만 해! 바라건대 우리를 춤추게 내버려두지 마!" 이해하지도 못하고 연주한다면, 음표는 있지만 음악은 사라진다. 반대로 내가 잘 이해하는 작품을 연주할 때는 음정들이 바라는 것을 바로 경험하게 된다: "우리는 그렇게 노래하고 싶은 거야!" 그리스도의 몸으로서의 성인들 공동체는 사회학적인 제도로서 객관적으로 거기에 있는 것이 아니다. 우리가 "생의 서원"에 대해 눈뜬다면, 그것은 우리의 삶에 빛을 주고, 우리의 행동들에 생기를 준다. 그 결과 그것은 우리 안에서, 그리고 우리를 통해서 작용하면서 스스로를 인간 공동체로 현현한다. 작곡을 할 때처럼 공동체적 삶에도 모든 것의 근저에는 극들을 통합으로 이끄는 장이 있는 것이다. 말하자면 그 압력을 받아 그것들이 통합되는 것이다. 그럼에도 불구하고 만일 우리가 이러한 사실에 눈뜨지 못한다면, 그것들은 사실상(de facto) 존재하지 않는 것이다.

그렇다면 인간 공동체에서의 연합 인자란 무엇인가? 그것은 지속되는 구조이고 질서이며, 따라서 (관습과 도덕을 포함하는) 법률이다. 교회의 경전, 교리, 의례는 연합 인자에 속한다. 이것에 같은 집단 혹은 공통 전통에 속하는 것들을 덧붙여야 한다. 나라에서의 연합 인자는 나라의 대표자 형태로 나타난다. 함께 사는 우리의 삶에서의 연합 인자는 (일의적인) 언어와 상식들을 포함한다. 분별지도 연합 인자로서의 자리를 차지함이 분명하다. 하지만 이것이 의미하는 것은 지성 역시 자아의 자산이기 때문에, 통합의 조화를 넘어서는 연합 인자의 가능한 우선성이라고 하는 것은 참자아를 넘어서는 자아의 부당한 우선성이며, 따라서 연합 인자를 통합으로부터 소외시키고 자아(단순자아)를 참자아로부터 분리시킨다는 것이다.

지금까지 우리는 "극", "연합 인자", "통합"이라는 세 개념에 대해 논의했다. 이들 사이의 관계는 어떻게 이해되어야 하는가? 일본 철학자인 타나베 하지메(田邊元, 1885~1962)의 『종의 논리』(種の論理)가 이에 유용할 것이다.[1] 2차 대전 이전의 위험기에 그는 민족주의를 넘어서는 국가를 일으키기 위해 국가의 원리를 개관했다. 여기서 그는 사회학적 해석을 제시해 주는 "개체"(個), "종"(種) 그리고 "류"(類)의 논리적 개념을 이용했다.* 그의 『종의 논리』는 다음과 같다: 종(민족)은 개체(국민)를 획일성(예를 들어 전통)을 가지고 억압함으로써 개체들이 자기 주장을 위해 서로, 그리고 종들과 싸운다. 개체들은 종의 획일성으로부터 자유로워야 한다. 이것은 스스로를 내세우기 위해서가 아니다. 그들이 자기 주장을 포기하면 모두 "죽는다". 종의 모든 일원들이 자기를 부정할 때 개체들이 종의 힘으로부터 해방된다. 그 종의 일원들이 자기를 부정한다고 해서 그들이 서로에게서 고립되는 것은 아니다. 오히려 그들은 자유롭고 비이기적인 인격들로서, 타나베에 따르면, 바로 그럴 때 국가로서의 류를 형성하는 것이다.

---

[1]. 타나베 하지메는 니시타 기타로(西田幾多郞)의 제자이자 교토 대학의 철학교수(1919~1945)였다. 타나베의 철학과 관련해서는 아래를 볼 것. 그의 생애 말년에는 자신의 철학 안에 그리스도교의 진리의 요소들을 다루고자 했다. 거기서 그는 자신을 "도상의 그리스도인"(einen werdenden Christen)으로 고백했다. 『キリスト教の辨證』 選集(1948), 第10卷, p.260 참조.

* 個, 種, 類는 각각 개별적인 것, 특수한 것, 보편적인 것을 의미한다 ― 역자 주.

타나베는 통제되지 않는 민주주의를 견제하고자 했다. 하지만 그는 개체의 자기 부정을 도덕성의 측면에서 이해했다. 그 결과 그것은 사유의 틀 안에 머무르게 되었으며, 심원한 종교에까지는 이르지 못했다. 민족주의의 극복을 위한 류는 물론 민족들을 넘어서는 성인 공동체도 될 수 있다. 그러나 타나베가 생각한 것은 정의의 국가였다. 그는 그것을 "보살국가"(state of Bodhisattva)라고 부름으로써, 국가의 절대성을 비판하려는 그의 본래 의도와는 반대로 국가에 종교적 의의를 부여했다. 전쟁기간 동안에는 할 수 있는 한 민족주의에 항거했지만, 전후에는 참회했다. 전후에 철학한다는 것은 그에게 있어서 메타노이아(참회)의 길에 참여하는 것을 의미했다.[2] 그의 사고는 도덕성의 틀 안에 남아 있었고, "종의 논리"를 써서 도덕성을 명백히 했으므로, 우리는 그의 논리를 수정 없이 이어받을 수는 없다.

그 대신 우리는 그의 저의를 살펴보자. 무엇보다 여기서 개체들의 자기 부정이 도덕성의 의미에서 이해되어서는 안된다. 그보다는 분별지로 작용하는 자아, 단순자아의 죽음을 의미해야 한다. 초월의 작용으로 새롭게 태어나려면 단순자아가 죽어야 하는 것이다. 두번째로 류는 결코 국가일 수 없으며, 민족성을 받아들이고 바꾸는 성인 공동체, 그리스도의 몸이어야 한다. 그러면 우리는 이어서 다음과 같이 설명할 수 있게 된다: 타나베의 류는 우리의 통합된 성인 공동체에 상응하고,

---

2. 田邊元, 懺悔道としての哲學 (1946).

종은 우리의 연합 인자에 상응하며, 개체들은 극으로서의 사람들에 상응한다. 따라서 통합이 어떻게 발생하는가에 관한 연대기적인 틀이 그 결과로 생겨난다. 연합 인자의 압력으로 자유를 잃어버린 개체들은 초월을 통한 압력에서 해방될 것이며, 해방된 사람들은 초월의 작용에 눈떴기 때문에 그들은 자신을 초월의 힘의 장 안에서 통합된 성인 공동체로 체계화할 것이다.

2. 그리스도의 몸의 실현

이제는 인간이 어떻게 법에서 자유로워지고 그리스도 안에서 그리스도의 몸으로서의 교회로 통합되는 과정을 어느 정도는 더 구체적으로 제시하겠다. 그러나 문제는 매우 복잡하다. 통합은 사람이 연합 인자를 어떻게 이해하느냐에 따라 서로 다르게 현현한다. 여기서 우리는 다른 모든 것들의 대표자가 되는 연합 인자의 한 예로 법을 들어보겠다. 인간은 "법 아래서" 산다. 본능을 상실한 인간은 각기 다른 상황에서 무엇을 해야 하는지 배워야 한다. 그는 세계에 대한 정향을 필요로 한다. 법지향적(law-oriented) 인간은 하느님의 뜻이 법 속에서 드러난다고 믿는다. 그는 그것을 배우고 실제 상황에 그것을 적용한다. 그는 법의 작용을 통해 하느님과 동료 인간들 앞에서 스스로를 정당화하려 든다. 여기서 분별지는 주어진 상황에서 행해야 하는 것을 일의적으로 알고 싶어한다는 사실을 염두에 두는 것이 좋다. 그에 따라 단순자아는 법 작용의 궁극적 주체로서 작용한다. 그러나 자아는 자의식적이다. 스스로를 관찰하고 얼마나 법을 따랐고 얼마나 계명을 어겼는지를 잰다. 법에 따르고서는 자기 자신에 자부심을 가진다. 법의 일을 수행할 수 없는 사람들을 경멸한다(루가 18,11 참조). 여기서 그 참된 관심사로 자기 자신을 드러낼 뿐이다. 자신이 소멸될 것을 두려워하는 자아는 스스로를 위한 피난처를 만들고자 하며, 법의 작용을 통해 그렇게 한다. 경건과 정의의 가면을 썼기 때문에, 그러한 사실을 의식하지는 못할지라도 실제로는 자기의 안전을 도모한다. 그만큼 그는 생명에서 소외되고 분리되어 있다. 일의적인 언어로 움직이는 분별지를 지닌 자아에게 있어서 가령 적은 일의적으로 적일 뿐이다. 즉, 미워해야 하는 적에 지나지 않는 것이다. 그것은 "자기 사랑"과 "이웃 사랑"을 하나로 하는, 인간성의 근본적인 "함께함"(togetherness)에 대해서는 아무것도 모른다. "나"는 "너"와 함께할 때에만 "나"가 되는 것이다.

그러나 단순자아는 이렇게 생각한다: "나는 나이지 다른 이가 아니다. 내가 나 자신을 사랑하는 것은 근본적으로 다른 이는 사랑하지 않는다는 뜻이다. 그리고 다른 이를 사랑한다는 것은 나 자신을 사랑하지 않는다는 뜻이다. 그것은 내게 불가능하다." 그래서 단순자아는 사랑, 즉 궁극적으로 프론트 구조 안에, "생의 서원" 안에 있는 사랑에 대해서는 아무것도 알려 하지 않는다. 그럼에도 불구하고 단순자아가 이웃을 사랑한다면, 그것은 오로지 법이 요구하기 때문이다. 그렇다면 그 사랑은 단순히 (도덕적) 의지의 행위이지, 인간 안에 사랑을 불러일으키는 본래적 생의 서원의 표현은 아니다. 따라서 분별지를 가진 율법적인 사람은 이웃이 누구냐고 묻는다(루가 10,2a). 율법이 이웃 사랑을 요구할 때는 이웃이 누구인지가 일의적으로 드러나야 한다. 그렇지 않고서는 사랑해야 하는 자가 누구인지를 알지 못할 테니까. 사랑의 근원적이고 무조건적인 바탕은 그에게 숨겨져 있는 어떤 것이다. 단순자아가 율법을 연구하고 따르는 그만큼, 그것은 자기 자신을 긍정한다. 율법은 자아에 대한 하느님의 뜻을 나타낸다는 점에서 자체로는 성스럽고 좋은 어떤 것이다. 그렇지만 그때 그것은 자아의 숨겨진 자기 긍정을 의미하는 것이 될 수도 있다. 비록 그 자체로는 이것을 완전히 의식하지 못한다 해도(로마 7,7ff 참조).

이미 말했듯이 문제는 매우 복잡하다. 우리의 율법적 자아에서 우리는 세 가지 관심사를 발견한다. 첫째, 그러한 자아는 말하자면 순수하게 사회적인 자아일 수 있다. 그것은 자기 자신의 안전이나 안녕을 위한 측면에는 주의를 기울이지 않고서 법을 따른다. 이 경우 법은 사회질서의 원리로 이해된다. 그러한 자아는 세세하게 법을 연구하고 따른다. 그것이 오로지 자기의 의무이기 때문이다. 따라서 법에 대한 신실함이 비이기적으로 일어날 수도 있다. 그럼에도 불구하고 이 경우의 자아는 그 자체 안에 폐쇄되어 있다. 그것은 "참자아"로부터 떨어져 있고, 자체로부터 소외되어 있다. 말하자면 그것은 "참자아" 안의 초월의 모든 "역사"(役事)로부터 차단되어 있다는 점에서, 법을 유일한 실재로 하는 순수한 자아인 것이다. 이 자아는 생명이 빛나는 장소가 아니다. 따라서 자아는 생명이 그 가장 깊은 저변에서 뜻하는 바만 뜻하게 된다. 그것은 "너는 해야 한다"만 알지, "내가 하겠다" 혹은 "내가 생의 서원을 발하겠다"는 모른다. 결국 스스로를 몸(生體)으로서가 아니라 순수 지성(pure intellect)으로 이해한다. 그러한 인간은 질서적인 사회를 요구하고, 그것을 실현하기 위해 일한다. 하지만 그것을 다스리는 법에 본질적인 문제가 들어 있다. 법은 인격들의 통합에 포함된 것에 대해 아무런 생각이 없다. 그에게는 (법과) 연합시키는 인자가 통합보다 중요하며, 따라서 개개 인간의 자유보다도 더 중요하다. 그것은 자기가 율법주의를 통해 자유로운 인격들의 통합을 억압하고 실상 파괴한다는 것을 알지 못한다.

그러나 율법주의는 보통 가면, 적어도 단순자아로 하여금 사실상 자신만의 안전을 탐구하게 하는 가면이다. 여기서 우리는 율법적 자아, 즉 "개체"(individuum)로서의 자아가 지닌 두번째 관심사를 본다. "개체"로서의 자아에게 있어서 연합 인자는 자아의 자기 정체성(self-identity)이다. 분별지는 인격들 속에 있는 연합 인자로서의 자기 정체성 안에서 사물은 물론 인격의 본질을 보여주기 때문이다.

그때 자아는 스스로를 자기 정체성적인 어떤 것으로 이해한다. 그러나 자기 정체성은 언제나 위험하기 때문에, 즉 자기를 잃어버릴 위험이 있기 때문에 자아는 자신만의 안전함을 마련해 두는 데 관심을 기울인다. 따라서 자신에 대한 염려는 자아의 본질에 속한다. 그것은 영생이 진정으로 무엇인지도 모르는 채 영생을 추구한다는 사실에 자아의 표현이 들어 있다(마르 10,17 참조). 그것은 영생을 자기 정체적 실존이 영원히 지속되는 어떤 것으로 이해한다. 그것이 율법 준수에 대한 대가로 받기를 바라는 것도 그것이다. 이러한 동기가 인간의 율법주의 뒤에 숨어 있는 것이다.

셋째로, 인간은 언제나 동료 인간들과 구체적인 관계를 맺고 있다. 단순자아는 이것을 피할 수 없다. 단순자아들은 또한 자기 집단의 토대를 연합 인자로 삼고서는 스스로를 속박해 버린다. 이 경우에도 연합 인자가 그들의 중심점이 된다! 일치하는 관심사나 목표, 동일 집단이나 동일 전통에서의 공동 일원됨(membership), 공적 세계나 공적 생활 — 이런 연합 인자들은 그들 우정의 토대이다(루가 14,26 참조). "친구"를 규정하는 것도 이런 의미에서이다. 그렇지만 우리의 맥락에서는 "네 이웃을 사랑하라!"는 율법이 사랑의 토대로 간주된다는 사실을 주목해야 한다. 물론 사실상 인격은 "하느님"에 의한 통합으로 정향되어 있다. 인격 — 이 안에서 개체들은 극들로 배열되어 있다 — 을 통합하는 초월이 이 경우에는 상호 인격적 관계를 가지고 함께하는 삶의 근거이다. 그러나 단순자아에게 있어서 연합 인자가 사랑하고 함께 사는 근거로 나타나기는 하되, 실제로는 사랑하고 더불어 즐기는 삶을 불러일으키지 않는다. 오히려 같은 연합 인자를 공유하지 않는 이들과 다툼을 벌인다. 여기에 이웃 사랑의 명령이 보조적으로 작용하면, 단순자아는 사랑을 도덕성의 문제로 바꾼다. 마태오 복음 5,43 이하의 의미에서의 원수 사랑은 여기서 불가능하고 무의미해진다. 원수 사랑이란 단순자아로부터 오는 것이 아니라 활성화한 참자아(activated Self)로부터, 즉 "나"와 "너"의 본래적인 상호성으로부터 오는 것이기 때문이다.

위에서 우리는 절대화한 연합 인자가 초월에 의해 태어난 생명으로부터, 다시 말해 신인(divine-human)으로서의 "생의 서원"의 장소(seat)가 되는 참자아로부터의 분리시키는 것을 보았다. 이제는 개체가 어떻게 해서 획일성으로부터 해방되는지를 알아보도록 하자.

완전히 일의적인 언어로만 움직이는 분별지를 지닌 자아에게는 획일성(uniformity)이 가장 중요한 것이다. 그것이 아무리 이해될 수 있는 것이라 해도. 그러한 자아에게 획일성은 일차적인 실재이기 때문이며, 자아는 그것이 무엇인지, 그것이 어디에 있는지, 무엇을 해야 하는지를 일의적으로 알 때야 자아로서 존재하기 때문이다. 그리고 무엇보다 획일성의 영역 내에서 자기 자신을 이해하고 자기 자신에 의지하는 식으로 이것을 탐구한다. 그러한 자아는 자체 안에 폐쇄되어 있다. 그것은 "참자아"에서 분리되어 있다. 그것은 자신의 작용을 인식하지 않는다. 참자아, 즉 생명은 이 자아 안에서 드러나지 않는다. 자아는 자기 자신에 의존하며, 그 안에서 자아는 분별지를 가지고 획일성의 맥락에 있는 획일적인 어떤 것으로 자기 자신을 이해하며, 그 획일성을 유지하고 확립하기 위해 행동한다. 그만큼 그것은 획일성에 의존하고 있는 것이다. 그것은 자아가 획일성의 수인(囚人)이 되어버린 자기 안에 매달려 있기 때문이다.

그러나 마찬가지로 그것은 모든 인격이 단순자아로 인해 갇혀 있음을 의미한다. 자아 자체는 획일성에, 궁극적으로는 그 자체에 의존하고 있다. 참자아와 떨어져 있기 때문이다. 즉, 그것은 자신의 힘으로 존재하고자 하며, 이 자기 의존성(self-reliance)을 포기하는 순간 자기가 없어질까 두려워한다. 따라서 획일성의 지배로부터의 해방은 자아 자체로부터의 해방이다. 그 해방은 직접적인 자체 의존을 그만두고 획일성 역시 그 실재의 일부임을 깨달을 때 일어난다. 자아에 의한 자체의 포기와 참자아에 대한 개방은 동시에 일어난다. 참자아에 대한 개방은 자아의 자체 포기에 좌우되지만, 마찬가지로 자아의 포기 역시 참자아가 자아 안에서 스스로를 드러낼 때 일어난다고도 말할 수 있다. 이런 일이 발생하는 순간 생명은 자아 안에 스스로를 현시한다. 그럼으로써 생의 서원이 자아 자신의 서원이 되는 것이다. 분별지의 독점 지배가 제거될 때, 원(圓) 안에서, 인격의 경우 성인들의 통공의 통합 안에서 스스로를 실현하는 프론트 구조에 따라 실재는 자기 자신을 실재 그대로 드러낸다.[3] 이때에 이르기까지 실재는 마치 전체적으로 일의적 언어로 움직이는 분별지에 의해 세워졌던 것처럼 스스로를 드러냈다. 그것은 마치 자기 정체성이 사물의 본질인 양, 복합적인 실재는 일련의 "연합된" 단위들로 구성되어 있는 양 나타났다. 그러나 이제는 통합을 지향하는 프론트 구

---

3. 불자는 현존하는 프론트 구조를 보는 반면, 그리스도인들에게 통합이란 그 자체를 실현하고 있는, 그러면서 아직은 실현되지 않은 과정 속에 있는 어떤 것이다. 여기에 역사와 책임에 대한 그리스도교적 의미의 근거가 놓여 있는 것이다.

조 안에서 실재가 스스로를 드러낸다. 분별지의 구조물이 이차적인 것인 한, 지금 스스로를 드러내는 실재는 일차적이고 직접적인 것이다. 이러한 직접성 안에서 프론트 구조가 자기 자신을 드러내는 것이다(참조: "착한" 사마리아 사람의 반응, 루가 10,33).[4]

다른 측면에서 자아는 참자아와, "생의 서원"의 장소로서의 신체성(corporeality)과 조화한다. 여기서 요약하여 반복해 보자: 자아가 참자아에 대항해 스스로를 닫아두는 한, 즉 참자아가 자아 안에서 드러나지 않는 한, 자아는 자체 안에 있는 참자아의 작용을 인식하지 못한다. 그때까지 생의 서원은 인간에게 실제(real)가 아니다. 사실상(de facto) 그 사람 안에 있지 않은 것이다. 그런 까닭에 자아는 스스로를 단순자아로 이해한다. 하지만 인간이 자아 안에서 드러내는 생의 서원에 눈뜰 때, 그것은 인간 안에 활성화된다. 그 결과 인간 안에서 작용하는 실재가 되는 것이다.

우리 실재의 프론트 구조에 대한 인식과 생의 서원의 활성화는 통합된 인격 공동체를 실현할 때까지 함께 간다. 하나는 다른 하나를 요구한다. 그리스도교적 방식으로 표현하자면,

---

4. 율법의 행위들이 율법으로 결정된 자아로부터 오는 한, 그것들은 "자비를 베푸는 것"에 비교해 볼 때 부차적이다. 주목해야 할 것은 이 비유에서는 사마리아 사람이 유대인, 즉 자신의 적으로 여겨지는 사람에게 자비를 베풀었다는 것이다. 적에게 자연스럽게 자비를 베풀 수 있다는 것은 분별지의 입장에서는 하나의 역설이다. 참자아의 구조(프론트 구조)에 따르면, 참자아가 통합을 추구하고 따라서 통합의 파괴(반쯤 죽어 쓰러져 있는 사람)에 반응하는 깊은 곳에서 이러한 역설적 자연스러움(직접성)은 흘러나온다.

"하느님의 아들이 내 안에서 자신을 계시한다. 나는 죽고 그리스도가 내 안에 산다"(갈라 2,20). 그것은 이와 동시에 자기의 몸으로서의 교회 안에 현존하는 그리스도인 것이다. 인간들을 그리스도의 몸으로 초대하는 것이 자기 자신을 그리스도의 몸의 지체로 이해하는 그리스도인의 관심사인 것이다.

인간은 스스로를 이해하되, 자아를 기관으로 하는 한 몸〔生體〕으로 이해하는 전인적인 인격이 될 것이다. 사람을 배에 비유한다면, 그때 자아는 선장이 되기를 포기하고 실제로 그가 해야 하는 것, 즉 키잡이가 된다는 것이다. 자아는 생의 서원이 자체를 현현하는 장소인 까닭에, 생의 서원은 자아를 통할 때에 역사에 효과적으로 작용할 수 있는 것이다. 그때 내적으로뿐 아니라 외적으로도 사물을 "직접" 체험하는 자아는 실재의 구조를 통합으로 이끈다. 인간의 자유는 직접적인 자기 의존과 그에 따른 이기적인 관심사로부터는 물론 연합적 사고와 그에 따라 일어나는 지배하려는 의지로부터 자유로워지는, 자체로부터의 자유로 이루어져 있다. 그래서 이제는 "그리스도"(육화한 로고스)가 그의 궁극적 주체가 된다. "그리스도"는 세번째 유형의 프론트 구조 안에서 자기의 주체를 구성하고 있기 때문이다. 인간은 "생"이 빛나는 속에서, "생"이 자기 것으로 바뀌는 속에서 산다. 자유로운 사람으로 사는 것이다. 참자아가 유효하게 작용하는 것을 자아가 하는 한, 그 자아는 자유롭다. 인간이 "내가 이것을 한다"고 말할 때, 그때 자아는 그 안에 깊이 들어 있는 것에 순명한다. 자유와 사랑은 여기서 하나인 것이다.

획일성의 지배와 그로부터 오는 인격의 해방에 대해 이야기했으니, 이제는 다시 한번 통합의 문제로 돌아가야 할 차례가 되었다. 통합에 대해서는 빈번히 직접 이야기했었으므로, 다음에서는 특별히 통합과 종말론의 연관에 대해 살펴보겠다.

여기서 그리스도교의 종말론을 역사적으로 전개시킬 필요는 없다. 우리는 "스스로를 실현하는 것"(하느님의 에메트)이 통합이 현실화되는 근저에 놓여 있다는 것을 염두에 두고 있다. 생의 서원이 스스로를 실현할 수 있는 힘을 가진다는 것이다.[5] 하지만 그것은 단순자아가 자신을 유지하기 위해 어떤 것에 영향을 끼치는 방식으로 실현하는 것이 아니다. 생의 서원이 성취하는 것은 그것이 자신에 대해 관심을 기울인 결과이다. 그것은 인간이 부여하는 어떠한 의미에도 상관없이 "스스로" 스스로를 실현한다(마르 4,27f 참조). 그렇더라도 자신을 기계적으로 실현한다는 뜻은 아니다. 그것에 대해 눈뜬 인간은 거기에 참여한다. 그래서 초월이 실현의 궁극적 주체인 것이다. 초월은 눈뜨인 자아를 통해 작용한다. 분명히 참자아와 자아 사이에는 차이가 있기 때문에, 하느님의 공동체를 세우는 것이 한편으로는 인간의 책임이지만, 다른 한편으로는 자아의 행위를 넘어서는 것이다. 통합의 실현은 궁극적으로는 인간의 손 안에 있지 않다. 그것은 더 깊이 근거지어져 있는 것이다.

이렇게 볼 때 통합은 하느님의 행위로서 일어나는 것이라고

---

5. 위의 각주 3 참조. 하느님의 뜻이라는 토대 위에서 자아 실현의 의의를 실현하지 못하는 한, 종말론이란 이해하기 곤란한 것이다.

할 수 있다. 달리 표현하면, 인간이 초월의 힘의 장 안에서 스스로를 발견하는 한, 비록 그 장이 인간에게 숨겨져 있다 해도, 그 장은 인간 안에서 통합에 영향을 끼친다는 것이다. 여러 사람이 그것에 눈뜨고, 그것이 그들 안에 계시될 때, 인간은 통합된 공동체를 조직하기 시작하는 것이다. 이제 그들 안에 영향을 미치게 된 초월은 역사적 실재 안에 있는 초월의 프론트이다. 지상에서 초월의 영향을 표현하는 자들의 작은 집단이 궁극적으로는 그 자체를 실현하는 하느님의 다스림(Reign of God)의 프론트이다. 여기서 우리는 나란히 함께 존재하는 현재와 미래의 종말론의 토대를 본다. 하느님의 초월-미래적 다스림의 프론트는 역사 안에 있는 것이다. 그 힘은 이미 역사 안에 현존하고 있다. 우리는 신약성경의 종말론을 이런 식으로 이해할 수 있다. 오실 하느님의 다스림의 프론트가 우리 역사 안으로 뚫고들어와 있는 것이다. 그것은 우리 역사 안에 하느님의 다스림으로 있다. 그럼에도 불구하고 프론트 구조의 세번째 유형에서 볼 때, 초월과 지상에 나타난 그 가시적 표현 사이에는 연속성과 불연속성이 있다. 통합의 최종적인 실현이란 사실상 불가능하다. 그럼에도 불구하고 그것이 일어난다면, 하늘(heavenly, 장)과 땅(earthly, 표현)간의 차원의 차이가 제거되어야 할 것이다. 차이가 남아 있는 한, 그 표현은 최종적일 수 없는 것이다. 결과적으로 땅이 하늘로 변화되든지(1고린 15,52 참조), 모든 것이 하늘처럼 새로워지든지(묵시 21,1ff 참조) 해야 한다. 그때 최종적인 통합, 즉 지상에서의 하느님의 다스림이 올 것이다.

그때 이것은, 인간 역사의 마지막 정거장으로라기보다는 역사를 끝장냄과 동시에 바로 그럼으로써 역사의 본래적 의미를 완성시키는 초월적인 어떤 것으로 올 것이다. 옛 세계가 완전히 제거되고 그와 동시에 진정한 하느님의 백성들이 창조되는 방식으로 오는 것이다. 생의 서원은 단순자아의 산물들을 "돌파하는"(break through) 방식으로 자체를 최종적으로 실현한다. 자체를 실현하는 것은 생의 서원과 마찬가지로 신인(divine-human), 즉 "그리스도의 몸"으로서의 교회인 것이다. 그런데 통합의 "최종적" 실현을 "우주적인" 것으로 상상할 때, 우리는 종말론적인 그림을 가지게 된다. 최종적인 통합이 일어날 때, 단순자아가 머무는 장소로서의 세계와 함께 모든 단순자아의 산물들이 소멸된다. 통합 공동체의 최종적인 실현으로서의 하느님의 다스림은 그것이 머무는 새 세계와 함께 온다. 그때 하늘과 땅의 차원적 차이는 제거될 것이다. 그래서 우리는 그리스도인의 종말론을 통합의 "최종적인" 실현이라고 이해하는 것이다. 그렇더라도 비가시적 장과 그것의 가시적 표현(역사적 실재 안에 나타난 그것의 프론트) 사이의 차원적 차이는 제거되지 않을 것이다. 하느님의 다스림은 사실상 원시 그리스도교에서 기대했듯 그렇게 오지 않았다.

5

그리스도교의 절대성 요구와 관련하여

그리스도교의 절대성 요구는 성경에서 증언하고 있듯이, 예수 그리스도만이 하느님의 계시이고 하느님은 그 밖에서는 어디에서도 계시하지 않으셨다는 주장에 근거한다. 따라서 예수 그리스도는 역사적으로 유일한 인물이지, 언제 어디서나 직접적인 관계를 맺을 수 있는 보편적인 원리가 아니다. 하느님을 아는 길은 오로지 예수 그리스도에 대한 믿음을 통해서이며, 성경에서 증언하는 예수 그리스도를 두고서 "Extra ecclesiam nulla salus"(교회 밖에는 구원이 없다)라고 선포하는 그리스도교 교회 안에서만 이 신앙은 가능하다. 이렇게 보면 종교란 인간이 진리를 소유하려는 불가능한 시도로 이해될 수밖에 없다. 이러한 개념 안에 있으면, 그리스도교인들과 타종교 신봉자들의 대화는 관심 밖의 일이다. 그러나 도처에 있는 그리스도인들은 이제 더 이상 이러한 주장을 동일한 양상으로 유지시키지 않는다.

상황이 바뀌었다. 미국과 일본에서는 물론 유럽에서도 그리스도교인과 불교인의 진지한 대화가 시작되었고, 실제로 그 대화를 통해 그리스도교에 대한 가능한 새로운 이해가 처음으로 창출되기에 이르렀다. 칼 바르트(Karl Barth)의 신학에 강하게 영향을 받아온 일본 프로테스탄트 신학의 현 상황에서 그리스도교인과 불교인간의 대화가 어떻게 가능한지, 이 대화가 얼마만큼 의미있는 것이 될 수 있을지 물을 때이다. 여기서는 우리의 반성에 어울리는 한 예를 제시하도록 하겠다.

니시타 기타로(西田幾多郎)와 칼 바르트의 문하생이었던 타키자와 카츠미(瀧澤克己, 1909~1984)는 큐슈(九洲) 대학의 신학자이자 종교철학자였다. 그는 하느님과 인간의 제일의 접촉(第一義の接觸, primary contact)과 제이의 접촉(第二義の接觸, secondary contact)간의 차이를 묘사했다.[1] 제일의 접촉, 즉 "하느님이 우리와 함께하신다"(임마누엘)는 사실은 어떠한 인간이든지, 무엇을 했든지 못했든지, 그리스도교인이든지 아니든지에 전적으로 상관없이 모든 인간의 근저에 있는 것이다. 또한 그는 이 접촉을 "임마누엘의 원사실"(primordial fact of Immanuel)이라고 부른다. 그렇지만 제일의 접촉이 모든 인간에 무조건적으로 속한다 해도, 인간이 이 원사실에 언제나 눈뜨는 것은 아니다. 그러나 바로 이 원사실의 토대 위에서만 그에 대해 눈뜰 때야 비로소 그 진리를 인식하게 되는데, 이것을 "하느님과 인간의 제이의 접촉"이라고 부른다. 이렇게 구분함으로써 타키자와는 일체 중생은 불성

---

1. 瀧澤克己, 『佛敎とキリト敎』(京都: 法藏館, 1964), pp.79ff. 그의 강연들과 그에 대한 토론들이 Seiichi Yagi, "The First Conference of Tozai Shukyo Koryu Gakkai" (Japan Chapter of East-West Relations), *Buddhist-Christian Studies*, 3 (1983, University of Hawaii Press)에 출판되었다.

(佛性)을 가지고 있으며, 그로 인해 그 불성에 눈뜰 때 각자 (覺者)가 될 수 있다는 대승불교의 근본 관점 곁에 분명히 다 가섰다.

중요한 점은 타키자와가 이런 시각으로 구분함으로써 그리스도론을 발전시켰다는 것이다. 그에 따르면, 예수는 하느님과 인간 사이의 제이의 접촉을 완전하게 실현하고 그것을 표현한 한 인간이자 제이의 접촉의 표준이자 전형이다. 그런데 제일의 접촉 자체는 예수에 의해 처음으로 성립되었던 것이 아니다. 그게 아니라 그는 제이의 접촉의 전형이며, 그런 점에서 인도 전통에서 처음으로 제일의 접촉에 눈뜬 당대의 고타마 붇다와 "나란한" 한 인물이다. 타키자와는 예수 안에서 하느님과 인간의 제일의 접촉을 보았으되, 그에게서 제일의, 제이의 접촉을 전혀 구분하지 않음으로써 그와 같은 인간 예수를 신격화시킨 결과를 낳은 전통 그리스도교를 비판한다. 그러나 예수는 임마누엘과, 즉 하느님과 인간의 제일의 접촉과 분리할 수 없고, 동일시할 수 없으며, 불가역적인 관계를 맺고 있는 한 인간이었던 반면, 그 "임마누엘"이라는 원사실은 그리스도교에서 "그리스도", "참 신이자 참 인간"이라고 부르는 것이다.

타키자와는 비슷하게 불교도 비판한다. 비록 그리스도교에서와 똑같은 의미는 아니었을지라도, 불교인들도 마찬가지로 앞에서 서술된 차이를 엄밀히 적용시키지 않았다. 불교인들 가운데는 제이의 접촉의 실현과 다를 바 없는 개별적인 "깨침"(enlightenment)의 체험을 만물의 척도로까지 끌어올릴

만큼 근본적이고 결정적인 것으로 보려는 경향이 있다. 그럼에도 불구하고 타키자와에 따르면, 불교는 그리스도교와 같은 (근원적) 근저 위에 서 있는 종교이다. 그래서 타키자와는 그리스도교인과 불교인의 대화가 어떻게 해서 가능해질 수 있는지, 그것이 왜 양자에게 의미가 있을 것인지 보여주었던 것이다. 임마누엘의 원사실은 양 종교의 공통 근저이며, 따라서 그리스도교의 절대성 요구는 포기되어야 하는 것이다.

  내 판단으로도 타키자와의 구분은 옳다. 여기서 그의 논제를 세세하게 정당화할 필요는 없다. 다만 타키자와의 구분은 참자아와 자아를 구분한 본 논고에 상응한다는 것을 언급해 둘 뿐이다. 참자아가 "신인"(divine-human)이라면, 자아는 신인이 드러나는 장소이다. 따라서 참자아는 "하느님과 인간의 제일의 접촉"에 상응하고, 자아 안에서 참자아가 드러나는 사건은 "하느님과 인간의 제이의 접촉"에 상응한다. 즉시 다음이 첨가되어야 할 것이다: 타키자와에 따르면 제일의 접촉은 모든 인간에 무조건적으로 속한다. 물론 그것은 틀리지 않다. 하지만 좀더 면밀히 풀어 말할 필요가 있다. 제일의 접촉은 자아 안에서, 그리고 자아에 대해서 스스로를 현시할 때에야 살아 움직이게 될 것이다. 달리 말하면, 제일의 접촉은 제이의 접촉 안에서야 영향력을 행사할 수 있게 되리라는 것이다. 제이의 접촉이 제일의 접촉을 불러일으키는 것은 아니더라도, 양자는 서로를 조건짓는다. 제이의 접촉이 생겨나기 전에는 사실상(de facto) 제일의 접촉이란 없다. 그렇다면 타키자와가 그렇게 말했음에도 불구하고, 제이의 접촉의 가능성이 예수를 통해서, 그리고 예수 안에서 처음으로 일어난 것은 아닐지라도, 어떻든 히브리 전통에 따라 표현할 것 같으면, 예수가 제일의 접촉에 눈뜨기 전에는 사실상 제일의 접촉이란 없었다고까지 말할 수 있다. 이런 의미에서 제 사 복음사가가 "율법은 모세를 통해서 주어졌지만, 은혜와 진리는 예수 그리스도를 통해서 일어났다"(요한 1,17)고 말한 것은 옳았다. 이렇게 바로잡을 때야 나는 타키자와에 동의한다. 그렇다면 이 뒤에 따라나오는 부활 사건(Easter event)에 대한 해석을 감출 수 없다. 부활 신앙은 예수가 죽은 뒤 그 제자들 안에 발생했던 제이의 접촉이 발전된 것을 의미한다고 타키자와는 믿는다.[2] 제자들은 자신들 안에 새롭게 계시되었던 임마누엘의 원사실을 두고 "일으켜지신 분"(the Risen One)이라고 주장했다. 이러한 견해가 납득되려면 상세한 연구가 필요하지만, 지금은 그럴 만한 형편이 못된다. 여기서는 타키자와의 견해와 실제로 이 논고 안에서 틀지어진 개념들을 설명하는 것에 그치려고 한다.[3] 예수는 자기 안에서 참자아를 자기의 자아를 통해 표현한 한 인간이었던 것이다.

일의적(一意的)인 언어를 사용하는 것은 자아이다. 자아는 스스로를 참자아로부터 소외시키고, 일의적인 언어를 써서 자

---

2. 瀧澤克己, 『聖書のイエスと近代の思惟』(東京: 新敎出版社, 1965), pp.51f.

3. 다음이 부활신앙의 형성과 관련된 나의 간략하고 축약된 발표문이다. 이에 대해서는 『新約思想の成立』(東京: 新敎出版社, 1963); 『キリストとイエス』(東京: 講談社, 1979); 『佛敎とキリスト敎の接點』(京都: 法藏館, 1975); 『パウロ・親鸞・イエス・禪』(京都: 法藏館, 1983)과 같은 나의 작품들 안에서 상세하게 논의되었다.

기 자신을 이해하며, 일의적인 언어를 통해 형성된 개념들로 가득 차 있는 까닭에 자아는 이러한 개념들을 가지고 실재를 묘사한다. 단순자아는 자체를 이해하되, 그 개념들을 통해 방향지어진 것으로 이해한다. 그러한 자아는 사회와 전통 속에서 일의적인 언어로 표현된 지배적인 관점에 의존한다. 그것의 다른 측면은 자아가 참자아와의 직접적이고 살아 있는 관계를 잃어버렸고, 마찬가지로 참자아도 실제로 활성화되지 못한 채 사실상 죽어 있다는 것이다. 이런 경우가 예수 시대 유대교의 율법적인 흐름이었다. 참으로 당시 유대인들 가운데 이것이 얼마나 널리 퍼져 있었는지 더 이상 확인할 길은 없지만, 어떻든지 율법"주의"가 관련되는 한 이 분석은 적용된다. 이에 대한 징후가 최소한 신약성서에 나오는 것과 같은 바리사이파들에게서 보인다. 즉, 예수에 적대적이던 그들은 율법에 의존했고, 나와 너의 일치, 프론트 구조에서의 신인(divine-human), 즉 참자아가 살아움직이던 예수를 이해하지 못했다. 예수 안의 단순자아는 죽었고, 따라서 그는 자기 자신을 위한 이기적인 염려에서뿐 아니라(마태 6,25ff) 분별적인 계산에서 자유로웠다. 그에게 있어서 한 마리 양은 전체 무리 못지않게 가치있는 것이었다(루가 15,4ff). 예수에게 있어서 참자아에 대한 사랑과 이웃에 대한 사랑은 사실상 서로 뗄 수 없는 것이었다. 하지만 이것은 율법의 계명에 근거한 것이었다기보다는 참자아가 바로 "나와 너의 일치"이기 때문이었다(루가 10,25ff.30ff.). 예수의 활성화된 참자아는 그의 자아를 통해 표명되었다. 예수가 자신을 땅 위에 있는 신적인

"인간의 아들"(heavenly "Son of Humanity")의 전형으로 이해했고, 그와 동시에 자기 자신을 자기로부터 구분했다(마르 8,38)는 것이 이에 대한 표지이다. 경험적인 인간으로서 자기 자신은 하느님께 종속되어야 할 존재임을 알았다(마르 10,18). 즉, 신인적인 어떤 것이 예수를 통해서, 예수로서 말했던 것이다.

　예수는 이것을 의식했다. 그러므로 당시 사람들에게 그는 율법과 전통에 의존하지 않는 권위있는 교사로 여겨졌다(마르 1,22). 그러나 예수가 "그러나 나는 여러분에게 말합니다"(마태 5,21ff)라고 말했을 때, 그는 그로써 자아의 규범에 타당한 새로운 윤리를 제기하고자 했던 것은 아니다. 오히려 그는 활성화된 참자아에 의해 경험되는 있는 그대로를, 즉 사실상 참자아에 해당되는 것을 선사했던 것이다. 자아는 원수를 증오할 줄밖에 모르지만, "나와 너의 일치"와 같은, 신인적인 어떤 것으로서의 참자아 안에는 미워함이 없다. 남자의 자아는 여자를 원하지만(마태 5,21), 참자아는 욕망을 모른다. 참자아로부터 오는 것은 다른 인간들이 하는 것에 의해 결정되지 않는다. 비록 자아에게는 "동태복수법"(jus talionis)이 정당하지만(마태 5,38f), 참자아는 그것에서 자유롭다. 참자아에게는 어떤 인간도 원수로 여겨지지 않는다(마태 5,44). 다른 자아들을 지배하려 드는 자아에게는 적이 있다. 물론 예수는 율법을 거부하지는 않았지만 그것에서 자유로웠다. 율법은 인간을 위해서 있는 것이지, 그것을 전도시키는 것이 아니기 때문이다. 자아가 신인의 외면에 있는 궁극적 실재가 아니듯이, 율법도 궁극적 실재가 아니다. 참자아는 율법을 넘어선 것이다(마르 2,27f 참조).

예수의 제자들은 예수 생시에는 그를 이해하지 못했다. 그러다가 그가 죽은 후에 신인이 제자들 안에 계시되었고, 그들은 참자아에 눈떴다. 바울로가 그 안에(즉, "그에게"뿐 아니라 "그 안에"; 갈라 1,16) 내린 하느님의 아들의 계시라고 서술했던 사건도 그것이었다. 제자들은 이 사건을 그들 시대에 공통적인 방식으로 해석했다. 예수가 나타나 유명해짐에 따라 — 아마도 당시 사람들에게 예수는 그보다 앞선 스승 세례자 요한만큼 위대하든지, 그보다 더 위대한 존재로 나타났을 것이다 — 사람들은 "세례자 요한이 죽은 자들 가운데서 살아났다. 그래서 놀라운 힘이 그 안에 작용하는 것이다"(마르 6,14)라고 말했다. 예수의 제자들은 그들 속에 참자아가 드러나는 사건을 이렇게 해석했다: "예수가 죽은 자들 가운데서 살아났다. 그래서 그의 권능이 우리 안에 영향을 미치는 것이다." 이것은 그들이 한때 예수로 나타나 그들과 함께 있었던 것이 자기들 안에 있는 참자아라고 알아들었기 때문이다. 그것이 맞다면, 그들은 경험적 인간 예수와 신인 사이를 구분하지 않고, 오히려 양자를 무차별 동일시했다고 할 수 있다. 내가 판단하건대, 역사적 예수(historical Jesus)와 선포된 그리스도(kerygmatic Christ)간의 관계는 이런 식으로 이해하는 것이 가장 좋을 것이다. 제일의 접촉, 즉 예수가 "하느님의 다스림"(the Reign of God)이라고 불렀던 것과 그것의 인격화인 "사람의 아들"(Son of Humanity)은 원시 공동체에서 "일으켜지신 예수", "주 그리스도", "하느님의 아들"이라고 주장되었던 자와 동일하다.

이것이 부활 사건에 대한 우리의 해석이다. 역사적 연구에서는 정보를 주는 것이 아니라 가능성을 줄 뿐이다. 그래서 나는 이 부록을 통해 우리의 분석은 신약에 적용될 수 있으며, 따라서 그리스도교의 절대성 요구는 사라져야 한다는 것을 보여주고자 했을 따름이다. 경험적 인간 예수는 "임마누엘의 원사실"과 구분되어야 하며, 여기서의 활성화된 참자아("내 안에 있는 그리스도")의 개념은 불성(佛性)의 개념에 적절히 비유될 수 있다.

〈부 록〉

레너드 스위들러의 대화 신학
야기 세이이치의 불교적 신학

이 찬 수

레너드 스위들러의 대화 신학

레너드 스위들러는 종교간의 대화야말로 "신학"의 요체라 확신하고서, "지구윤리"(Global ethics/Global Ethos)의 필요성을 역설하고 "종교간 대화 10계명"을 만드는 등, 활발하게 여러 종교들간의 대화 모임을 주선하고 도모하는 미국의 가톨릭 계열 신학자이다. 이를 위해 우리 나라에도 이미 여러 차례 방문한 바 있는 스위들러는 신학을 "삶의 궁극적 의미와 그에 따라 살아가는 방식을 설명하기 위한 조직적인 반성" (systematic reflections)이라 폭넓게 규정하고서 종교간의 대화야말로 이러한 반성을 수행하는 가장 적절한 기반이라고 주장한다.[1] 이 글에서는 스위들러 신학의 핵심을 이루는 "대화론"과 그에 근거한 예수론을 중심으로 그의 신학을 정리해 보겠다.

1. 대화의 필연성

스위들러에 의하면, "대화(dialogue)란 서로 다른 견해를 가진 둘 또는 그 이상의 사람들이 저마다 변화하고 성장하기 위해 서로에게서 배우는 것을 일차 목적으로 하는 의사소통(communication)"이다.[2] 대화에 참여하는 사람은 상대방을 논박하거나 자신의 우월감을 드러내려는 태도

---

1. Leonard Swidler, "Interreligious and Interideological Dialogue: The Matrix for All Systematic Reflection Today", *Toward a Universal Theology of Religion*, Leonard Swidler, ed. (Maryknol, New York: Orbis Books, 1987), pp.5, 19.
2. 자세한 것은 앞의 글, 26-30쪽 참조.

가 아닌, 가능한 한 다른 사람의 입장에 공감하고 배우려는 자세로 임해야 한다. 이러한 대화 자세는 무엇보다 시대의 요청이다. 스위들러는 대화의 "요청적" 성격을 교황 바오로 6세의 발언(1964)으로 뒷받침한다.

> 오늘날은 대화가 "요구되고" 있다. 현대사회의 위상을 변화시키는 역동적인 과정이 대화를 "요구하고" 있다. 사회의 다원성과 오늘날 인간이 이루어 놓은 성숙함이 대화를 "요구하고" 있다. 종교적인 사람이든 아니든, 그들이 받은 세속의 교육은 엄연히 그들로 하여금 생각하고 말하고 대화를 수행하게 하고 있다.[3]

스위들러는 더 나아가 대화가 시대의 요청일 뿐 아니라 필연성이라고 주장한다. 그런 주장의 근거를 그는 사람들의 변화된 진리관에서 찾는다. 스위들러에 의하면, "진리 개념이 지난 세기까지는 대체로 절대적이고 정적이고 배타적이었던 데 반해 그뒤로는 비절대적이고 역동적이고 대화적인, 한 마디로 말해 '관계적인' 것이 되었다".[4] 이것은 대체로 다음의 네 가지 상황의 결과이다.[5] 첫째, 19세기 이후로 사람들은 진리가 역사적 환경의 산물이라는 사실을 인식하게 되었다. 어떠한 진술이든 모두 특별한 지적 범주들과 심리적 환경들 속에서 언어로 표현되기 때문에, 사물의 의미에 대한 진술은 역사적 시간의 상 안에서 비절대화될 수밖에 없다는 것이다. 진리 진술은 역사적 맥락 속에서 이해되어야 한다는 말이다. 둘째, 오늘날 지식사회학에서 밝히듯이, 진리 진술들은 진술자의 세계관에 의해 결정되므로, 다시 말해 모든 실재는 인식 주체의 문화적·계급적·성적 견지에서 인식되므로, 모든 진리 진술은 장소적으로 결합되어 있고, 따라서 비절대화된다는 것이다. 셋째, 비트겐쉬

---

3. *Ecclesiam Suam*, 9항; 앞의 글, 6-7쪽에서 재인용.
4. 앞의 글, 7쪽.   5. 앞의 글, 7-13쪽.

타인의 언어철학에서처럼, 인간의 언어는 하나의 관점에서 부분적으로만 실재를 표현할 수밖에 없는 까닭에, 진술된 진리는 언제나 제한적이고 비절대적이다. 초월자에 대해 얘기할 때는 더욱 그럴 수밖에 없다. 넷째, 스위들러가 무엇보다 중요하게 다루는 것은 오늘날의 해석학적 통찰이다. 가다머(Hans-Georg Gadamer), 리꾀르(Paul Ricoeur) 등이 발전시킨 해석학에 따르면, 모든 지식은 해석된 지식이다. 우리는 어떤 사물을 파악할 때 자기 나름의 인식의 틀을 통해 해석하기 때문에, 인식하는 사람과 인식된 것은 불가분의 관계에 있다는 것이다. 이것은 인문과학은 물론 자연과학에서도 마찬가지이다. 어디서든 실재의 "다양한 국면들은 우리가 마련한 범주를 통하여, 우리가 확립한 지평 내에서, 우리가 이용하는 범주하에서, 우리가 제기하는 물음들에 대한 응답 속에서, 그리고 우리가 만드는 관계들과의 관련하에서만 관찰"된다.[6] 그 실재는 내가 이해하는 언어, 범주들 속에서만 나에게 "이야기한다". 따라서 완전한 절대주의나 순수한 객관주의, 완전한 상대주의나 순수한 주관주의란 없다. 한 마디로 진리는 "대화적"이고 "관계적"일 수밖에 없다는 것이다. 더 이상 홀로 존재할 수 없음을 안 이상 대화는 필연적이다. 대화의 필연성은 진리관의 "코페르니쿠스적 전환"의 결과이다. 이 마당에 대화를 고의적으로 거부하는 것은 인간적으로 무책임한 행동이며, 유대-그리스도교적 술어로 하면 "죄"이다.[7] 스위들러는 그렇게 말한다.

2. 대화의 영역

이와 같은 대화는 사회정의의 실천과 같은 실제적인 문제들은 물론 교리와 신학 전반에 걸쳐 나타나야 한다. 스위들러는 종교-이념간의 대화를 세 가지 영역으로 나누어 설명한다.[8]

---

6. 앞의 글, 10쪽. 7. 앞의 글, 12쪽. 8. 앞의 글, 16-20쪽.

첫째, 실천적(practical) 영역에서의 대화이다. 대부분의 종교에서 가르치는 자비·정의·사랑의 가르침에 따라 사회정의를 구현하고 인권을 옹호하는 따위의 구체적인 문제들을 위한 종교간 협력을 말한다. 이것은 종교나 이념간의 장벽을 무너뜨릴 것이며, 다른 신앙과 이념을 가지고도 같은 행동을 할 수 있다는 자기 이해로 인도해 줄 것이다. 여기서 대화는 행동으로, 행동은 대화로 이어져야 함을 보여준다.

둘째, 영적인(spiritual) 영역에서의 대화로서, 상대방의 종교나 이념을 "안으로부터"(from within) 경험하는 대화이다. 스위들러는 파니카(Raimundo Panikkar)의 말을 이에 대한 적절한 예로 든다.

> 종교적인 대화는 단순히 교리들이나 지적인 견해들의 교환이 아니라 진정하게 "종교적이어야" 한다. … 대화는 나의 종교적 태도의 깊이로부터 내 상대방 속에 있는 똑같은 깊이에로 나아가야 한다.
> 나는 한 사람의 그리스도인으로서 "출발했다". 나는 나 자신이 힌두인임을 "발견했다". 그리고 나는 한 사람의 그리스도인임을 그만두지 않은 채 한 불자가 되어 "돌아왔다".

다른 문화, 다른 삶의 방식, 다른 종교의 입장으로 나아갔다가(going over) 새로운 통찰을 가지고 자기 자신의 문화로, 자기 자신의 삶의 방식, 자기 자신의 종교에로 되돌아오는 것(comming back)이다. 상대방의 감정에 들어갔다가 더 풍부해져서 자신의 전통으로 되돌아오는 단계를 말한다.

셋째, 인식적인 영역에서의 대화이다. 이것은 "어떻게 내가 한편으로는 나 자신의 종교적·이념적 확신들과 전통에 대한 성실성을 유지하면서, 다른 한편으로는 상대방을 이해하고 그들 자신을 나의 언어로 인식할 수 있을까"에 관한 문제이다. 종교적 확신들에 대한 하나의 체계적이고 추론적인 반성, 즉 "신학"을 이루는 단계이다. 여기서 스위들러가 말하는 "신학"이란 단순히 그리스도교만의 것이 아니다. 앞에서 본 대로 한 사람 혹은 그 이상의 사람들이 받아들이고 있는 "종교적·이념적" 확신에 대한 체계적이고 추론적인 반성, 삶의 의미와 그에 따른 삶의 방향을 설명하려고 하는 한, 신앙 혹은 이념에 대한 통찰은 모두 신학이다. 스위들러는 이런 점에서 "보편적 신학", 즉 그리스도교와 같은 유신론적인 종교들만이 아닌, 다른 여러 종교나 이념들을 가진 사람들이 받아들일 수 있는 신학을 추구한다. 따라서 앞으로 해야 할 일도 각각의 종교적 전통 안에 있는 사상가들이 자신의 반성들, 즉 "신학"을 다른 사람들이 이해할 수 있는 범주들·용어들·상들로 표현해 내는 것이라고 스위들러는 본다. 이것을 그는 "보편적 종교-이념의 신학"*(universal theology of religion-ideology)이라고 부른다.

3. 에큐메니칼 에스페란토어

스위들러는 이러한 "보편적 종교-이념의 신학"을 형성하도록 촉진하는 신학적 언어·용어·범주들을 "에큐메니칼 에스페란토어"(Ecumenical Esperanto)라고 부르면서, 종교인들은 이런 언어를 확립할 필요가 있다고 주장한다. 이 용어는 현재 통용되는 여러 언어들로부터 선택해서 창안된 국제어인 "에스페란토어"에서 따온 말로서, "위로부터"나 "밖으로부터" 제시된 권위적이고 독점적인 언어가 아닌, 인류가 사용해 온 언어이면서도 인류 공통의 인성을 토대로 한 "아래로부터"의 언어, "안으로부터"의 언어를 말한다.[9] 앞에서 언급된 진리의 역사성, 언어의 다

---

* 스위들러는 초월자에 의존하지 않고도 삶의 의미와 방식을 설명하는 마르크스주의와 같은 길들이 전통적으로 종교가 했던 기능들을 담당하고 있거나 그랬던 현실을 주시하면서, 종교간의 대화 못지않게 이념(이데올로기)간의 대화도 중시한다. 그리하여 단순히 "종교"라고만 하지 않고 종교와 이념을 같은 차원에서 한데 묶어("종교-이념") 사용한다.

9. 앞의 글, 20쪽.

의성 등이 제기한 반성들을 모두 수용하고 포괄할 수 있는 언어인 것이다.[10] 여기에는 초월자를 말하되, 형이상학적이고 배타적인 용어가 아닌 내재적 용어들·상들·범주들로 말해야 한다는 의도가 들어 있다. 초월적인 것, 이른바 종교적인 것은 우리의 현실적 한계상황(가령 연인의 죽음이라든가, 문득 눈에 띈 자기의 흰 머리카락 앞에서의 상념 따위)과 직면했을 때 나타난다.[11] 자신의 현 위치를 넘어서는 자기 초월의 행위, 자신과 타인에 대한 근본적인 이해는 이미 일상 안에 간직되어 있는 공통된 인성에서 비롯된다는 것이다. 그러므로 내재적인 것 속에서 초월적인 것을 분명히 해줄 언어, 즉 "에큐메니칼 에스페란토어"는 현금의 시급한 요청이며, 불가피한 연구 과제이다. 물론 그것은 한국어·영어와 같은 차원의 또 다른 언어를 의미하는 것도, 불교 언어·그리스도교 언어 외에 다른 종교 언어를 만들어 내자는 뜻도 아니다. 현재의 종교언어를 대치하고 폐기하는 것은 아니면서도, 상용되는 언어의 배타성·편협성을 넘어설 것을 요구하는 언어이다. 물론 에큐메니칼 에스페란토어 역시 그 자체로 완전한 언어도 아니고 완전할 수도 없는 언어이므로 어떤 지점까지만 유용한 것일 수밖에 없다. 모든 것을 포괄하고 변함없는 하나의 언어란 없고, 어떤 언어든 역사적이고 문화적으로 조건지어 있는데도, 누구나 그 언어를 가지고 의사소통을 하듯이, 에큐메니칼 에스페란토어는 종교들의 다양성을 보존하면서도 "보편적 종교-이념의 신학" 형성에 도움을 줄 것이라고 스위들러는 본다. 따라서 "보편적 종교-이념의 신학" 역시 단일한 "유엔(U.N.) 종교"를 염두에 둔 신학이 아니라 언제나 다양성을 통하되 모두 끊임없는 상호관계 속에서, 변증법적이고 대화적인 방법을 통해서 실재를 추구하고 인식할 수밖에 없는 현실을 포괄하려는 신학이다.

---

10. 앞의 글, 25쪽.   11. 앞의 글, 21쪽.

4. 그리스도교적 에큐메니칼 에스페란토어

스위들러는 이상과 같이 제시한 뒤, 그리스도교 신앙을 "에큐메니칼 에스페란토어"에 반영하는 작업, 즉 그리스도교적 "보편 종교-이념의 신학"을 세우려 노력한다. 그 출발점이자 가장 중요한 시도가 예수를 그리스도교 제1의 기준으로 다시 확인하는 것이다.

① 예수: 그리스도교 제1의 규범

"그리스도인"이라는 이름이 만일 "예수"라는 이름에서 유래했다면, 역사의 예수가 그리스도인들에 대해 제1의 규범이 되는 것은 당연한 듯 보인다. 그러나 사실상 역사의 예수가 나타내고자 했던 것과 그 이름에 연원을 두고 발생한 그리스도교는 동일하지 않다. 이것은 불행한 사태인 듯하면서도 동시에 자연스러운 결과라고 스위들러는 말한다. 왜냐하면 예수를 따르던 무리조차 예수의 가르침만을 그대로 보고 전한 것이 아니라 자신에게 드러난 예수의 "의미"를 보았으며, 더욱이 그 의미는 여러 상황 속에서 언제나 달리 표현될 수밖에 없는 것이었기 때문이다. 제자들이 예수로부터 배운 것은 그가 말하고 가르친 것에 제한될 수 없었다는 것이다. 제자들은 예수의 내적인 자아에 의해 깊은 감동을 받았으며, 예수는 그들에게 진실된 삶의 원천으로 작용했다. 제자들은 예수를 자신 안에서 지속적으로 살아 계신 분으로 경험했다. 이는 어느 한 순간만의 사건이 아니라, 지속적인 사건이었다. 가르치던 예수가 가르쳐지기 시작했고, 선포자 예수가 선포되기 시작했다. 스위들러에 의하면, 이렇게 "선포된 예수"는 무엇보다 "선포자 예수"를 전하는 가장 완전한 방법이었다.[12] "선포자 예수는 그의 전 인격 안에서 그가 생각하고, 가르치고, 행했던 모든 것"이었기 때문이다. 그런 점에서 "선포된

---

12. 앞의 글, 35쪽.

그리스도"를 "선포자 예수"와 다른 어떤 존재로 이해하면 곤란하다. 스위들러는 "'선포된 그리스도'를 자신의 전 인격 안에서 생각하고 가르치고 일한 '가르치는 예수'와 대립적으로 이해하는 것은 예수뿐만 아니라 그의 첫 제자들까지 속이는 일이 된다"고 말한다.[13] 선포된 그리스도는 제자들이 발견한 선포자 예수의 모든 것이었으므로. 19세기 이래로 케리그마에서 역사의 예수를 가려내려는 작업이 활발히 전개되어 오고 있지만, 이 둘은 확연히 분리될 수 있는 이질적인 것들이 아니다. 요한복음의 "위의 그리스도론"(high christology), 니체아 공의회(325 C.E.)와 콘스탄티노플 공의회(381 C.E.)에서의 "동일 본질" 등의 표현 모두 역사의 예수를 염두에 두고 발생한 당시의 존재론적·실체론적 언어들이다. 역사의 예수와 케리그마의 그리스도는 비대립적일 뿐 아니라 불가분의 관계에 놓여 있다.[14] 다만 예수의 모습이 그리스도인의 기준, 본래적 자료가 되는 것만큼은 분명하기에, 그리스도인이라면 끝없이 역사적 예수의 모습을 파악하려는 노력을 기울일 수밖에 없다는 것이 스위들러의 생각이다. 그러나 그 누구도 예수가 존재했던 모습 그대로를 "객관적으로" 알 수는 없다. 스위들러는 이 분명한 사실을 인식하고서 가다머, 리꾀르 등의 해석학 전통을 "보편적 종교-이념의 신학"에 적용하고 있는 것이다.

> 나는 역사의 예수에 대한 권위적이고 분명한 상에 도달하는 것이 심히 어렵다는 것을 알고 있다. 그러나 우리가 할 수 있는 한 그 규범은 있다. 물론 그리스도교 전통 이천 년 동안의 "영향사"(Wirkungsgeschichte)에 포함된 모든 미묘한 어려움들은 우리가 예수에 대한 완전히 "객관적인" 상에 도달하지 못하도록 방해할 것이다. 그러나 그것은

---

13. 앞의 글, 35쪽.
14. Leonard Swidler 外, *Bursting The Bonds?: A Jewish-Christian Dialogue On Jesus and Paul* (Maryknoll, New York: 1990), pp.79, 84.

다른 것들에도 마찬가지다. 내가 위에서 길게 논의했듯이, 모든 사실은 인식자에 의해 상대화된다. 만일 우리가 몇 가지 다른 관점들로부터, 즉 대화에 호의적으로 전체적인 논의를 하면서 하나의 사실을 인식한다면, 그 사실을 더 충분히 파악할 수 있게 되리라는 것 역시 맞다. 그러나 어떻게 해서든지 열심히 파악해서 자신과 관련을 짓고자 애쓰는 것은 "본래적 사실"(Urtatsache)이다. 물론 이러한 목적은 다시 본래적 사실을 상대화한다. 즉, 나와 관련짓고 파악하고자 하는 것은 본래적 사실이면서도 그것을 나와 관련해서 해석하기 때문이다(그리고 이러한 관계는 본래적 사실과 그것에 대한 나의 인식 사이에 있는 전체 영향사에 의해 그 이상으로 복잡해지고 상대화된다). 나는 지금 당초부터 "객관적으로" 존재했던 대로 그것을 충분하게 파악할 수는 없다. … 어떤 것에 대한 완전히 "객관적인" 상에 결코 도달할 수 없다는 이 맥빠지는 인식에도 불구하고 … 우리는 언제나 더 가까이 가고자 애써야 한다. 우리가 역사적 예수의 모습과 관련하여 해야만 하는 것도 이것이라고 생각한다.[15]

내가 찾아낸 역사적 예수의 모습이 순수 객관적이고 가장 옳다는 주장조차 이미 자신이 서 있는 자리 위에서 조건지어지고 상대화될 수밖에 없다. 그러나 그럼에도 불구하고 바로 그와 같은 사실을 인정하고서 역사의 예수를 추구할 수밖에 없는 것이 그리스도인의 운명이다. 역사의 예수, 본래적인 사실에 더 가까워지려고 노력할 뿐이라는 것이다.[16]

② 유대인 예수
스위들러는 특별히 유대교와의 대화를 추구하면서 "예수"(Jesus)의 히브리적 이름인 "예수아"(Yeshua)에 대해 분석하고 그 이름을 중시한

---

15. Swidler, Interreligious and Interideological Dialogue, pp.33-4; *Bursting the Bonds?*, p.81 참조.
16. *Bursting the Bonds?*, p.81.

다. 흔히 불리는 "예수"라는 이름은 "야훼(YHWH)는 구원이시다"를 뜻하는 히브리어 "예호수아"(Yehoshua; 흔히 "예수아"로 약칭되곤 했다)의 그리스어 형태인 "이에소우스"(Iesous)가 다시 라틴어화한 것이다.[17] 그런데 예호수아가 예수로 바뀌는 과정에서 무엇보다 중요한 사실 하나가 잊혀졌는데, 그것은 예수라는 이름을 떠올리는 그리스도인이 자신은 유대인/유대 전통과 별 관계없다고 생각하게 된다는 것이다(역으로 유대인 역시 마찬가지). 그러나 예수/예수아는 그 이름에서부터 알 수 있듯이, 유대인의 하느님 야훼에 근거하고 있던 전형적인 유대인이었다. 예수는 율법을 폐기하지 않고 완성하고자 했으며, 토라를 긍정하고서 그것을 일상사에 적용했다. 물론 토라 중심의 삶을 추구한 사람들은 예수 외에도 많았으나, 그는 토라의 문자적 적용에 머물지 않고 그것을 넘어 토라의 정신(spirit)을 철저하게 구현했다. 그런 점에서 스위들러는 예수야말로 이스라엘 랍비의 원형이었다고 본다.[18] 예수는 "그리스도인"이 아니라 유대교 안에서 "토라에 충실했던 유대인"(a Torah-true Jew)이었다는 것이다.[19] 그러면서도 "예수는 토라 전체가 그 정신에 따라 실행되어야 한다는 가르침에 만족하지 않았다. 그는 그것을 넘어 자기 비움(self-emptying, 필립 2,6의 kenosis)의 이상을 친구, 이웃, 심지어는 원수 사랑으로까지 뻗치기에 이르렀다".[20] 이것은 예수의 유대적 랍비됨, 예언자적 모습이며 — 그의 제자들도 그를 예언자라 불렀다 — 예수를 예수답게 한, 예수의 가장 새로운 점이었다. 예수는 "율법으로부터의 자유"(Freedom from the Law)가 아닌 "율법을 통한 자유"(Freedom through the Law)이면서, 동시에 "율법을 넘어선 자기 비움의 사랑"(beyond to kenotic love)을 철저하게 구현한 유대의 예언자이자 랍비였다.[21]

---

17. 앞의 책, 14-5쪽.
19. 앞의 책, 57, 60쪽.
18. 앞의 책, 61쪽.
20. 앞의 책, 63쪽.

③ 그리스도 예수

그런데 이런 상황에서 제자들 중 일부는 예수에게서 매우 특별하면서도 매우 유대적인 무언가를 보았으며, 무엇보다 그를 로마의 군사적 지배에서 해방시켜 주리라고 경전에서 약속한 메시아(그리스어로 "크리스토스")로 여겼다: "우리는 그분이 이스라엘을 해방시켜 줄 분이기를 바랐습니다"(루가 24,21). 그러나 예수에게서 깊은 영감을 받은 제자들은 예수의 십자가 죽음과 부활 체험 이후 메시아라는 표현은 그대로 둔 채 그에 대한 이해를 변형시키고 영화(靈化)시켰다. 그러다가 유대 세계로부터 그리스 세계로 문화권이 옮겨가면서 그리스어 "그리스도"는 예수에게 주어졌던 또 다른 유대 명칭인 "하느님의 아들"(Son of God)과 융합되어 갔다. 여기서 하느님의 아들은 본래 유대인들이 임금과 성인을 부를 때 사용하던 은유적 표현이었다. 그러나 몇 세기 못가서 하느님의 아들은 존재론적 "성자"(God the Son) 개념으로 바뀌고, 그리스도 역시 예수에게 선행하는 명칭이 되어갔다. 유대의 은유적 사유 세계로부터 그리스의 실체론적·존재론적 사유 세계로 패러다임이 전이되는 이러한 과정에 한결같이 들어 있던 것은 제자들이 예수 안에서 신의 투명성(transparancy)을 보았다는 사실에 대한 긍정이다. 그런 점에서 메시아, 그리스도, 성자 등은 모두 "예수의 의미"에 대한 시대적 표현들이라 할 수 있다. 그러나 스위들러가 보건대 제자들에게 예수는 무엇보다 "인간과 신의 인간적 접촉점이었고, 예수 자신이 '하늘에 계신 내 아버지처럼 여러분도 완전하게 되시오'라고 강권했던 대로, 모든 인간이 그래야 하고 원칙적으로 그럴 수 있는 신의 육화, 성육신이었다."[22]

---

21. 앞의 책, 64쪽; 이런 맥락에서 보건대 예수에게는 율법과 은총은 물론 정의와 사랑, 행함과 믿음은 두 개의 대립되는 개념들이 아니었다. 그러므로 이 둘을 이원적 대립으로 보는 사람은 예수의 추종자일 수 없다고까지 스위들러는 말한다(앞의 책, 58-9쪽).
22. 레너드 스위들러, 「불교와 기독교의 대화」, 『세계종교 속의 기독교』(서울: 전망사, 1993), 251쪽.

이러한 예수관은 유대적 인식에 잘 어울리는, 그리스의 존재적/실체적 그리스도론보다 더 유대적이고 더 본래적인 "정통교의"(ortho-dox)라는 것이다.[23] 물론 칼체돈 공의회에서의 예수는 "참 하느님, 참 인간"(Deum verum et hominem verum)이라는 존재적/실체적 정식이 옳지 않다는 차원에서는 아니다. 다만 칼체돈 공의회의 언어는 그 자체로 모든 시대에 맞는 언어가 아니므로 예수를 그리스도교 제1의 규범으로 보려고 하는 한에 있어서는 유대적 예수관을 더 중시할 필요가 있다는 뜻이다. 이런 점에서 칼체돈 공의회의 예수는 "참 하느님, 참 인간"이라는 명사 중심의 정식은 예수는 "참으로 신적이고 참으로 인간적"(vere divinus et vere humanus)이라는 형용사 중심의 정식으로 바꾸어 말하는 것이 오늘날 더 그 의미를 살려내는 길이라고 스위들러는 강조한다.[24] 마치 예수가 무제약적 하느님을 독점하고 있는 듯한 "예수는 하느님이다"라는 단순 도식은 예나 이제나 그리스도인들이 바라던 것이 아닙니다. "예수는 하느님이자 인간"이라는 명제는 하느님에 관한 것을 예수 안에서 보았다는, 고대 유대인들의 예수 체험을 반영한다.[25] 이러한 사실은 명사적(실체적)으로보다는 형용사적으로 파악될 때 그 진의가 더 잘 드러난다는 것이다.

---

23. 앞의 책, 같은 쪽.

24. *Bursting the Bonds?*, p.86; 이를 위해 스힐레벡스(Edward Schillebeeckx)의 말을 인용한다: "1953년 이래 나는 '그리스도가 하느님이자 인간'이라는 정식과 또한 '인간 예수가 하느님'이라는 혼란스런 표현에 대해 굳게 반대해 왔다. '예수 그리스도는 인간성(humanity) 안에서 하느님의 아들이다'라 해야 적절한 정식이 될 것이다. 계시의 가장 깊은 의미도 하느님이 인간성 안에서 자신을 드러내시는 것이다. 우리는 인간 예수 위나 아래에서 그 이상으로 그의 하느님됨(being-God)을 추구할 수 없다. 신성은 그의 인간성 자체 '안에서' 인지되어야 하는 것이다"(앞의 책, 87쪽).

25. 앞의 책, 90, 91쪽.

④ 구원의 문 예수

신약성서, 특별히 바울로 서간들과 요한 복음서를 보면, 예수가 선포하던 하느님보다는 선포자 예수에게로 초점이 "축소되는" 경향이 있지만, 그렇다고 해서 바울로와 예수가 하느님을 잊어버리고 오로지 그리스도에만 집중했다는 뜻은 아니다. 스위들러에 의하면, 오히려 그 작품들은 그리스도를 "통해" 하느님께 이르는 길에 집중하고 있다.[26] 물론 예수의 가르침과 행위를 주로 묘사하는 공관복음서에서도 하느님에 큰 강조점이 놓여 있다. 특히 바울로는 "예수"도 "예수아"도 아닌, "그리스도"에 대해 압도적으로 많은 이야기를 하고 있지만, 이때의 그리스도는 하나의 구체적 인간이 아닌 영적인 "힘"이나 "생명"이었다. 이것은 예수가 선포했던 하느님과 사실상 같은 차원에 있는 것이었다. 이 "힘", "생명" 개념은 세계에 대한 셈족의 이해 방식, 이야기 방식에 꼭 맞아떨어진다고 스위들러는 본다.[27] 비록 이것이 그리스적 사고방식 안에서 "실체"로 이해되고 "존재론화"했지만, 스위들러에 의하면, 이들은 다 나자렛 예수가 삶의 의미와 그 삶을 사는 방법을 쥔 열쇠라는 의미론적 영역을 지닌 것들이라는 것이다. 달리 말하면, 그리스도인들에게 예수는 "현저하게 하느님에게로 가는 문"이 된다는 것이다.[28] 그렇다고 해서 다른 어떤 곳에서는 참되고 선하고 아름다운 것들을 체현할 수 없음을 의미하는 것은 아니다. 가톨릭 성서학자 켈리(Joseph G. Kelly)의 말마따나 "하느님을 발견하는 방법들 중 하나는 예수의 길을 따르는 것이지만, 예수의 길이 유일한 길은 아니라"는 말이다.[29] 무제약적 하느님은 예수라는 역사의 특수한 일점에 제한될 수 없지만, 그리스도인이라면 예수에게서 하느님의 모습을 보고, 따라서 예수를 하느님에게 이르는 문으로 파악할 수밖에 없다는 것이다.

---

26. 「불교와 기독교의 대화」, 252쪽.   27. 앞의 글, 253쪽.
28. 앞의 책, 같은 쪽.   29. *Bursting the Bonds?*, pp.83-4.

5. 맺음말

앞에서 본 대로 오늘날의 진리는 서로 공유하면서 대화를 통해 관계적으로 파악되는 것일 수밖에 없다. 이런 인식의 전환이 확대되고 있는 오늘날, 누군가 진리를 독점하려고 한다면 그것은 곧 자기 파멸의 길로 들어서는 것이다. 오늘날 종교간 대화는 인류 구원의 첩경이다. 북아일랜드, 레바논, 이스라엘, 인도, 아프가니스탄, 아르메니아 등등 지구촌 여러 곳에서 종교나 이념이 원인이 되어 분쟁의 불씨를 안고 고통스럽게 살아가고 있다. 모두 다 자기 중심적인 독백의 자세를 고수하며 살아온 탓이다. 이런 상황이 계속된다면 인류의 미래는 암담하다. 그리하여 스위들러는 "독백의 시대에서 대화의 시대로" 나아가자 제안한다. 이 대화는 인류 구원의 첩경이다. 한스 큉(Hans Küng)이 "종교간 대화 없이 종교간 평화 없고 종교간 평화 없이 세계의 평화 없다"는 유명한 명제를 남겨놓았다면, 스위들러는 대화를 통해 인류의 미래를 열어가자면서 다음과 같은 선택적인 언명을 남겨놓았다: "죽음이냐 대화냐?"(Death or Dialogue?)[30] 스위들러는 이렇게 신학의 핵심을 "대화"에서 찾으면서 독단적 언어를 고집하던 과거의 신학에다 진리의 공유성, 대화의 필연성을 설득력있게 가르쳐 주고 있는 것이다.

---

30. Leonard Swidler, et al., *Death or Dialogue? : From the Age of Monologue to the Age of Dialogue* (SCM Press, 1990), p.vii; 레너드 스위들러, "대화냐 죽음이냐 — 독백의 시대에서 대화의 시대로", 『종교간 대화와 인류의 평화』, 아시아 종교인 평화회의편(1992), 97-99쪽.

야기 세이이치의 불교적 신학

1. 야기 세이이치의 종교적 전환

① 회심과 신생의 체험

야기 세이이치(八木誠一)는 1932년 일본 요코하마의 그리스도교인 집안에서 태어나 도쿄 대학, 괴팅엔 대학, 큐슈 대학에서 신약성서학을 공부했다. 도쿄 대학에서 서양 고전과 철학을 공부하던 대학 2학년생 때(1953년) 야기는 로마서 3,28의 "사람은 율법의 행업과는 상관없이 신앙으로 의롭게 된다"는 구절과 일본 무교회주의의 창시자인 우치무라 간조(內村鑑三)의 『로마서 연구』 가운데 "도덕적 노력을 버리고 십자가를 우러르라"는 구절을 읽다가 회심하고 거듭나는 체험을 했다.[1] 인간의 노력이 아닌, 역사적 십자가 사건에 대한 믿음으로 구원된다고 하는 확신의 체험이었다. 이 체험을 통해 야기는 스스로 "정통 그리스도인"이 되었다고 말한다. 여기서 정통 그리스도인이란 "그리스도가 세상에 와서 죽었다가 부활해서 죄와 죽음의 힘을 이긴 역사적 사건이 인간 구원의 근거임을 믿는 자"를 말한다. 야기는 그때의 체험을 이렇게 적고 있다.

> 나는 그 십자가를 우러르고 십자가의 속죄를 믿겠노라 결심하고서 기도했다. 그때 내게 전혀 뜻밖의 일이 벌어졌다. 사막이 오아시스로 바뀐 듯했다. 얼었던 겨울의 황야에 갑자기 봄이 찾아온 것 같았다. 온몸이 형언할 수 없는 행복으로 흠뻑 젖었고 눈에서는 눈물이 오랫동안 흘러

---

1. 八木誠一, 『キリスト教は信じうるか』, 東京: 講談社, 1970, 20-1쪽.

내렸다. 자유로웠다. 나는 완전히 자유로웠다. 도덕주의의 무거운 짐을 벗어놓고서 나는 봄의 들판에서 높이 날며 춤추는 종달새처럼 기쁘고 자유로웠다. "성령을 받는다"는 것이 바로 이런 것을 말한다고 나는 생각했다. 그것은 1953년 2월의 일이었다. 그래서 나는 그리스도인이 되었다. … 전통적이고 정통적인 그리스도인이 된 것이었다. … 도덕주의적 자아는 신앙의 결단 속에서 죽었다. 그때 나는 도리어 새롭게 살게 되었다. 나는 나 자신이 살아 있다는 것을 알았다.[2]

야기에게는 죄에 싸여 있던 인간이 도덕적 율법주의가 아닌, 역사적인 십자가 사건에 의해 구원된다고 하는 것이야말로 복음이었고 그의 체험의 정수였다. 이때의 체험으로 야기는 "도덕주의"에서 벗어날 수 있었다. 인간의 행업으로 구원된다고 하는 율법적인 도덕주의는 인간을 진정으로 살리는 길이 아님을 깨닫고 거기에서 해방될 수 있었던 것이다.

그런데 그것만으로 끝나지는 않았다. 그후에도 야기에게는 그와 연결된 또 다른 궁금증이 생겨났다. 그것은 인간의 구원이 예수의 십자가 죽음 자체로 인해 가능한 것인가 아니면 도덕주의를 벗어버림으로써 그 도덕주의에서 비롯된 자아가 죽었기 때문에 가능한 것인가 하는 문제였다. 이 둘은 불가분의 것인가, 한 마디로 구원의 본질은 과연 무엇인가 하는 물음이었다. 이 물음에 대한 답은 그로부터 5년쯤 후 독일 카셀(Kassel)에서 있었던 선(禪)체험에서 종합적으로 얻어진다.

② 불교와의 만남

야기는 1957년 독일 유학을 떠나 괴팅엔 대학의 케제만(Ernst Käsemann), 예레미아스(J. Jeremias) 교수 등에게서 역사비판적 성서학을 배웠다. 특히 불트만의 제자 케제만에게서 복음서에 나타난 예수의 언

---

2. 앞의 책, 21-2쪽.

행이 역사적 기록이라기보다는 예수에 대한 신앙의 표현임을 배우며 그에 영향을 받던 차에, 야기는 아버지의 옛 친구인 빌헬름 군데르트 (Wilhelm Gundert) 박사를 만나게 되었다. 그는 선불교의 고전인 「벽암록」(碧巖錄)을 독일어로 번역했던 사람이었다. 그와 헤어진 뒤 괴팅엔 행 열차 안에서 야기는 군데르트의 번역본〔한독(漢獨) 대조본〕을 반복해서 읽었다. 거기에는 양 무제(梁武帝)와 달마(達磨)의 다음과 같은 대화 내용이 들어 있었다.

무제가 달마에게 물었다.
"존재가 유(有)이기도 하고 무(無)이기도 하다면, 유와 무를 넘어서는 진리란 무엇입니까?"
달마는 대답했다.
"확연무성"(廓然無聖).
무제는 그 뜻을 이해할 수 없었다. 그래서 그가 물었다.
"내 앞에 있는 당신은 누구입니까?"
달마가 대답했다.
"모르겠습니다."

야기는 이 대화를 곱씹다가 기차 안에서 불현듯 "일방적 관념에서 벗어나는, 이른바 선체험"을 한다. 이때의 체험을 야기는 이렇게 적고 있다.

마침 기차는 비어 있었다. 나는 조용히 독서에 전념하고자 구석자리를 찾아갔다. 열중해서 책을 읽다보니 피로해졌다. 지치고 풀어져서 나는 차창 밖으로 카쎌의 풍경을 내다보았다. 내리던 비가 그치고 구름이 걷혔다. 구름 사이로 파란 하늘이 넓게 열렸다. 그러다 갑자기 "廓然無聖" (탁 트여 성인이 따로 없다는 뜻)이라는 말이 내 앞에서 번득였다. 나는 벌떡 일어나 주위를 둘러보았다. 즉시 파악할 수는 없던 어떤 일이 내게 벌어졌다. 하나 하나가 전에 보던 것과는 완전히 다르게 보였다. 그 자체는 똑같이 남아 있었지만. 첫번째로 이런 생각을 하게 되었다: "지금까지 나무는 그저 나무로만 이해했었다. 이것이 얼마나 큰 잘못인가!" 나무는 사실상 일반적으로 가지고 있는 개념의 나무일 뿐이었다고 나는 생각했었다. 아무런 의식도 없이 나는 일반적인 개념을 "대상"으로 투사했으며, 그것을 볼 때는 전에 투사했던 개념만을 떠올렸다. 그러면서 그것을 두고 대상을 인식한다고 표현했다. 나는 이미 오랫동안 알아왔던 것만을 인식했을 뿐이었다. 그렇지만 그것은 그 "존재"와의 만남도 그것을 "보는"(Sehen) 것도 아니었다. 하지만 이제는 일체의 개념 형성 이전에 원초적으로 지시하는 바로서의 "나무"를 보게 되었다.[3]

이와 관련하여 야기는 다음과 같이 해설한다:

> 우리가 무언가를 나무라고 부를 때는 뿌리, 줄기, 가지, 잎을 가진 어떤 대상을 그렇게 언급한다. 즉, 다른 어떤 것들과 분리시키면서 나무에 대해 생각하게 되는 것이다. 이것은 근본적으로 우리의 언어 습관 때문에 생겨난다. 우리가 무언가를 말할 때, 그 문장은 주부와 술부로 이루어져 있다. 주어를 언급할 때는 다른 목적어들과 분리시키면서 언급한다. "나무"라는 말을 쓸 때 우리는 다름아닌 나무라는 그 어떤 대상에 대해 생각한다. 그 결과 우리는 불가피하게 나무는 그 자체로서 나무라고, 그것은 다름아닌 바로 그 나무일 뿐이라고, 즉 그 안에는 전적으로 그 나무에만 배타적으로 속한 것들뿐이라고 생각하게 된다. 그렇지만 조금만 더 자세히 들여다보면, 나무라는 실존에는 이와 동시에 햇빛 · 공기 · 물 · 흙 그리고 모든 생명체의 전 역사까지 들어 있다는 사실을 포함하

---

3. Ulrich Luz, "Zur Einführung", Seiich Yagi, *Die Front-Struktur als Brücke vom buddhistischen zum christlichen Denken*, München: Kaiser, 1988, S.11-12; 『キリスト教は信じうるか』, 47-8쪽 참조.

고 있음이 분명해진다. 태양과 지구의 실존은 문자적으로는 전체 우주의 실존을 의미한다. 따라서 나무 하나의 실존에는 전 우주의 실존이 담겨 있는 것이다.[4]

한 마디로 이것은 "나무"라는 배타적이고 독점적인 실체가 있다고 하는 생각으로부터 한 그루의 나무 속에서 온 우주를 보는, 세계관 전환의 체험이었다. 야기는 이러한 체험 이래로 완전히 새로운 사유를 할 수 있게 되었다. 그에게 불교와의 만남이란 대상적인 사고와 언어로부터 해방되는 체험, "일"에서 "다"를 보는〔一卽多〕체험이었다. 언어의 한계를 깨닫지 못한 채, 사회적 통념·관념에 따라 현실(現實)을 규정하던 데서 벗어나 "주관적 관념과는 질적으로 다른 존재", "언어 속에 해소될 수 없는 실재에 직면하는 체험이었던 것이다."[5] 이를 통해 그는 진작부터 의문을 품었던 구원의 본질에 관해서도 답을 얻을 수 있게 되었다. 그가 전에 구원이라고 생각했던 도덕적 율법주의로부터 해방이 구체적으로 무엇을 의미하는지 알게 된 것이다. 그의 표현대로 하면, 그것은 "현실(現實)에 기초를 두지 않은 관념적인 것의 일방적 지배로부터의 해방"이었다.[6] 율법이 아닌 예수의 십자가 죽음이 인간을 구원한다고 하는 전통적 견해도 그에게는 일종의 관념론이었다. 그러면서 그리스도교의 본질도 예수의 대속, "죄인들의 의화(義化)라는 전통적 언어에서보다 개념적인 언어에서 해방"이라는, 다분히 불교적인 모습에서 찾으면서 재해석할 수 있게 된 것이다. 그에게 불교와 그리스도교는 모두 인간 실존을 같은 방식으로 이해하고 있는 형제 종교였다. 그러면서 자연스럽게 그리스도교의 근본에 놓여 있는 것에 대한 탐구를 하게 되었다.

---

4. Seiichi Yagi and Leonard Swidler, *A Bridge to Buddhist-Christian Dialogue*, New York: Paulist Press, 1990, p.80.
5. 『キリスト教は信じうるか』, 52쪽.　　　6. 앞의 책, 57쪽.

2. 야기 신학의 기초

① 통합에의 규정의 장

야기에 의하면, 그리스도교 신앙의 근거는 예수의 존재·삶·죽음·부활이라는 역사적 사실에 있지 않고, 예수를 예수로 실존하게 했던 초월적 근저, 즉 "부활의 그리스도"에 있다. 이 "부활의 그리스도"는 역사의 예수와 구분된다. 그것은 예수가 선포한 "하느님의 다스림"과도 같은 차원의 것이며, "로고스"와도 같다. 그리스도교 신앙의 근거, 구원의 근거는 역사의 어느 일점이 아닌, 보편적이고 초월적인 이 근저에 있다는 것이다. 그리고 이것을 다시 불교와 그리스도교 모두에 통할 수 있는 "장"(場)이라는 용어를 써서 설명한다. 더 정확히 얘기하면, "통합에의 규정의 장"(統合への規定の場)[7] 혹은 "힘의 장"(field of force)[8]이다. 이 중에서 장이라는 말은 경도학파의 태두 니시타 기타로(西田幾多郎, 1870~1945)의 "장소"(場所, topos) 개념에서 빌려온 말이다.[9] 장이란 무엇인가? 야기는 자장(磁場)의 예를 들어 설명한다.

> 장이란 특정한 성질을 가지는 공간이라는 뜻이다. 즉, 그 속에서 그에 친화적 요소가 일정한 방식으로 서로 "관계"하게 되는 그런 공간이다. 예를 들면, 작은 못들(연철)을 자석의 극 사이에 두면, 제각기 작은 자

---

7. 앞의 책, 235쪽.

8. *A Bridge to Buddhist-Christian Dialogue*, pp.119-21.

9. 니시타의 "장소"란 주관적 존재, 객관적 존재를 넘어서는 "절대무"이다. 이 절대무는 존재(有)에 대립되는 무(無)나 단순한 비존재(非有)가 아니다. 장소란 일(一)과 다(多), 주관과 객관 — 내재와 초월, 긍정과 부정 … — 의 궁극적 통일의 가능성이다. "절대모순의 자기 동일성", "절대긍정"인 것이다. 니시타의 장소 개념에 대해서는 그의 논문 "場所的論理と宗教的世界觀", 『自覺について』, 上田閑照編, 東京: 岩波書店, 1989, 299-397쪽; 한스 발덴펠스, 『불교의 空과 하나님』, 김승철 옮김, 대원정사, 1993, 85-107쪽 참조.

석이 되어 서로 관계하고, 끌어당기고, 반발하고, 연합하면서 하나의 구조를 형성한다. 그러나 작은 못들(연철)을 자장에서 내놓으면 다시금 흩어지고 만다. 장이란 개개의 것을 서로 "관계"시켜 주는 근거이며, "구조"의 근거이다.[10]

작은 못들이 자석 근처에 놓이면 일정한 관계의 구조를 이룬다. 그런데 이러한 구조는 못 자체가 아닌 자장(磁場) 때문에 가능한 것이다. 개개 못을 서로 관계지어 주면서 하나의 전체적인 구조를 이루어주는 것은 자장이다. 개체들로 머물고 있던 작은 못들이 자장 안에 놓이면서 서로 간에 자기 부정적 관계를 맺게 되고, 하나의 통합된 전체, 즉 통합체를 이루게 되는 것이다. 야기는 인간의 본래적인 종교적 실존을 이 통합체에 비유하면서, 이 통합체를 결정지어 주는 것은 다른 것이 아닌 "통합에의 규정의 장" 혹은 "힘의 장"이라고 말한다.[11]

야기는 원시교회에서 "부활의 그리스도"라고 선포했던 것은 바로 통합체를 통합체되게 해주는 규정, 즉 "통합에의 규정"이라고 말한다. 다른 것이 아닌 이 규정이 그리스도교 신앙의 근거가 된다는 것이다. 인간의 본래적 실존에 "그리스도"가 근저로서 선행하고 있으면서 이 실존을 실현시켜 준다. 자장이 철가루에 일정한 관계성, 본래성을 부여해 주듯이, 이 그리스도가 장 속에 있는 모든 개체에 일정한 관계성을 부여해 준다. 그리스도는 모든 개체를 "넘어", 그 개체가 진정한 모습을

---

10. 『キリスト教は信じうるか』, 96-7쪽.

11. 야기에 의하면 장은 삼위일체의 구조를 지닌다. 본래적인 종교적 실존의 궁극적 근저가 하느님이고, 그리스도는 그 실존을 성립시켜 주는 규정(통합에의 규정)이며, 이 규정의 성취자가 성령이다. 장은 근저와 규정과 성취자라는 삼개 조로 되어 있다. 그리고 각각은 자체 안에 다른 둘을 함축한다. 한 마디로 장은 근저 규정 성취자(하느님·그리스도·성령)의 삼위일체 구조로 이루어져 있다는 것이다(이상 앞의 책, 194-197쪽; 『キリストとイエス』, 134-7쪽; *A Bridge to Buddhist-Christian Dialogue*, p.120 참조).

지닐 수 있도록 해주는 규정으로서의 장이다. 그런 의미에서 장은 또 "초월자"이다.

> 인간을 본래적 인격, 종교적 실존으로 성립시켜 주는 장이 바로 그리스도이다. 이 장이 초월자이며, 실존에 선행한다. 그러고 보면 그것은 사실 불교의 "空"에 가깝다.[12]

이 초월은 그리스도교에는 물론 불교에도 적용된다. 불교, 그리스도교 모두에서 초월자를 보는 것이다. 초월자는 "개별적 존재로 하여금 실존하고 행동하게 하는 '힘의 장'(field of force)이며, 모든 실재에 관계적이고 과정적인 성격을 부여하면서 거기에 스며드는 보편적인 생명력이다".[13] 이러한 초월자가 애당초부터 불교 안에, 불교의 모든 역사적 형태들 안에 현존한다는 것이다. 이 초월자의 불교적 표현은 "공"(空)이다. 이 공은 현상세계(色)를 현상세계이게끔 해주는 원리이자 힘이며, 동시에 현상세계 자체이다. 모든 사물은 자체의 본성을 가지고 있지 않아 궁극적으로 공하지만(色卽是空), 바로 그렇기 때문에 사물의 차별적 다양성이 그대로 인정된다는 것이다(空卽是色). 이 공이 개개 존재로 하여금 살게 해주고 움직이게 해주고 존재하게 해준다. 그런 점에서 이 공은 정적(靜的)이지 않다. 공은 "존재의 부재(不在)라는 단순한 부정이 아니라 잠재성의 충만"이며, 아베 마사오(阿部正雄)의 표현을 빌리면, "모든 것을 그 자체를 포함하여 끊임없이 비게 만드는 역동적인 행위이다. 자신의 무상(無相)을 부정함으로써 깊은 여러 상들을 취하는 무상의 상이며, 자체를 역동적으로 드러내는 궁극적 근저"인 것이다.[14] 틸리히(P. Tillich)의 "존재의 근거"(Ground of Being)와도 같은 어떤

---

12. 八木誠一, 『キリストとイエス』, 東京: 講談社, 1969, 210쪽.
13. *A Bridge to Buddhist-Christian Dialogue*, p.63.

것이라고 할 수 있다.

인간의 실존은 이 "장" 안에 놓여 있다. 그러면서도 또한 그 실존의 실현, 즉 장의 실현은 그 실존의 주체성을 매개로 해서만 가능하다. 인간의 주체적인 결단(신앙 혹은 깨침)을 통할 때에야 장의 실현이 가능하다는 것이다. 이 주체적 실존은 원천적으로 장 안에 놓여 있으되, 장의 중심과 실존의 중심은 서로 별개의 것이 아니다. 두 점은 근원적으로 일치한다. 이 두 점을 야기는 참자아(Self)와 자아(Ego)라는 심리학적 용어를 써서 나타낸다.[15] 참자아는 인간의 본래적 인격을 실현할 수 있게 해주는 근저로서의 장이며, 이 장이 인간행위, 의식의 주체로서의 자아를 통해서 비로소 드러난다는 것이다. 참자아가 드러나는 한, 참자아와 자아는 동일한 것이다. 이와 같은 "참자아와 자아"의 구도는 야기가 전적으로 수용한 타키자와 카츠미(瀧澤克己, 1909~1984)의 견해와도 일치한다.

② 제일의 접촉과 제이의 접촉 / 참자아와 자아

타키자와는 하느님과 인간의 관계를 "제일의 접촉"(第一義の接觸)과 "제이의 접촉"(第二義の接觸)의 두 가지로 설명한다. 그 중 "제일의 접촉은 '하느님이 우리와 함께하신다'(Immanuel)는, 그리스도인이든 아니든 인간 실존의 근저에 무조건적으로 놓여 있는 근원적인 사실이다. 어떤 사람이든 또 무엇을 했든, 심지어는 자아의 근저에 놓여 있는 하느님과의 통일성을 우리가 인식하든 못하든, 하느님은 우리 각 사람과

---

14. Masao Abe, "A Dynamic Unity in Religious Pluralism: A Proposal from the Buddhist Point of View", John Hick and Hasan Askari, eds., *The Experience of Religious Diversity*, Hant, England: Gower, 1985, p.184.

15. 야기는 주로 自己(Self)와 自我(Ego)라는 심리학적 용어를 그대로 쓰고 있지만, 이 글에서는 그 원뜻을 살리기 위해 편의상 참자아와 자아라는 말로 대신했다.

더불어 계시다고 하는 무제약적 사실을 의미"하는 것이다.[16] 이른바 임마누엘의 원사실(the primordial fact of Immanuel). 이것은 뉴턴(Newton)이 중력의 법칙을 발견하기 전부터 그 법칙은 작용하고 있었다는 사실, 또 사람이 깨치든 그렇지 못하든 "중생이 부처"라는 사실은 엄연히 존재하는 객관적 사실이라고 선포하는 선불교의 주장과도 같다. 그러나 야기에 의하면, 이 접촉이 모든 사람에게 언제나 알려지고 실현되는 것은 아니다. 제일의 접촉을 토대로 인간이 그런 사실을 주체적으로 깨달을 때 비로소 그 사실이 그에게 실제(real)가 된다. 깨닫기 전의 제일의 접촉이란 현실에 대한 단순한 관념 내지는 표상일 뿐이다.[17] 이것이 현실적으로 현전하는 것은 깨침을 통해서이다. 경험적 자아가 아닌 깨친 자에게 원사실이 살아 있는 현실이 되는 것이다. 이 깨침이 바로 하느님과 인간의 "제이의 접촉"이다. 이 깨침은 단순한 지적 만족이나 이성의 자기 해명(self-clarification)이 아니다. 그것은 인간 실존 전체가 초월에 의해 다시 태어나는 것이다. 불교식으로 말하면 "불성"(佛性)에 대한 눈뜸이며, 아미타불의 "본원"(本願)에 대한 전폭적인 신뢰이다. 야기의 표현대로 하면, "자아의 통합"이다. 이러한 눈뜸과 신앙 속에서 대상적 분별지, 이기적 단순자아가 극복되고, 일체중생을 정토왕생시키겠다는 아미타불의 서원이 자기의 서원이 되는 것이다. 타키자와에 따르면, 예수는 이 근원적인 사실을 온전하게 깨친 사람이다. 물론 고타마 붓다도 마찬가지.

---

16. 야기 세이이치, "예수의 말 가운데 나타난 '나'의 의미", 변선환 박사 회갑 기념 논문집: 『종교다원주의와 신학의 미래』, 서울: 종로서적, 1989, 39쪽.
17. 타키자와가 제일의 접촉이 모든 인간에게 무조건적으로 속한다고 못박으면서 선험적 사실을 그 자체로 인정했다면, 야기는 그것이 후험적 사실로 드러나는 한에서만 인정한 셈이라고 할 수 있다. 이것은 참자아와 자아를 철저하게 관계적으로 파악한 결과이다(A Bridge to Buddhist-Christian Dialogue, p.141; 八木誠一, 『聖書のキリストと實存』, 東京: 新教出版社, 1967, 31쪽 참조.)

여기서 우리는 야기의 신학적 관심사를 발견한다. 그것은 예수를 제이의 접촉의 성취자, 참자아의 실현자로 봄으로써, 타종교, 특히 불교와 대화할 수 있는 신학을 세우려는 것이다. 야기가 볼 때 불교와 그리스도교는 둘 다 그 추종자들로 하여금 "자아중심적 실존"(Ego-centered existence)으로부터 존 힉(John Hick)의 표현마따나 "실재 중심적 실존"(Reality-centered existence)으로 인도해 준다. 자신의 이기적 단순자아를 포기함으로써 그것을 더 높은 차원에서 새롭게 얻은 예수 및 그리스도교의 언어와 고타마 및 불교의 언어는 사실상 같다는 말이다. 인간 실존은 근원적으로 "인격적 공간으로서의 장" 안에 놓여 있음을 (제일의 접촉) 주체적으로 깨쳐야 한다(제이의 접촉). 야기에 의하면, 역사상 이 깨침은 예수, 고타마와 같은 역사적인 인물들에 의해 실현되었다. 『불교와 그리스도교의 접점』(佛敎とキリスト敎の接點)을 비롯하여 야기가 펴낸 책들은 대부분 이러한 시각으로 씌어졌다.

3. 예수의 자기 이해

① 바울로-그리스도, 예수-아버지

이처럼 야기에게 있어서 예수는 하느님과 인간의 원천적인 관계를 완전하게 실현한 참 사람이었다. 그런 시각에서 야기는 다음의 성서 구절, 즉 "나를 본 사람은 이미 아버지를 보았습니다. … 내가 아버지 안에 있고 아버지께서 내 안에 계시다는 것을 당신은 믿지 않습니까?"(요한 14,9-10)는 제일의 접촉을 실현한, 즉 제이의 접촉을 완성한 예수의 자의식을 보여준다고 말한다. 아버지와 아들이 본질적으로 일치한다는 것이다. 아버지와 아들은 중심이 일치하는 두 개의 동심원이다. 이것은 사도 바울로가 "나는 그리스도와 함께 십자가에 처형되었습니다. 나는 살아 있지만 이미 내가 아니라 그리스도께서 내 안에 살고 계십니다"(갈라 2,19b-20a)라고 말했을 때의 관계와 동일하다. 예수 안에 아버지가 계시듯이 바울로 안에는 그리스도가 산다. 이렇게 "바울로-그리스도"는 "예수-아버지"와 동일 구조를 이루고 있다. 바울로에게 그리스도, 예수에게 아버지는 모두 실존의 근거인 "통합에의 규정의 장"인 것이다. 바울로가 "그리스도와 함께 십자가에 못박혔을 때", 주체의 변화가 일어나(제이의 접촉) 그리스도가 바울로의 궁극적인 주체가 되었듯이, "아버지와 내가 하나"(요한 10,30)임을 깨친 순간부터 아버지는 예수의 궁극적인 주체가 되었다. 그렇다고 해서 바울로/예수의 자아가 사라졌음을 의미하는 것은 아니다. 오히려 그리스도의 실재를 깨달으면서 하느님의 아들을 신앙의 대상으로 삼았던 것(갈라 2,20b), "아버지와 나의 동일성"을 깨쳤던 것은 바울로/예수의 "자아"였다. 이 자아가 죽으면서 오히려 새롭게 창조되었던 것이다.

이런 맥락에서 바울로/예수의 궁극적 주체와 자아는 동일하면서도 동시에 둘이라고 야기는 말한다. 주체와 자아의 역설적 동일성이 장의 구조 속에서 이루어진다는 것이다. 그렇기 때문에 "나를 본 사람은 이미 아버지를 보았습니다"는 말이 가능하다고 야기는 말한다. 이것은 신적인 것과 인간적인 것의 역설적인 일치이다. 신인(divine human)적인 어떤 것이 이 예수를 통해서(이때 신인과 예수는 구분), 예수로서(이때는 하나) 드러났다는 것이다(이 일치가 예수가 우리와 같은 인간적 존재였다는 사실과 모순되는 것은 아니다. 모든 인간들은 본성상 그렇게 구성되어 있으나, 대부분의 사람들이 이런 실재를 아직 깨닫지 못했을 뿐인 것이다). 그러기에 예수는 "안식일이 사람을 위해 생겼지, 사람이 안식일을 위해 생기지는 않았습니다. 그러므로 인자는 또한 안식일의 주인입니다"(마르 2,27b-28)라 말할 수 있었고, 산상수훈에서는 "옛 사람들에게 말씀하신 것을 여러분은 들었습니다. 그러나 나는 여러분에게 말합니다"(마태 5,21-44)라는 대립구조를 써서 말을 할 수 있었다고 야기는 본다. 전자는 "예수-인자" 관계를 "예수-아버지" 관계와 같이 볼 수 있게 해주며, 후자는 예수의 자의식을 보여준다고 야기는 말한다.

예수는 자신이 신적 존재로부터, 또 신적 존재로서 직접 말한다는 자의식을 가졌으리라는 것이다. 유대인들에게 있어서 옛 사람, 즉 모세의 권위를 능가하는 사람은 신적인 존재임에 틀림없다. 그렇다면 예수는 자신이 모세의 권위를 넘어선 존재임을 이런 말들을 통해서 발설한 셈이다.

그런데 예수 안에 있던 "신적 현실"을 알아보지 못한 사람들에게는 경험적 예수가 "스스로를 신적 존재로 여기고 죄 용서의 권한이 있다"(마르 2,10)고 주장한 것으로 비치기도 했다. 그래서 그들은 예수를 "율법을 깨뜨리는 사람", "하느님을 거스르는 불경한 자"(마르 2,7), "귀신에 사로잡힌 자"(마르 3,22)로 인식하기도 했고, 어떤 이들은 예수가 마치 하늘에서 온 존재인 양 무언가 "누멘적"(numinous)이고 표현하기 곤란하며, 놀라운 존재로 받아들이기도 했다. 반면에 어떤 이들은 예수의 언행에서 사람들은 율법과 전통에 매이지 않는 "권위"를 보기도 했다(마르 1,22). 물론 경험적 예수 자신이 스스로를 신격화한 것은 아니었다. 경험적 인간으로서 예수는 자신을 신적인 존재로 간주하지 않았다(마르 10,18). 다만 그는 자신의 행동들이 자신 안에 있는 인자 혹은 신적 존재의 행동이라는 것을 깨달았을 뿐이다.

4. 성서 — 초기 신학의 세 유형

이런 깨달음은 예수에게 새로운 삶을 가져다주었다. 무엇보다 권위적인 유대교의 율법주의로부터 해방되었다. 율법이란 무엇인가? 율법은 늘 사회적 언어 습관을 전제하며, 그것 없이는 적용될 수도 없고 성립될 수도 없다. 그 언어가 지칭하는 것은 뚜렷하고 분명해야 한다. 율법의 언어는 "일의적"(一意的)이어야 한다. 따라서 율법주의라는 것도 일의적인 언어로 표현된 지배적인 관점에 의존한다. 늘 언어의 한계에 매이고 사회적 통념 내지는 관념을 우선시한다. 예수에 적대적이던 바리사이파들은 이런 율법에 의존했다. 그러나 예수는 이런 율법에서 벗어났다. 예수는 오히려 인간을 억압하고 구속하는 유대교의 고압적 율법주의에서 완전히 자유로웠으며, 율법으로 인해 소외된 사람들을 보호하고 그들의 본래적 존엄성을 천명했다. 예수 안의 이기적 자아는 죽었다. 그 결과 그는 자기 자신을 위한 이기적 염려에서뿐 아니라(마태 6,25), 분별적인 계산에서도 자유로웠다. 한 마리의 양에서 아흔아홉 마리의 양 이상의 가치를 볼 수 있었고, 개체에서 전체를 볼 수 있었던 것이다. 숫자의 양적 대비는 율법주의에서나 있을 수 있는 일이었다. 예수는 자신의 참자아를 "있는 그대로" 내어보일 수 있는 사람이었다. 그리고 이런 참자아에 대한 사랑은 또 이웃에 대한 사랑으로 이어졌다. 예수는 세리를 제자로 삼고 죄인들과 어울려 식사를 했다(마르 2,13-17). 선한 사마리아인의 비유를 통해 진정한 이웃, 진정한 사랑에 대해 가르쳤다(루가 10,29-37). 사랑이란 그저 한 개체로 머물러 있는 것이 아니라 남에게서 자기를 보고 모든 것을 포용하는 것이라고. 예수에게 참자아에 대한 사랑과 이웃 사랑은 서로 뗄 수 없는 것이었다.

　야기에 의하면, 이와 같은 예수의 언행은 그의 사후 원시 기독교단 내에 세 갈래의 신학을 형성시켰다. 예수와 원시교단 사이에는 기본적으로 연속성이 있다는 것이다. 어찌되었든 성서는 모두 예수에 대한 실존적 반응의 표현인 까닭에, 야기가 볼 때 성서에서 예수의 말과 초대교회의 말을 구분해 내는 작업보다는 성서의 언어를 반응의 유형별로 구분해 내는 작업이 급선무이다. 야기는 그 연속성을 세 가지의 유형으로 구분하고 각각을 유형 A, B, C의 신학이라 명명한다. 이러한 유형 구분은 야기가 그의 책 대부분에서 중요하게 다루는, 그의 신약성서 연구의 결정체이다.

　이 중 유형 A의 신학은 예수의 십자가 죽음을 속죄사로 이해하고서 그 대속에 대한 믿음으로 율법주의를 극복한, 이스라엘 공동체적 성격을 띤 신학이다. 이 신학에서 사용하는 언어는 모두 공동체적이다. 가령 하느님의 백성, 계명, 율법, 율법의 불이행으로서의 죄, 백성들의 운명에 대한 예언, 속죄, 새로운 하느님 백성의 건설(즉, 교회), 인류와 세상의 종말, 산 자와 죽은 자에 대한 그리스도의 심판, 하느님의 왕국, 이 모든 개념들은 하느님과 그의 백성과의 관계에 근원을 두는, 보수적인 유대인들에게서 나온 신학이다.

유형 B의 신학에는 예수의 속죄사, 종말론 같은 개념이 없다. 그와는 달리 "부활의 그리스도"를 믿는 신앙을 통해 죄와 사망에서의 승리, 영적인 자유, 영생, 세상적인 삶의 염려에서의 해방 등을 주로 보여주는, 인간의 개개 실존, 영적 평화 등에 관심을 기울이는 개인적 성향의 신학이다.

마지막으로 유형 C의 신학은 "하느님은 사랑이고 사랑은 그분에게서 오므로 사랑하는 자는 하느님을 안다"(1요한 4,7-8)고 하는 구절에서 잘 드러나는 사랑의 신학이다. 이 신학을 산출한 자들은 그리스도의 구원 사건을 하느님의 사랑의 표현으로 이해한다. 신학의 중심축도 "나와 너의 인격적 상호관계"에서 찾는다. 선한 사마리아인의 비유가 이에 대한 적절한 예이다. 강도 만나 다 죽어가던 한 유대인을 구해준 사마리아인의 행위는 율법에서 비롯된 것이 아니었다. 그것은 "너"에게서 "나"를 보는 사마리아인의 참자아에서 비롯된 것이었다. 이런 맥락에서라면 속죄론(유형 A의 신학)이나 형이상학적 그리스도론(유형 B의 신학) 등은 사랑의 징조 정도에 지나지 않는다.

이와 같은 신학의 세 갈래 구분은 어떤 신학이 옳고 그르냐는 차원이나, 또 어떤 신학이 예수에까지 소급되느냐는 분석에 있다기보다는, 그 중 무엇이 예수를 가장 잘 표현하느냐에 관심을 기울인다고 할 수 있다. 야기는 유형 C의 신학이 예수의 사상에 가장 가까운 것이라고 본다. 여기서는 예수의 삶이 그랬듯이, 나와 너, 개체와 전체가 상호 융통하고 있기 때문이다.

5. 로고스와 십자가

예수의 추종자들, 특히 유형 A의 신학을 성립시킨 사람들은 예수의 궁극적 주체와 경험적 자아를 구분하지 않고서, 나자렛 예수를 선재의 로고스, 하느님 자체라고 이해하기도 했다. 예수의 십자가 죽음도 죄없는 의인이 인간의 죄를 속량하기 위한 대속사(代贖死)라며 이스라엘 공동체적 맥락에서 이해했다. 그 결과 한편에서는 유대 공동체에 기반한 인간 실존을 회복할 수도 있었지만, 다른 한편 진리는 오직 나자렛 예수에 의해 비로소 육화했고, 그의 죽음과 부활에 의해서만 인식된다는 그릇된 배타적 절대성 주장도 생겨났다. 그러나 야기는 예수와 로고스의 관계를 이전처럼 "예수-아버지"의 관계와 같이 품으로써, 예수 강생의 의미를 다음과 같이 재해석한다.

> 로고스와 예수의 관계는 불교에서의 법신(法身, 진리 자체)과 응신(應身, 진리를 구현한 석가와 같은 인간)의 관계와 같다. 물론 예수의 존재를 로고스와 분리시켜 생각할 수는 도무지 없다. 예수는 로고스의 구현(오해하지 않는다면 물론 로고스의 육화)이었다.[18]

한 마디로 예수와 선재의 로고스(요한 1,1)는 구분된다는 것이다. 역사적 인물인 나자렛 예수는 "로고스가 지상에서 취한 전형적 형상, 로고스의 원만한 구현, 로고스의 '얼굴'일 뿐"이다. 고타마 붓다가 불성(법신)의 원만한 구현이듯이, 로고스와 예수의 관계는 장과 그 장의 구체적 구현의 관계이다. 예수는 로고스의 육화이지 로고스 자체, 로고스의 전부는 아니다. 로고스는 인간을 구원하는 영원하고 보편적인 실재(골로 1,15), 야기의 표현대로 인간의 본래적 실존을 성립시켜 주는 규정

---

18. 『キリストとイエス』, 174쪽.

(통합에의 규정)이며, "원시교단에서 그리스도와 동일시되기 이전부터, 예수 이전부터, 태초부터" 있었던 생명과 자유와 구원의 근거이다. 따라서 로고스의 구현은 원칙적으로 그 어디에서든 다양하게 있을 수 있다. 근원적이고 보편적인 실재는 역사의 어느 일점에 제한될 수 없는 것이다.

예수의 십자가 죽음도 이와 같은 육화한 로고스의 빛에서만 의미를 가진다. 예수는 자신이 아버지 안에, 아버지가 자신 안에 살고 있음을 깨달았다. 진리와 자유의 원천 안에서 살았던 것이다. 예수는 율법에서, 염려의 삶에서 자유로웠을 뿐더러 이웃의 필요에 자신을 내어주는 적극적 사랑의 삶을 살았다. 그러나 이와 같은 신적 현실을 오해한 사람들, 예수에게서 신성모독죄를 읽은 사람들로 인해 그는 결국 죽임을 당했다. 끝까지 "규정"에 따라 "장"에 복종하며 하느님의 다스림을 선포한 결과였다.

원시 기독교단에서는 이러한 예수의 죽음을 무죄한 의인이 인류의 죄를 속량하기 위한 대속사로 이해했다. 그렇게 해석함으로써 "율법을 지키면 의롭게 된다"는 구약 율법주의를 극복하고, 새로운 하느님의 백성으로 거듭날 수 있었다. 그런 점에서 보면 십자가는 "본래적 실존으로 이끄는 매개"로서의 역할을 하며, "종교적 실존과 인식의 출발점"이 된다. 왜곡되었던 신과 인간의 본래적인 관계(죄)를 회복(속죄)시켜 주는 방편이 십자가가 지닌 근본 의미라는 것이다. 젊은 시절 야기가 했던 속죄의 체험은 바로 이런 것이었고, 그 체험이란 십자가 자체를 구원의 근거로 보는 것이 아닌, 일방적 관념, 일의적 분별지에서 해방됨으로써 너에게서 나를 보고, 개체에서 전체를 보는 불교적 깨달음과 다를 바 없는 것이었다. 깨치고 보면 십자가도 하나의 방편이었을 뿐, 그 자체로 절대적 보편성을 지닐 수 없는 것임을 알게 된다는 것이다. 이처럼 야기는 역사가 아니라 영원의 로고스에서 신앙의 근거를 찾으면서 예수의 십자가에서 속죄의 구세주를 읽지 않고, 그 근저에 있는 것, 즉 죽기까지 "장"(하느님의 다스림)에 복종한 평범한 인간 예수, 로고스의 "얼굴"을 본다. 야기는 이렇게 역사의 예수와 신앙의 그리스도를 구분하고 있는 것이다.[19]

6. 하느님의 다스림과 부활의 그리스도

이런 시각은 부활신앙에도 그대로 적용된다. 예수는 "하느님의 다스림"이 가까이 왔다고 선포했다(마르 1,14-15).[20] 여기서 하느님의 다스림이란 인간의 "깊이"를 실현시켜 주는 인격적 공간이다. 진정한 인간의 자아를 실현하고 서로를 받아들임으로써 인간의 공존(co-existence)을 이루기 위한 하느님의 일하심인 것이다. 이 예수의 선포는 하느님 친히 역사 속에서 일하시므로, 무언가 새로운 일이 일어나고 있다는 가르침이었다. 앞에서 살펴본 인자(人子)로서의 예수는 일하시는 하느님의 인격화였다. 무조건적이고 무제한적인 용서(마태 6,12; 18,21-22)를 가르치고 실천한 예수에게서 하느님 다스림의 결과인 사랑이 구체적으로 드러나고 있는 것이다. 야기에 의하면, 이것이 서로 사랑하고 함께 살아가야 하는 인간됨(being human)의 기본구조이다.[21] 인간은 이 하느님의 다스림에 자각적으로 복종해야 한다. 예수는 바로 그것을 가르쳤

---

19. 앞의 책, 175쪽. 이러한 구분은 이미 19세기 이래 자유주의 신학의 자연스런 산물이기도 하지만, 거기서는 그리스도교의 본질에 관한 파악은 부족했다고 야기는 본다. 성서의 언어에 따라 이러한 자유주의 신학을 비판했던 칼 바르트(Karl Barth)의 변증적 신학도 다르지 않다. 이들에서는 예수의 궁극적 주체와 경험적 자아라는 두 중심의 역설적 동일성을 파악하지 못하고 그저 구분하거나 동일시하는 오류를 범했다(『キリストとイエス』, 174-5쪽, 예수의 말 가운데 나타난 나의 의미 59쪽 참조). "육"에 따르면(중생의 눈으로 보면) 역사의 예수와 신앙의 그리스도는 구분될 수밖에 없지만, "영"에 따르면(부처의 눈으로 보면) 역설적이게도 동일할 수밖에 없다(로마 1,3). 깨치고 보면 중생과 부처가 조금도 다르지 않듯이.
20. "하느님의 다스림"에 대해서는 『キリストとイエス』, 72-84쪽 참조.

고, 그 앞에 복종했다. 그런데 제자들은 "눈이 열리기" 전까지 이 하느님의 다스림이 무엇인지 이해하지 못했다. 눈이 열리고서야 비로소 예수가 가르쳤던 하느님의 다스림을 부활한 그리스도와 동일시할 수 있었다. 야기의 말을 들어보자.

> 내 생각에는 예수가 하느님의 다스림이라고 부른 실재(reality)와 원시 교단이 부활의 그리스도라고 해석한 실재는 동일하다. 양자는 요한 복음의 선재의 로고스와도 같다. 예수는 하느님의 다스림에 자각적으로 복종하고, 하느님의 다스림을 스스로를 통해 실현한 인간이다. 제자들은 예수의 사후 그가 하느님의 다스림이라고 부른 진리의 계시에 접한 뒤에야 자기들이 예수처럼 살기 시작하게 되었음을 자각한 까닭에, 계시된 실재를 예수의 부활체라고 해석하였다.[22]

제자들은 예수 생존시에는 하느님의 다스림이 무엇인지 이해하지 못하다가, 예수 사후 바울로에게 계시되었던 것과 동일한 방식으로 "하느님의 다스림"의 계시를 받았다: "은총으로 나를 부르신 분께서 당신의 아드님을 계시하셨습니다"(갈라 1,16). 야기에 의하면, "이것은 신적인 존재가 자신을 계시하는 종교적 깨침의 사건", 장의 계시 사건이다. 경험적인 자아 저변의 더 깊은 차원에서 솟아오르는 하느님의 직접적인 선물(은총)이며, 자아를 잃어버림으로써 다시 자아를 찾는 초월자와의 합일 경험이다. 그런데 제자들은 이 경험에서 예수의 부활을 보았다. 그 까닭은 "그들을 자각시키고 그들 자신의 깊이에서, 그리고 그 깊이로 현실화했던 것 안에서 제자들은 예수와 함께 있을 때 예수로서 말하

---

21. Richard H. Drummond, "Dialogue and Integration: The Theological Challenge of Yagi Seiichi", *Journal of Ecumenical Studies 24:4*, Fall, 1987, p.568.
22. 八木誠一, 『新約思想の探求』, 東京: 新教出版社, 1972, 179쪽.

고 행동했던 것과 동일한 실재를 인식했기 때문"이다(그때 제자들은 예수의 깊이의 차원과 경험적 자아를 구분하지 못했다. 그래서 역사적 인격으로서의 예수가 부활했다는 주장도 나오게 되었다). 그러나 야기가 위의 인용문에서 주장하듯이, 제자들이 "부활의 그리스도"라고 이름붙였던 것은 예수가 선포한 하느님의 다스림과 사실상 같은 것이다. "부활의 그리스도"에 대한 고백과 "하느님의 다스림"에 대한 눈뜸은 모두 인간의 근저에서의 "신과 인간의 하나됨"(oneness of the divine and the human) 경험인 것이다. 모두 다 종교적 실존 속에 나타난 "장"의 계시 사건, 진리의 계시 사건이라는 말이다. 이처럼 야기는 부활신앙을 종교적 실존의 근저인 그리스도에 대한 인식으로 본다. 그래서 특정한 역사적 사건들이 아니라, "통합에의 규정(하느님의 다스림, 부활의 그리스도)의 장"이 그리스도교 신앙의 근거가 된다고 야기는 단언하는 것이다.

7. 비판적 평가

불교, 특히 선불교적 이상은 본래적인 자기의 모습을 구명하는 것[己事究明], 세계의 모습 있는 그대로를 홀로 깨치는 것[無師獨悟]이다. 거기에는 누군가의 도움이 필요없다. 굳이 필요하다면 그것은 그저 간접적인 도움일 뿐, 모든 것은 자신에게 달려 있다. 자기가 서 있는 자리, 매일의 생활과 경험이 이루어지는 그 자리, 그곳이 자기의 궁극적 근저이면서 본래적인 자기 자체임을, 니시타니(西谷啓治)의 말대로, 자기의 궁극적 근저란 "자기가 스스로의 근저로부터 자기를 보는 그때의 자기"임을 홀로 깨치는 것이다.

야기는 이러한 불교와의 만남에서 인간은 성서와 십자가의 직접적 도움 없이도 본래성을 획득할 수 있는 존재임을 깨달았다. 아무리 죄없는 사람이라 해도 한 인간이 타인의 죄를 짊어진다는 것은 불가능하다. 내가 남의 삶을 대신 살 수 없고, 내가 누군가에 의해 대신 살아질 수 없는 것과 같다. 인간은 대체 가능한 물건이 아니기 때문이다. 십자가는 본래적 실존으로 이끄는 매개이고, 성서는 실존의 근저의 표현이다. 따라서 인간은 "선교의 말씀 안에서만 그리스도와 만나는 것이 아니라, 자기의 근저에서도 그분을 만난다"[23]고 야기는 말한다. 그러한 신념으로 야기는 실존의 근저, "통합에의 규정의 장"을 제시하면서, 장의 신학을 세웠다. 모든 개체는 별도로 존재하지 않고 서로 관계하고 조화한다는 불교적 가르침을 야기는 장이라는 개념을 빌려 신학적으로 전개했다.[24] 이런 토대 위에 설 때에만 그리스도교 신앙은 현대인, 특히 현대 동양인에게 의미있을 것이라고 야기는 보았다. 노로 요시오(野呂芳男)가 "인격적인 신과 인간이 만난다는 신화"조차 남겨놓지 않고 철저하게 탈신화화했다고 야기의 신학을 비판했을 때에도, 야기는 "그리스도교의 상징이 탈신화화되지 않는다면 현대인에게 그것은 무의미해질 수밖에 없을 것"이라는 논지로 대답했다.[25] 불트만의 탈신화론에서 배우면서 신화적 사고의 근원인 "신"(神)마저 철저하게 탈신화해 버린 셈이다.

그럼에도 불구하고 노로 요시오의 지적은 여전히 타당하다고 아니할 수 없다. 야기는 장을 초월자라고 말하면서 사실상 근저로서의 장의 작용, 결과를 하느님과 동일시해 버리는 경향을 보이는데, 이에 대해 노로 요시오는 이렇게 비판한다: "야기는 신을 나의 근저이고 실제로 나의 근저에 존재하는, 존재와 비존재의 근거라고 보았다. 그러나 이러한 것으로 그리스도교의 신을 완전히 설명할 수 있는가? 우리들은 물론 신의 작용의 결과를 인식한다. 그러나 내가 생각하기로 신은 이러한 작용(결과)과 동일시되어서는 안되며, 신은 이 작용(결과)이라는 것을 자신

---

23. 『聖書のキリストと實存』, 68쪽.
24. 후기에 이르러서는 "통합에의 규정의 장"보다는 "프론트"(front)라는 표현을 쓰면서 선과 화엄의 사상을 더욱 적극적으로 수용한다.
25. 변선환, "야기 세이이치의 장소적 기독론", 『신학사상』 16(1977 봄), 한국 신학연구소, 225쪽.

안에 포괄하는 '초월자'이다."[26] 하느님, 그리스도라는 그리스도인들의 표현 안에 담긴 언어의 해석학적 기능을 중시하면서 내린 경고의 일침이라고 하겠다. 장이라는 보편적 언어와 하느님, 그리스도라는 특수한 언어 사이에 균형과 조화가 이루어져야 한다는 주장인 것이다.

야기는 "실존론적 신학"을 세우려다 실존에 선행하는 "근저"를 지나치게 앞세워 보편화시키는 바람에 배타주의라는 오류의 정반대에 있는 보편주의라는 또 하나의 객관적 오류에 빠져버렸다.[27] 조금 지나치게 표현하면, 야기의 그리스도는 불성(佛性), 공(空) 개념에 짜맞춰진 것 같은 인상을 준다고까지 말할 수 있다: 장의 그리스도를 설명하기 위해 그가 예증하는 성경 구절들도 특정 부분에 치우치는 경향이 있다. 그러다 보니 그의 그리스도는 "그이/그분"(him)보다는 "그것"(it)에 가까워져버렸다.[28] 도대체 특수를 도외시한 보편이 있을 수 있겠는가? 야기 자신이 강조하듯이, 자아(특수)를 통해 드러나지 않는 참자아(보편)란 하나의 관념에 지나지 않는 것이 아니겠는가? 부활의 그리스도를 알려주는 근거는 역사의 예수일 수밖에 없으며, 따라서 역사의 예수를 끝없이 구원의 근거로 되새겨온 그리스도인들의 전승은 존중되어야 하는 것이다. 야기가 "근저"라는 보편을 강조하는 그만큼 "역사"라는 특수가 발붙일 공간이 상대적으로 부족하게 여겨진다는 점, 이것이 가장 아쉽다.

하지만 비판의 여지가 많다는 것은 역으로 그만큼 도전적이고 창조적이기도 하다는 뜻일 것이다. 글을 맺으면서, 갖은 비판들 속에서도 바래지 않는 그의 창조성을 보게 된다. 그는 니시타 기타로, 니시타니 케

---

26. Seichi Yagi and Ulrich Luz, "Gott in Japan", 한스 발덴펠스, 앞의 책, 281-2쪽에서 재인용.

27. 변선환, 앞의 글, 229쪽.

28. S. Takayanaki, "The Risen Christ as Testimony of Truth: Jesus in Yagi Seiichi's Dialogue with Buddhism and Modern Theology", Ernst D. Piryns, "Japanese Theology and Inculturation", *Journal of Ecumenical Studies 24:4*, Fall 1987, p.546에서 재인용.

이지에서 얻을 수 있었던 일본적, 나아가서는 아시아적 그리스도교의 토착화 가능성을 성서학의 입장에서 불교와 연결시킴으로써 보여주었다. 그리스도교 신앙의 원천인 성서 안에서도 불교를 볼 수 있는 가능성을 제시했던 것이다. 전혀 상반되는 듯한 불교와 그리스도교를 이어 보려는 그의 노력은 이렇게 해서 양 종교를 다원사회의 정다운 이웃으로 인정할 수 있게 해주는 또 하나의 토대를 마련해 놓고 있는 것이다.

옮긴이 소개

이찬수

서강대학교 화학과
서강대학교 종교학과 종교학석사 및 신학석사
서강대학교 종교학과 신학박사과정 수료
가톨릭 대학교, 단국대학교 강사

논문: 「禪이 말하는 믿음의 길」
  (『구원이란 무엇인가』, 도서출판 창)
  「칼 라너의 神체험과 니시타니 케이지의 空체험」
  (종교연구 11집)
  「大乘起信論의 信心論: 그리스도교적 관점과 비교하며」
  (종교신학연구 8집) 외

역서: 『화엄철학』(경서원)
  『하느님은 많은 이름을 가졌다』(창)
  『토라의 길: 유대교 입문』(공역, 민족사)
  『절대를 찾아서』(공역, 전망사)
  『지옥의 역사』(동연출판사) 외